RÓMULO E. DURÓN

BOSQUEJO HISTÓRICO DE HONDURAS

ERANDIQUE
COLECCIÓN

BOSQUEJO HISTÓRICO DE HONDURAS
RÓMULO E. DURÓN

©Colección Erandique
Supervisión Editorial: Óscar Flores López
Diseño de portada: Andrea Rodríguez—Lilyana Gálvez
Administración: Tesla Rodas
Director Ejecutivo: José Azcona Bocock

Primera Edición
Tegucigalpa, Honduras—Septiembre de 2024

ÍNDICE

OTRO LEGADO LITERARIO DE DON RÓMULO 5

NOTA PRELIMINAR 7

PRÓLOGO... 9

LIBRO I: ÉPOCA COLONIAL 15

PRIMERA PARTE: El Descubrimiento y la Conquista Primeros
Gobernadores 1502 a 1544 17
   CAPÍTULO PRIMERO: Colón en la costa Norte 1502 19
   CAPÍTULO II: Los aborígenes 1502 19
   CAPÍTULO III: La primera fundación en Honduras 1508 a 1524
   21
   CAPÍTULO IV: Expedición de Cristóbal de Olid. Nuevas
   fundaciones 1524 a 1530 22
   CAPITULO V: Sucesores de Hernando de Saavedra 1530 a 1536
   24
   CAPITULO VI: Cambios en el Gobierno 1536 a 1544 28

SEGUNDA PARTE: Organización de la colonia 1544 a 1579 33
   CAPÍTULO I: La Audiencia en Gracias a Dios 1544 a 1548 35
   CAPITULO II: La Audiencia en Guatemala 1548 a 1563 37
   CAPÍTULO III: La Audiencia en Panamá 1563 a 1570 42
   CAPÍTULO IV: La Audiencia definitivamente en Guatemala
   1570 a 1578... 44
   CAPÍTULO V: División de Honduras en dos Provincias. —
   Fundación de Tegucigalpa 1578 a 1579 48

TERCERA PARTE: Comayagua y Tegucigalpa 1579 A 1788 53

CAPÍTULO I: Incorporación de Choluteca a la provincia de
Tegucigalpa 1579 a 1582... 55
   CAPÍTULO II: La Taguzgalpa. — Los conventos 1582 a 1588 . 57
   CAPÍTULO III: Proyecto fracasadlo. —Regalo del Rey 1588 a
   1608.. 62
   CAPÍTULO IV: La Alcaldía Mayor de Tegucigalpa. — Misión
   del P. Verdelete 1608 a 1612 65
   CAPÍTULO V: Fr. Cristóbal Martínez en la Taguzgalpa 1612 a
   1624.. 68

CAPÍTULO VI: Arreglo de las jurisdicciones civil y eclesiástica 1625 a 1639 72

CAPÍTULO VII: Invasiones de piratas 1639 a 1650 74

CAPÍTULO VIII: Los Mosquitos. —Misiones 1650 a 1672 76

CAPÍTULO IX: Choluteca incorporada al Obispado de Honduras 1672 a 1676 81

CAPÍTULO X: Corsarios en el Sur. —Despoblación de Mianguera 1676 a 1688... 85

CAPÍTULO XI: Huida de los piratas del Sur 1684 a 1698 90

CAPÍTULO XII: Amatique y San Andrés de Nueva Zaragoza 1698 a 1706 92

CAPÍTULO XIII: Zambos e ingleses 1706 a 1727 95

CAPÍTULO XIV: Hostilidades de zambos, negros y xicaques 1727 a 1743 97

CAPÍTULO XV: Proyecto de fortificar Omoa 1743 a 1745.....100

CAPITULO XVI: Fortificación del puerto de Omoa 1745 a 1753 103

CAPÍTULO XVII: Erección de Tegucigalpa en Real Villa 1753 a 1772..106

CAPÍTULO XVIII: Expulsión de los ingleses de la costa atlántica 1772 a 1788 111

CUARTA PARTE: Incorporación de Tegucigalpa a Comayagua 1788 a 1812..119

CAPÍTULO I: Supresión de la Alcaldía Mayor de Tegucigalpa 1788 a 1796 121

CAPITULO II: Competencias de jurisdicción 1796 a 1803......125

CAPÍTULO III: Tegucigalpa solicita el título de ciudad 1803 a 1808..132

CAPITULO IV: Restablecimiento de la Alcaldía Mayor 1808 a 1812..135

QUINTA PARTE: Últimos años de gobierno colonial 1812 a 1821 141

CAPÍTULO I: Jura de la Constitución 1812 a 1814.................143

CAPÍTULO II: Confírmase el restablecimiento de la Alcaldía Mayor 1814 a 1817...146

CAPÍTULO III: Barcos insurgentes en el Sur 1817 a 1819 150

CAPÍTULO IV: Buques insurgentes en Trujillo y Omoa. 1820 154

CAPÍTULO V: Fernando VII jura la Constitución 1820..........157

CAPÍTULO VI: Preliminares de la Independencia 1820 a 1821 161

LIBRO II: ÉPOCA INDEPENDIENTE.................................167

2

PRIMERA PARTE: La independencia de España 1821 a 1822 ... 169

CAPÍTULO PRIMERO: Proclamación de la Independencia 1821 171

CAPÍTULO II: Decrétase la anexión a México 1821 a 1822.... 172

SEGUNDA PARTE: Honduras durante la anexión a México 1822 a 1823 179

CAPÍTULO I: Coronación de Agustín I 1822 181

CAPÍTULO II: Caída del Imperio 1823 185

TERCERA PARTE: Honduras en la Federación 1823 a 1839 189

CAPÍTULO I: Organización Federal 1823 a 1825 191

CAPÍTULO II: Organización del Estado 1825 a 1827............ 193

CAPÍTULO III: Expedición a Guatemala 1827 a 1829 195

CAPÍTULO IV: Pacificación de Honduras 1829 a 1833 196

CAPÍTULO V: Tentativas de reforma. —Ruptura del Pacto 1833 a 1839 198

CUARTA PARTE: Honduras después de la Federación 1839 a 1921. 201

CAPÍTULO I: Régimen de la Constitución de 1839 1839 a 1848 203

CAPÍTULO II: Régimen de la Constitución de 1848/ 1848 a 1865 209

CAPÍTULO III: Régimen de la Constitución de 1865/1865 a 1880 217

CAPÍTULO IV: Régimen de la Constitución de 1880 /1880 a 1894 230

CAPÍTULO V: Régimen de la Constitución de 1894/ 1894 a 1904 237

CAPÍTULO VI: Régimen de la Constitución de 1904/1904 a 1908 245

CAPÍTULO VII: Restablecimiento de la Constitución de 1894 1908 a 1921 247

OTRO LEGADO LITERARIO DE DON RÓMULO

¡Qué pasión la que Rómulo E. Durón tuvo por su país! Pocos escritores, como él, han sido tan entregados a la causa de escribir libros históricos de Honduras.

Su legado es impresionante y gracias a él conocemos datos valiosos de nuestra historia, de personajes que, para bien y para mal, dejaron su huella.

Sin Rómulo E. Durón, las nueve pastorelas del padre José Trinidad Reyes se habrían perdido. Solo por poner un ejemplo.

Dedicado a la labor de dar a conocer la obra y vida de escritores y poetas, de políticos militares y sacerdotes, también nos dejó el bello Himno de la Granadera.

Bosquejos Históricos de Honduras es un recorrido que inicia con el descubrimiento de Honduras (1502) y concluye con el restablecimiento de la Constitución (1921). Abarca 419 años en un solo libro.

"Por lo general, la narración es rápida, pero a veces se detiene a detallar ciertos hechos, principalmente los de carácter casi desconocido. Entre éstos hay algunos que lo son del todo y que contribuirán a rectificar datos publicados por otros autores", señala don Rómulo.

La obra puede ser leída en una semana (o menos), y permite que el lector conozca muchos datos de la historia de Honduras.

El Maestro Durón explica que "La historia de Honduras comprende dos épocas: la colonial, que abarca desde 1502 hasta 1821, y la independiente, que empieza en 1821 y llega hasta nuestros días".

Aquí, además de Colón y Cristóbal de Olid, desfilan personajes pocos conocidos como Calixto el "corta cabezas" y Serapio Romero, "Cinchonero".

Colección Erandique agradezco al personal de la Biblioteca de la Universidad Nacional Autónoma de Honduras, por el apoyo brindado para que la publicación de este libro (y muchos otros), sea una realidad.

ÓSCAR FLORES LÓPEZ
Editor Colección Erandique

5

NOTA PRELIMINAR

La historia de Honduras comprende dos épocas: la colonial, que abarca desde 1502 hasta 1821, y la independiente, que empieza en 1821 y llega hasta nuestros días.

El estudio de la época colonial se divide en cinco partes o períodos, que son: 1.— el descubrimiento y la conquista (1502 a 1544); 2.— la organización de la colonia (1544 a 1579); 3.—la división de la colonia en dos provincias: la de Comayagua y la de Tegucigalpa (1579 a 1788); 4.— la organización de la colonia conforme a la Ordenanza de Intendentes, incorporando la provincia de Tegucigalpa a la de Comayagua (1788 a 1812); y 5.—el restablecimiento de la Alcaldía Mayor de Tegucigalpa(1812a 1821). En el primero de estos períodos corresponde tratar de los aborígenes.

El estudio de la época independiente se divide en cuatro partes o períodos, a saber: 1.—la independencia de España (1821a 1822); 2.— la anexión a México (1822 a 1823);3.—La Federación (1823 a 1839); y 4.— la ruptura del pacto federal y la organización de los Estados de Centro América en estados independientes (desde 1839 hasta hoy).

PRÓLOGO

Mientras, Deo Volente[1], concluyo la Historia de Honduras, obra que empecé a escribir desde hace muchos años y para la cual me faltan datos que sólo pueden obtenerse en los archivos de Sevilla, Simancas y otros, publico el presente Bosquejo Histórico, en el que doy a conocer, a grandes rasgos, los hechos que se han sucedido en nuestro país desde que lo descubrió Cristóbal Colón, hijo inmortal de la gloriosa España, hasta el primer centenario de la Independencia.

El Bosquejo está dividido en dos libros: el primero que comprende la época colonial y el segundo que comprende cien años de vida independiente. Cada uno de los libros está subdividido en partes, que corresponden a los aspectos principales de la vida de la colonia y de la vida del Estado.

Por lo general, la narración es rápida, pero a veces se detiene a detallar ciertos hechos, principalmente los de carácter casi desconocido. Entre éstos hay algunos que lo son del todo y que contribuirán a rectificar datos publicados por otros autores.

Citaré algunos de los datos nuevos que aparecen en el texto.

Uno es el referente a la incorporación de Choluteca a la Alcaldía Mayor de Tegucigalpa. Esta incorporación fue decretada por la Real Audiencia de Guatemala el 31 de octubre de 1580, al nombrar a Juan Cisneros de Reinoso Alcalde Mayor de la Provincia, extendiéndole la jurisdicción que había señalado a su antecesor Juan de la Cueva y comprendiendo en ella la Villa de Jerez de la Choluteca con los pueblos de su jurisdicción. Este acto de la Audiencia fue confirmado por el Rey en cédula que expidió en Villacastín a 28 de septiembre de 1608, en la que nombró Alcalde Mayor de la Provincia de Tegucigalpa al Capitán D. Juan Lobato. No logré encontrar esta Real cédula hasta el año de 1920, y es lástima que no se haya conocido antes, pues tiene gran importancia para nuestra cuestión de límites con El Salvador y Guatemala.

El doctor D. Santiago I. Barberena, en su afán de querer demostrar que las islas del Golfo de Fonseca pertenecen a El Salvador, dijo que Guatemala se prolongaba a través de Choluteca hasta los confines

---

[1] Dios mediante.

occidentales de Nicaragua: que no sabe cómo pasó a poder de Honduras la faja de costa que hoy tiene sobre el Pacífico y cómo amplió sus límites hacia al Sur comprendiendo Aramecina y otros pueblos fronterizos; y que Honduras adquirió por ocupación de hecho aquella porción de costa. Si el doctor Barberena hubiera conocido la cédula de Villacastín no habría hecho las afirmaciones que hizo, que ya pecaban de desconocimiento del modo como se ejercía la autoridad en la época colonial. Sus afirmaciones, pues, quedan ahora rectificadas y demostrado con dicha cédula que no hubo tal ocupación de hecho y que pertenecen a Honduras las islas de aquel Golfo, en las que había poblaciones sujetas a la jurisdicción de Choluteca.

Otro dato nuevo es el referente a la visita que en 1586 hizo el P. Alonso Ponce a la Provincia religiosa de Nicaragua, llamada de San Jorge. Por la relación de esta visita sabemos hoy que el nombre indígena de las islas a que me he referido era el de Islas de la Teca, palabra esta última que merece ser objeto de estudio de parte de nuestros lingüistas.

Dato nuevo es también la visita que el Obispo de Guatemala, doctor D. Juan de Santo Mathía Sáenz Mañosca y Murillo, hizo en 1669 al beneficio de la Villa de Choluteca, visita a la cual se debe que dicho beneficio, que pertenecía a su Diócesis, se agregara, por iniciativa suya, al Obispado de Comayagua.

Y para no citar más de otro de los datos nuevos, me limitaré al paso de los filibusteros, entre quienes figuraba Ravenau de Lussan, por el territorio de Honduras, en 1688, que, habiendo desembarcado al Oriente de Choluteca, siguieron hacia las fuentes del río Segovia y bajaron por éste en balsas hasta salir, por su desembocadura, al sur del Cabo de Gracias a Dios.

Otros datos importantes contienen la relación, que no se han vulgarizado todavía.

Uno de ellos es el relativo a la despoblación de la isla de Mianguera. Se ha dicho que el pueblo de Mianguera situado en la banda norte del río Torola, en El Salvador, se llama así, porque se fundó con los pobladores de aquella isla cuando se ordenó despoblarla. En el texto se demuestra que el pueblo de Mianguera ya existía en 1664 (página 57), y que la despoblación de la isla de Mianguera, antes llamada Meangola, se ordenó en 1684, habiendo sido trasladados sus moradores, no a la orilla del Torola, como quiere la versión salvadoreña, sino a Nacaome. La afirmación del texto en cuanto a la existencia anterior del pueblo de Mianguera cuenta en su abono con la lista de las poblaciones del partido de San Miguel que figura en la Geografía Universal de Indias que escribió en 1574 el Cosmógrafo—cronista Juan López de Velasco[2]. Rectificada así la versión aludida, no se podrá sostener con ella que Mianguera pertenezca a El Salvador.

El Bosquejo dice cómo fue formándose la provincia de Honduras, y con sus datos se pueden determinar los límites de ella. Se ve que Pedrarias Dávila, Gobernador de Nicaragua en 1528, no obtuvo que se extendiera su jurisdicción a Honduras, lo que pidió por no tener su provincia un puerto en la Mar del Norte: que el licenciado Carrasco, Obispo de León, en 1557, no obtuvo que se incorporara Choluteca a su Diócesis: que extinguidos los derechos de Diego Gutiérrez en Nueva Cartago o Taguzgalpa, esta comarca acabó por quedar en la jurisdicción de Honduras, como aparece de la actuación de sus gobernadores Alonso Ortiz de Elgueta, Juan Guerra de Ayala, Juan de Miranda y subsiguientes hasta el Coronel D. Ramón de Anguiano y sucesores: que el Presidente Villalobos pidió al Rey en 1574 que se partiera entre los Obispos de Guatemala, Chiapas y Honduras, por estar cerca, el Obispado de Verapaz: que el licenciado Palacio reconoce en 1576 que las ruinas de Copán están en la provincia de. Honduras, hecho este que, con el anterior, demuestra que no había tenido efecto la cédula de 1563 respecto a la agregación de parte de Honduras a Guatemala, cédula que por otra parte había sido revocada por la de 1564: que como se dijo antes, Choluteca fue agregada a la Alcaldía Mayor de Tegucigalpa con las islas del Golfo de Fonseca: que el Gobernador Pedro de Castro, en 1602,protestó contra el Presidente Criado de Castilla por haberle cercenado el territorio de su jurisdicción fundando en Amatique, bajo la suya, el pueblo de Santo Tomás de Castilla: que las autoridades de Comayagua no dejaron de ejercer su jurisdicción, como la ejercieron sus antecesoras, en el occidente y Norte de Honduras, comprendidos Gracias, San Pedro Sula y San Gil de Buenavista, desde 1573hasta 1821; y si los puertos

---

[2] En la página 37 del libro aparece equivocado este nombre.

de Omoa y Trujillo estuvieron sujetos a la Capitanía General sólo fue por pocos años, esto es, de 1782 a 1818, en que ya estaban devueltos a la jurisdicción de Comayagua: que fue el Gobernador Tinoco de Contreras quien acudió a defender a Omoa en 1820 contra la tentativa de Aury: y que en este año, según la exposición del Diputado a Cortes, D.J. Mariano Méndez, la provincia de Honduras comprendía los partidos de Comayagua y Tegucigalpa y las nueve Subdelegaciones de Gracias a Dios, San Pedro Sula, Tencoa, Yoro, Olanchito, Olancho Viejo, Tegucigalpa[3], Choluteca y Trujillo, siendo sus puertos, en el Norte, Omoa, Puerto Caballos[4], Puerto Sal, Triunfo de la Cruz, Trujillo, y Cartago[5];territorio con que la Provincia saludó el 15 de septiembre de 1821 y se convirtió en Estado de la Federación, y que es el de la actual República, cuya integridad debemos defender todos los hondureños.

Entre los datos que me faltan se halla el referente a la jurisdicción de Danlí: no he podido encontrar el auto del Consejo de Indias, de 28 de septiembre de 1686, en el que debe determinarse la extensión de su jurisdicción, que alcanzaba hasta el Cabo de Gracias a Dios, según el Informe del Presidente D. Pedro de Rivera Villalón, de 1742[6].También me faltan los datos necesarios para precisar el tiempo que duraron en el ejercicio de sus cargos los más de los Gobernadores de Honduras.

En cuanto a los Alcaldes Mayores de Tegucigalpa se dice muy poco en el texto; pero se podrá conocer su actuación completa en mi obra inédita Historia de la Provincia de Tegucigalpa, 1578 a 1821.

Omití lo relativo a la tentativa de Mc. Gregor en la Mosquitia en 1823, de que hablé en mi estudio las Islas del Cisne [págs. 53 y 54], por no tener nuevos datos para precisar los hechos. Hay una publicación al respecto, que no he podido obtener: Plan of a Constitution for the Inhabitants of the Indian Coast, in Central America, commonly called the Mosquito Shore, Edimburg. Printed

---

[3] Taguzgalpa o Mosquitia.
[4] El Gobierno cambió en 1869 el nombre de Puerto Caballos por el de Puerto Cortés,en memoria del gran conquistador del Anáhuac, que fue el fundador del puerto en 8 de septiembre de 1525.
[5] Caratasca.
[6] Véase las páginas 77 y 88 del libro

by Balfour and Jack, 1836.Tiene esta dedicatoria: To the inhabitants of the Poyaisian, and other districts of Territory of the Mosquito Shore. This plan of a Constitution is inscribed by their sincere friend and fellow citizen, Gregor Mac Gregor[7].

Ahora sólo me falta manifestar que, en mi relato, he procurado ser imparcial, y que tendré a mucha honra que se me indiquen las rectificaciones que deba hacerle si en mis datos no hay la debida exactitud.

Y, al concluir, permítaseme pedir a mis compatriotas que se sirvan fijar su atención en el hecho de que la narración relativa a la época independiente no ofrece en lo general más que guerras; y que ante ese cuadro desolador, hagamos todos, para cumplirlo de veras, el firme propósito de no volver a ensangrentar nuestra amada tierra, y echemos las bases de una paz imperturbable.

ROMULO E. DURON.

San Pedro Sula, 30 de noviembre de 1927.

---

[7] Apostillas por Eduardo Posada. —Bogotá, Colombia 1926.

LIBRO I: ÉPOCA COLONIAL

PRIMERA PARTE: El Descubrimiento y la Conquista Primeros Gobernadores 1502 a 1544

CAPÍTULO PRIMERO: Colón en la costa Norte 1502

Cristóbal Colón descubrió a Honduras en su cuarto y último viaje a Indias. Llegó a Guanaja el 30 de julio de 1502; estuvo frente a Punta de Caxinas el 14 de agosto y el 17 del mismo mes tomó posesión del territorio a nombre de los Reyes de España, en el río que, por el suceso, se llamó Río de la posesión. Realizó este acto el Adelantado D. Bartolomé Colón, hermano del Almirante, por no haber éste podido desembarcar a causa de enfermedad. El río es el que hoy se llama Tinto o Negro.

Continuando la navegación hacia el oriente, se encontró un pueblo llamado Guaymura, y poco después se vieron flotando en el mar, traídas por la corriente de un río, gran cantidad de calabazas denominadas hibueras en Santo Domingo. De aquí que los navegantes le aplicarán al país los nombres de Guaymura o Hibueras (que más tarde se tornó en Higueras). Luego le llamaron Honduras, porque habiendo navegado gran trecho sin hallar fondeadero, cuando lo encontraron al fin, exclamaron: ¡Bendito sea Dios que hemos salido de estas honduras! El 12 de septiembre, después de varios días de mal tiempo, al que siguió una terrible tempestad, la expedición llegó a un punto en donde la costa, dando vuelta precipitadamente al sur, forma un cabo que avanza bastante en el agua. Cesó la tempestad y esto hizo exclamar: ¡Gracias a Dios! Esta exclamación fue el nombre del cabo.

Colón traía encargo de los Reyes, de fundar en esta expedición un establecimiento. No lo fundó en Guanaja, en Punta de Caxinas, en Río Tinto o en el Cabo de Gracias a Dios: fundó uno más allá, en Belén, en tierra de Veragua. La suerte de Honduras acaso habría sido otra si el inmortal Descubridor hubiera hecho la fundación en alguno de aquellos puntos.

CAPÍTULO II: Los aborígenes 1502

El orígen de los primeros habitantes de Honduras es desconocido. En el siglo X de la era cristiana gentes del imperio Tolteca establecido en México, vinieron a nuestro país, y de su unión con la raza existente resultó una raza nueva, en la que no desaparecieron los rasgos principales de la primitiva.

Al caer la monarquía tolteca en el siglo XI, Topiltzín Acxitl, su último rey, salió de Tula con los últimos restos de su pueblo para Yucatán y de allí pasó a Honduras, en donde fundó el reino de Payaqui o Hueytlato, de que Copantl fue capital. Este reino, que ejercía señorío sobre los pueblos del Quiché, alcanzó un alto grado de esplendor, como lo acreditan los monumentos de Copantl, que ya los españoles encontraron en ruinas.

La monarquía de Topiltzín Acxitl cayó, y abandonando éste su suntuosa capital, se volvió a Yucatán, solo. Al extinguido reino de Hueytlato sucedió el fraccionamiento del país. Prosperó el Quiché y dominó gran parte de lo que fue el Reino de Guatemala, pero no alcanzó su dominación a las regiones que después fueron las provincias de Comayagua, Nicaragua y demás que tenían sus régulos o caciques independientes.

Las naciones o tribus que poblaban Honduras y a que no alcanzó el poder de los reyes quichés eran varias: las de Copán, al occidente, que hablaban la lengua Apay, que se hablaba también en Ayajal, Lacandón, Verapaz y Chiquimula; las de los Cares y Potones hacia el sur—oeste; las de Chorotega al sur; las de los Chontales hacia el sur—este; las de los Xicaques, Payas, Taguacas, Ulbas y Albatuinas hacia el este y norte y las de los Alcaltecas hacia el centro. La población de Honduras era entonces, según calculaba el P. Las Casas, de dos millones de almas.

Además de la lengua Apay, se hablaban en esta región la Ulba, la Chontal, la Pipil, la Colo, la Materna, la Chorti, la Mexicana y otras.

Los indios adoraban al sol como los de México y el Perú; hacían sacrificios humanos a Quetzalcoatl y a Itzqueye; tenían calendario para contar el tiempo y eran muy supersticiosos. El matrimonio estaba reglado en sus leyes civiles y su legislación penal era muy severa. Se dedicaban a la agricultura, a la minería, al comercio y a la navegación. Conocían la escritura y escribían libros en hojas de amatl. Tenían su derecho público y solían confederarse unos caciques con otros cada vez que el caso lo requería: sus luchas entre sí habían de ser un valiosísimo auxilio para que les fuera a los españoles más fácil la tarea de someterlos.

CAPÍTULO III: La primera fundación en Honduras 1508 a 1524

En virtud de capitulación de 23 de marzo de 1508, Vicente Yañez Pinzón y Juan Díaz de Solís vinieron a explorar nuestros mares en busca del estrecho o canal que se suponía debía haber para comunicar con el mar de la India. Tocaron en la isla de Guanaja, pasaron frente al Golfo Dulce sin verlo porque no se divisa desde el mar, llamaron Bahía de Navidad a lo que hoy se llama Golfo de Honduras, y de la isla de Caria en Yucatán emprendieron el regreso a España, a donde llegaron en octubre de 1509.

Entretanto el Rey, por capitulación de 9 de junio de 1508, había conferido a Diego de Nicuesa la gobernación de Castilla del Oro, comprendida entre Cabo de Gracias a Dios y la mitad del Golfo de Urabá. Nicuesa vino en 1509, y fundó Nombre de Dios en el puerto que Colón llamó Bastimentos. Si hubiera hecho su fundación en Cabo Gracias a Dios, con lo que habría favorecido la obra de la colonización en Honduras, tal vez no habría tenido la suerte que tuvo: el 1°. de marzo de 1511, los descontentos de Santa María del Darién lo embarcaron en un navío inútil, con dirección a la Española en unión de 18hombres que no quisieron abandonarlo: el navío naufragó y todos perecieron.

En 1516 todavía no se trataba de fundar establecimiento alguno en la tierra que se tomó posesión el 17 de agosto de 1502; pero sí se trató de sacar provecho de ella, indignamente. Diego Velásquez, Gobernador de Cuba, excediéndose en la aplicación de la Real cédula de 1504, que se refería a indios caníbales, autorizaba la venta de los habitantes de las islas de Honduras como esclavos. A favor de tal autorización, vinieron de aquella isla expediciones a Honduras, a capturar indios para traficar con ellos.

El descubrimiento del mar del sur por Vasco Núñez de Balboa, del que éste tomó posesión el 29 de septiembre de 1513, había de facilitar la exploración de estas tierras. En 1522, Gil González Dávila y el piloto Andrés Niño salieron de la Española y atravesando el istmo de Panamá emprendieron una expedición a Centro América. Dávila recorrió parte de Costa Rica y Nicaragua, por tierra, y Andrés Niño, por mar, recorrió la costa hasta Tehuantepec y al paso descubrió el golfo que llamó Golfo de Fonseca, en honor del Obispo de Burgos. Presidente del Consejo de Indias, D. Juan Rodríguez de Fonseca. En esta excursión González Dávila descubrió la mar dulce, como llamó al lago de Nicaragua y llegó hasta Zoatega, en donde "topó con la lengua de Yucatán." Luego retrocedió a Panamá, de donde volvió a la Española para dirigirse de allí a Honduras, a descubrir por la mar del norte lo que descubrió y halló por la del sur y averiguar si había estrecho que comunicara de una mar a otra. Salió de aquella isla el 10 de marzo de 1524, y al aproximarse a un puerto, se le murieron unos caballos, los que hizo echar al mar: de aquí el nombre de Puerto Caballos. Continuando la navegación, descubrió el cabo de Tres Puntas o Manabique y allí fundó la villa de San Gil de Buenavista. ¡He aquí la primera fundación que se hace en Honduras!

Gil González Dávila penetró al interior, y en Toreba, al oriente de Olancho, batió a Hernando de Soto, que había penetrado por Nicaragua.

Gil González Dávila había emprendido esta expedición a Honduras con autorización del Rey, habiéndosele demarcado su gobernación así: desde el Golfo de la Osa en la Mar del Sur hasta las sierras llamadas con su nombre en 171/2 grados de latitud; de aquí hasta la Mar del Norte sin tocar en las vertientes en donde se hallaba Hernán Cortés; de aquí al oriente hasta el río de San Pablo, próximo al Golfo de las Higueras y desde este río por la costa del Mar del Norte hasta el Golfo de la Osa. Norte Sur. Por manera que esta Gobernación comprendía todo lo que es hoy Chiapas, Soconuzco, Yucatán, Guatemala, Salvador, Honduras, Nicaragua y Costa Rica.

CAPÍTULO IV: Expedición de Cristóbal de Olid. Nuevas fundaciones 1524 a 1530

Enviado por Hernán Cortés, vino a Honduras Cristóbal de Olid. Este salió de Veracruz el 11 de enero de 1524 con un bergantín y cinco navíos, trayendo 360 españoles, fuera de la tripulación, y 22 caballos. A su paso por La Habana, Diego Velásquez le aconsejó rebelarse contra su jefe y le ofreció auxilios. Olid desembarcó el 3 de mayo en la costa de Honduras, quince leguas al oriente de Puerto Caballos, fundó allí un pueblo con el nombre de Triunfo de la Cruz, habiendo tomado posesión de la tierra en nombre del Emperador, declarándose libre de la obediencia a Cortés. Nombró justicia y regidores en la nueva población, dejó parte de su gente en ella, se adelantó al interior, sometiendo a varios caciques, a quienes supo atraerse con el buen trato que les dio, y se detuvo en el valle de Naco, a unas cuarenta leguas de la costa.

Informado Cortés de la rebelión de Olid, escribió al Emperador dándole noticia de ella; Olid por su parte escribió también al monarca, y éste juzgó que era conveniente reducir la extensión sujeta a la autoridad de Cortés, dividiendo tan gran gobierno como tenía; pero entretanto el conquistador de México había enviado a su pariente Francisco Las Casas a someter al rebelde. Las Casas cayó prisionero de Olid y lo mismo sucedió en seguida a Gil González Dávila. Los prisioneros fueron conducidos a Naco, y allí aprovechándose de la confianza que en ellos tenía Olid, le dieron muerte. Las Casas mandó a su gente a fundar Trujillo y salió para México, pasando por Guatemala, llevando consigo a González Dávila. Este escribió a su gente a San Gil de Buenavista que no hicieran novedad hasta su regreso: no había de regresar; pasó a España y allá falleció a fines de 1526. La gente de Las Casas fundó Trujillo en el lugar en que hoy se halla, el 18 de mayo de 1525 y fue su primer Alcalde Juan de Medina. Triunfo de la Cruz se despobló y sus vecinos fueron de los pobladores de Trujillo.

La audiencia de Santo Domingo envió al Fiscal Pedro Moreno a procurar un arreglo entre Olid y Las Casas: cuando llegó a Trujillo todo había terminado con la muerte de Olid; pero aprovechó el viaje, entre otras cosas, para hacerse entregar cuarenta nativos que se llevó para venderlos.

Cortés, sin noticias de Las Casas, dispuso venir a Honduras y salió de México el 17 de octubre de 1524; en los últimos días de agosto de 1525 llegó a Golfo Dulce, en donde supo la desdichada suerte de Olid; pasó a Nito, a donde se habían trasladado los colonos de San Gil de Buenavista; el 8 de septiembre con dichos colonos fundó en Puerto Caballos la villa de la Natividad de Nuestra Señora y luego pasó a Trujillo. Pidió a Santo Domingo la devolución de los nativos que se había llevado Moreno y el castigo de éste. Nombró Gobernador de la colonia a su primo Hernando de Saavedra, y el 25 de abril de 1526 se embarcó para México.

El 16 de mayo, gente de Saavedra fundó en Escamilpa, provincia de Huylancho, la Villa de la Frontera de Cáceres, que no subsistió mucho tiempo a causa de las agresiones de Pedrarias Dávila, Gobernador de Castilla del Oro, quien pretendía extender su jurisdicción a Honduras, tanto por las riquezas de esta provincia como por la necesidad que tenía su gobernación de un puerto en la Mar del Norte.

D. Pedro de Alvarado, llamado por Cortés, de Trujillo, había salido de Guatemala para Honduras y al llegar su ejército a Agalteca, se encontró con Luis Marín y su gente, quien le informó que su jefe se había embarcado ya para México.

Alvarado, en unión de Marín, emprendió el regreso pasando por la Chorotega Menalaca: allí encontró gente de Pedrarias, que tenía encargo de poblar en aquel punto y de entenderse con Alvarado sobre límites jurisdiccionales. Alvarado conferenció con los jefes de la gente de Pedrarias, que eran Andrés Garavito, Hernán Ponce de León y Francisco Campañón, y el resultado fue que éstos se retiraron a los tres días. Alvarado quedó, pues, en posesión de la tierra, y luego siguió con Marín su marcha por Chaparrastique y Cuzcatlán a Guatemala. Poco tiempo después se hallaban en México. Alvarado fue en seguida a España y volvió con el nombramiento de Gobernador y Capitán General de Guatemala, cargos de que tomó posesión en abril de 1530.

CAPITULO V: Sucesores de Hernando de Saavedra 1530 a 1536

La jurisdicción de Cortés en Honduras cesó con el nombramiento de Diego López de Salcedo, quien sustituyó a Saavedra. La Audiencia de Santo Domingo nombró a aquél, Gobernador de Honduras, llenando los blancos de dos cédulas: una de 20 de noviembre de 1525 y otra de 30 de agosto de 1526: en el nombramiento de Salcedo se ordenaba que salieran de su Gobernación Hernán Cortés, Pedro de los Ríos, Francisco Fernández de Córdoba y cualesquiera otros capitanes.

El 26 de octubre del último año tomó posesión Salcedo de su cargo. Este envió preso a Saavedra a Santo Domingo y a este acto siguieron otros que lo hicieron distinguirse como un gobernador tiránico y codicioso. Las pretensiones de Pedrarias sobre Honduras despertaron las de Salcedo sobre Nicaragua. Salcedo arrestó a los emisarios de Pedrarias, que venían a exigirle la sumisión de la Provincia, y declaró que la de Nicaragua caía en su jurisdicción, por lo que marchó a tomar posesión de ella, dejando a Francisco de Cisneros encargado del Gobierno. Pedrarias fue nombrado Gobernador de Nicaragua y llegó el 24 de marzo de 1528 a tomar posesión de su cargo. Redujo a prisión a Salcedo y por fin firmó con éste un convenio de límites, que no había de obtener la aprobación real, y lo dejó volver a Trujillo. Cuando volvió, estaba mandado incorporar a Honduras, por Real cédula de 2 de octubre de 1528, el archipiélago de las Guanajas.

Salcedo murió el 3 de enero de 1530 y dejó la Gobernación a Andrés de Cereceda. Este gobernó con Vasco de Herrera, y Diego Méndez le disputó el mando. Méndez se levantó, y Herrera fue asesinado el 8 de octubre de 1531. Cereceda venció a Méndez y lo hizo ejecutar lo mismo que a los asesinos de Herrera.

El 29 de octubre de 1532 llegó a Trujillo Diego de Albítez, nombrado Gobernador por el Rey. Fue a la iglesia, inmediatamente que desembarcó, a cumplir un voto. Enfermó a los cinco días de su llegada, y murió a los cuatro de su enfermedad. Dejó poder a Cereceda para gobernar. Albítez había pedido por límites para su Gobernación desde el Golfo de Higueras hasta el puerto de Cagines y desde el mismo Golfo, la tierra adentro, hasta llegar a la Mar del Sur, al pueblo de Nequepio; de allí, por la costa de dicha mar, hacia el Levante, hasta los postreros pueblos de Thorotega (o Chorotega) Menalaca, y que se ordenase a D. Pedro de Alvarado que dejase libres y desocupase los pueblos y tierras de Thorotega Menalaca, que, perteneciendo a Honduras, tenía ocupados. Ya el monarca había declarado, cuando reclamaba estas tierras como de su jurisdicción el licenciado D. Francisco de Castañeda, Gobernador de Nicaragua, sucesor de Pedrarias, que correspondían a la de Honduras. El Rey proveyó en la solicitud de Albítez que Alvarado conquistara el puerto de Caballos y lo poblara, y repartiera los indios que allí pacificara, debiendo quedar el puerto en la Gobernación de Honduras, y por límites del Obispado, la villa de San Miguel con su gente hasta la Mar del Sur y hasta los términos de Nicaragua; y que el Gobernador de Honduras guardara los repartimientos que hallara hechos por Alvarado en los indios que hubiera pacificado. Alvarado nada hizo por entonces respecto al puerto, escribiendo al Consejo de Indias que no podía entender en ello, porque la estaba prohibido entrar en los límites de las Gobernaciones de Honduras y de Cozumel; pero mantuvo ocupados los pueblos de la costa sur. El Obispado se había fundado en 1527.

El 18 de agosto de 1532 nombró el Rey Gobernador de las Higueras a Fr. Alonso de Guzmán, nombrado también Obispo de la Diócesis de Honduras, y encargaba a Albítez informarle por donde iban los términos de las provincias de Honduras y Nicaragua, ordenándole que señalara a cada una de dichas provincias los que le pareciera que debían tener Fr. Alonso de Guzmán no aceptó ninguno de los dos nombramientos.

Cereceda, encargado de la Gobernación, trató de sacar a la colonia de la mísera condición a que se hallaba reducida y en 1534 pasó con algunos colonos a Naco; de allí fue a fundar el establecimiento de Buena Esperanza, tres leguas de Quimistán, siete de Naco y veinte y tres de Puerto Caballos. Había camino para bestias de carga en 15 leguas a San Gil de Buenavista: a legua y media y dos leguas entendían que había cuatro ríos con grandes muestras de oro.

Por este tiempo se había otorgado a Felipe Gutiérrez la Veragua, comprendiendo el Cabo de Gracias a Dios, pero con orden de no entrar en las provincias dadas en gobernación a otras personas: las naves de Gutiérrez llegaron hasta Punta de Caxinas, pero no fundó establecimiento alguno en el noreste de Honduras y acabó por marcharse al Perú. Si Gutiérrez no invadió la jurisdicción de Cereceda, lo hizo por occidente D. Cristóbal de la Cueva, caballero de Jerez de la Frontera, enviado por D. Jorge de Alvarado, a quien su hermano D. Pedro le había dejado el Gobierno de Guatemala al irse, a fines de 1533, a la América del Sur. Cueva le propuso a Cereceda poblar en Honduras con la gente que traía, debiendo ser Cereceda capitán sobre todos los otros capitanes; pero la gente de Cueva no quiso obedecer a Cereceda. Entonces Cueva, viendo que Cereceda no podía sustentar la Gobernación, avanzó tierra adentro, y parece que en esta excursión fundó Choluteca, con parte de los colonos que llevaba y los que había dejado allí D. Pedro de Alvarado en 1526, y le dio el nombre de Jerez de la Frontera de la Choluteca, en parte, en recuerdo de su ciudad nativa. De allí pasó a San Miguel, cuyos vecinos poco después deseaban pertenecer a la jurisdicción de Honduras y no a la de Guatemala, por estar esta ciudad tan lejos y hallarse aquella villa cerca del puerto de Fonseca, que estaba en línea con el de Caballos.

Cereceda se quejó de Cueva al Consejo de Indias, pidió que se señalara la línea divisoria entre Honduras y Guatemala e indicó la necesidad de un camino de Puerto Caballos a la bahía de Fonseca: sus solicitudes fueron resueltas de conformidad en su mayor parte.

En este año de 1534, por no haber aceptado Fr. Alonso de Guzmán el nombramiento de Obispo de Honduras, que se le confirió en 1527, se nombró en su lugar a Fr. Juan de Talavera: tampoco aceptó el nombramiento, pero se interesó en que los frailes jerónimos trajesen religiosos de su orden a América.

La colonia de Buena Esperanza, en vez de prosperar, se veía ir cada día de mal en peor. Cereceda, cuya crueldad excedía a toda humana prudencia, por lo que había perdido todo su influjo sobre su gente, vióse en el caso de solicitar el auxilio de D. Pedro de Alvarado, quien de regreso de su viaje a la América del Sur se hallaba en Guatemala desde fines de 1535.Alvarado, que sabía que enviado por la Audiencia de México venía a residenciarlo el licenciado Alonso de Maldonado, por su viaje, quiso aprovechar la solicitud de Cereceda para que no lo encontrara en Guatemala el visitador, y ofreció el auxilio pedido. Levantó inmediatamente una fuerza de españoles y de indios, se puso en camino para Honduras, y el 21 de mayo de 1536aceptó en Naco la Gobernación de Honduras que en su favor renunció Cereceda. El 26 de junio fundó la villa de San Pedro de Puerto Caballos, en el valle de Choloma, y por orden suya, Juan de Chaves fundó Gracias a Dios en el sur. El 15 de julio hizo repartimiento de pueblos entre los fundadores de San Pedro, y el 20 del mismo hizo el de los pertenecientes a la ciudad de Gracias. De San Pedro pasó a Puerto Caballos a donde llevó diez o doce vecinos, y el 12 de agosto con instrucciones que le dio el Ayuntamiento de San

Pedro, se embarcó para Cuba, en una carabela que hizo venir de Trujillo y luego pasó a España.

Dejó de teniente de Gobernador a Alonso Ortiz.

CAPITULO VI: Cambios en el Gobierno 1536 a 1544

Los colonos que Cereceda había dejado en Trujillo cuando se dirigió al interior a fundar Buena Esperanza, habían escrito al Rey, informándole de la penosa situación en que se hallaban. Su exposición dio por resultado el nombramiento de Gobernador de Honduras e Higueras a favor del Adelantado D. Francisco de Montejo. Este envió a Gracias a Alonso de Cáceres a tomar en su nombre posesión de su cargo: el Ayuntamiento se negó a darle posesión a Cáceres, pero se redujo a prisión a los concejales, se nombraron otros, y quedó reconocido el Teniente de Gobernador de Montejo.

No tardó éste en llegar. En San Pedro Sula anuló el repartimiento de indios hecho por Alvarado; y de Gracias envió a Cáceres a pacificar el interior, encargándole fundar una ciudad en un punto equidistante de ambos mares. Cáceres sosegó varios pueblos y a fines de diciembre de 1537 fundó la villa de Santa María de Comayagua, después de lo cual regresó a Gracias.

A poco se sublevó la provincia de Cerquín o Carguín. En Piraera (sierra de las neblinas), en donde había una gran población, a cuyo señor llamaban el Etempica, se reunieron, convocados por Lempira, todos los señores principales de la comarca, para concertar la guerra contra los españoles. Lempira les dijo que era una vergüenza que hombres tan valientes se vieran en su propia tierra en la servidumbre de unos pocos extranjeros, y los persuadió a recobrar la libertad. Lempira fue nombrado General, juntó los hombres de más de doscientos pueblos, llegó a tener de señores y caballeros conocidos más de dos mil, se confederó con sus enemigos los Cares y pronto contó con un numeroso ejército[8]. Tenían en él gran confianza los indios por su valor, del que había dado muestras, matando por su propia mano ciento veinte hombres en una batalla y por creerlo

---

[8] El historiador Herrera dice 30 mil hombres; Montejo en su carta al Rey no dice el número.

encantado o hechizado, pues en las innumerables batallas en que se halló jamás fue herido ni alcanzado por una flecha.

Los sublevados entráronse en un peñol muy bien fortificado. Montejo envió contra ellos al Capitán Cáceres "lo mejor proveído de armas y bastimentos". Cáceres puso cerco al peñol y cada día salían los indios a dar guerra, habiendo puesto en tal aprieto a los sitiadores que fue preciso hacer venir socorro de San Pedro y Comayagua. Se juntaron ochenta españoles, y se dividió el cerco en ocho cuerpos. Los indios se defendían con vigor y hubo día en que mataran dos españoles y les hicieran muchos heridos. La campaña se prolongó por seis meses durante los cuales pasaron los sitiadores grandes trabajos así por lo reñido de los encuentros como por el hambre y por los rigores del invierno.

Cáceres apeló a propuestas de paz, pero Lempira no dio oidor a ellas, no obstante que algunos indios principales le aconsejaban aceptarlas, porque al cabo había de perder. El jefe español entonces no pensó más que en deshacerse del jefe indio, y puso por obra un plan inicuo. Envió un parlamentario a caballo con un soldado a la grupa frente a la fortaleza de Lempira a proponer de nuevo la paz, habiéndoles instruido sobre lo que debían hacer en caso de negativa. Lempira se asomó al borde del peñón y contestó que la guerra no había de cansar ni espantar a los soldados y que el que más pudiera vencería. Al oír esta respuesta el soldado que iba a la grupa colocó rápidamente su arcabuz sobre el hombro de su compañero, le apuntó a Lempira y disparando le dio en la frente. Lempira cayó por la sierra abajo, y con su muerte se rindieron los indios. Al precio de esta felonía se alcanzó la sumisión de la comarca, que comprendía lo que hoy son los Departamentos de Intibucá, Gracias, Copán y Ocotepeque en Honduras y algunos limítrofes de El Salvador.

Luego hizo Montejo una expedición a Comayagua y a Olancho y envió a recorrer la costa Norte hasta el Desaguadero a uno de sus capitanes, el que fundó la villa de Nueva Salamanca en la ribera norte de dicho río.

Habiendo destruido los indios la ciudad de Comayagua, Montejo la pobló de nuevo. En seguida se adelantó hacia el sur y llegó a la vista del puerto de Fonseca, e hizo venir de la villa de San Miguel a un capitán y a un alcalde y dos regidores de ella, con quienes celebró un concierto para evitar la despoblación. Proyectó la construcción de un camino de Puerto Caballos al Golfo de Fonseca, que pasara por Comayagua; promovió el cultivo del trigo y de la vid y estableció oficinas de fundición en Gracias. Pasó esta población a otro sitio más sano y vistoso y más en medio de los indios.

D. Pedro de Alvarado había sido nombrado nuevamente Gobernador de Guatemala, y el 4 de abril de 1539, desembarcó en Puerto Caballos, acompañado de su segunda esposa, doña Beatriz de la Cueva. Reclamó a Montejo el gobierno de Honduras y la devolución de los repartimientos a sus colonos. El licenciado D. Cristóbal de Pedraza, nombrado Protector de los indios y Obispo de la Provincia y quien había llegado a Puerto Caballos el 13 de septiembre de 1538, actuó como mediador entre Alvarado y Montejo; y en Gracias convinieron en que éste dejaría a aquél la Gobernación a cambio de la de Chiapas y de la encomienda de Suchimilco: este convenio fue aprobado por el monarca. Alvarado siguió para Guatemala, dejando como Teniente de Gobernador de Honduras a Alonso de Cáceres. Este fundó en 1540 la villa de San Jorge de Olancho, en un valle, el más rico de oro que había en toda la provincia de Honduras e Higueras y todas las demás del circuito, Guatemala, Nicaragua y Yucatán.

Entretanto Alonso Calero y Diego Machuca de Suazo habían explorado el territorio de Honduras en las regiones comprendidas entre el río Yare o Segovia y el Desaguadero. Estas quedaron incluidas en la Gobernación de Veragua concedida a Diego Gutiérrez, hermano de Felipe Gutiérrez, en 29 de noviembre de 1540. El nuevo Gobernador vino en 1541; cambió el nombre de Veragua por el de Cartago y fundó al sur un establecimiento que no había de durar. Entre cabo Camarón y cabo Gracias nada hizo. Pocos años después pereció a manos de los indios.

Alvarado preparó una expedición para ir a descubrir las siete ciudades de Cíbola, y en junio de 1540 se hizo a la mar en Iztapa, dejando de Teniente de Gobernador a su cuñado D. Francisco de la Cueva. Desembarcó en Jalisco y pasó a México en donde celebró un convenio con el virrey D. Antonio de Mendoza. Seis meses después, se insurreccionaron los indios de Nueva Galicia. El Gobernador Cristóbal de Oñate pidió auxilio al Virrey y a Alvarado: éste fue en auxilio de sus compatriotas, y pereció a consecuencia de las heridas que recibió el 24 de junio de 1541, en una caída, mientras atacaba el peñón de Nochistlán: se le llevó a Guadalajara y allí expiró a los cinco días.

Muerto D. Pedro de Alvarado, el Virrey de México, creyéndose con facultades al efecto, nombró Gobernador de Guatemala al licenciado D. Alonso Maldonado, quien tomó posesión el 17 de mayo. Los colonos de Gracias se negaron a reconocer a Maldonado y entró a ejercer el Gobierno interinamente Diego García de Celis, nombrado por el cabildo.

Por este tiempo ya iba tomando algún incremento la agricultura, iban estableciéndose grandes estancias de ganado y se habían descubierto riquísimas minas.

Deseoso el Rey de regularizar la administración de estas provincias, creó por decreto de 20 de noviembre de 1542 la Audiencia de los Confines, cuyo distrito comprendería Tabasco, Chiapas, Soconusco, Yucatán, Cozumel, Guatemala, Honduras, Nicaragua, Costa Rica, Veragua y Panamá. El 3 de septiembre nombró el Rey oidores al licenciado D. Diego de Herrera, al licenciado D. Pedro Ramírez de Quiñonez y al licenciado D. Juan Rogel; y el 13 del mismo designó para asiento de la Audiencia la ciudad de Comayagua, a la que le dio el nombre de Valladolid, porque en esta fecha la Corte residía en la ciudad de este nombre en España. Llamábase la Audiencia de los Confines, porque colindaban entre sí Guatemala, Honduras y Nicaragua, uniéndose la primera de estas provincias con la tercera, al sur de Honduras, por el territorio de Choluteca. Es decir que era una prolongación de Guatemala lo que hoy es El Salvador y parte del departamento de Choluteca hasta tocar con Nicaragua.

El Obispo Pedraza se hallaba en España desde enero de 1541, y habiendo recibido allá la bula de confirmación de su Obispado, regresó a Honduras.

Diego García de Celis cesó en sus funciones por haber vuelto a la Gobernación D. Francisco de Montejo el 9 de abril de 1543. No bien había vuelto éste, cuando el lic. Maldonado envió un Teniente suyo a hacerse cargo de la Gobernación de Honduras. Montejo y el cabildo de Gracias no quisieron recibirlo.

Maldonado dio cuenta de esto a la Audiencia de México, y la Audiencia le confirmó su nombramiento. De San Miguel, en donde se hallaba, vino a Gracias y fue recibido por el cabildo como Gobernador, pero no por Montejo, quien se remitió a la decisión real; luego envió sus Tenientes a las villas y fueron recibidos en Comayagua, San Jorge de Olancho y Minas de Guayape, mas no en San Pedro porque aquí habían recibido a Juan Pérez de Cabrera, quien había venido con nombramiento de la Audiencia de Santo Domingo. Maldonado pasó por esto a Puerto Caballos y requirió a Pérez de Cabrera para que lo reconociese. Cabrera se negó al principio a ello, pero concluyó por allanarse a loque se le demandaba, porque su provisión sólo era para el caso de que no hubiese otro Gobernador provisto. Pérez de Cabrera gobernó sólo en las poblaciones de la costa norte en el intervalo entre la muerte de Alvarado y el regreso de Montejo, y cobró su salario del 18 de julio de 1542 al 9 de abril de 1543. Alonso de Valdés le tomó residencia en 1544.

A principios de este año, Maldonado se dirigió a Valladolid de Comayagua a establecer allí la Audiencia de los Confines que debía presidir. Llegado a Comayagua le pareció que, para asiento de la Audiencia, era preferible Gracias a Dios y se dirigió hacia esta villa, dejando una carta para los Oidores, en que los invitaba a trasladarse allá. Los oidores Herrera y Rogel llegaron a Comayagua en la segunda quincena de marzo, y a la vista de la carta de Maldonado partieron para Gracias.

Al establecerse la Audiencia de los Confines, luego de haberse dictado las leyes que protegían a los indios, las que se debían en mucho al P. Fr. Bartolomé de las Casas, puede afirmarse que la obra de conquista estaba terminada. Ahora comenzaban las labores de la colonización: a la voluntad casi arbitraria de los conquistadores, sucedía la autoridad de las leyes que iban a aplicarse por el Tribunal creado. Sólo es de sentir que no se haya cumplido lo ordenado por el Rey en cuanto al asiento de la Audiencia: si se hubiera mantenido en Comayagua, la provincia de Honduras habría gozado de mejores condiciones de prosperidad.

SEGUNDA PARTE: Organización de la colonia 1544 a 1579

CAPÍTULO I: La Audiencia en Gracias a Dios 1544 a 1548

La Audiencia de los Confines se instaló en Gracias a Dios el 16 de mayo de 1544, y no tardó en venir a incorporarse a ella el licenciado Ramírez.

El primer acto de la Audiencia fue el de notificar a Montejo que dejase la Gobernación de Honduras: Montejo se dio por agraviado, pero concluyó por someterse. Fue residenciado por el oidor Rogel.

Pregonadas las Ordenanzas, como se llamaba a las nuevas leyes sobre la libertad de los indios, fueron aquí tan mal recibidas como en otras partes; y la Audiencia bajo el influjo de los vecinos presentó al Rey los inconvenientes y alteraciones que producirían. Por su parte, el P. Las Casas vino de su Obispado de Chiapas a Gracias, en 1545, a demandar el apoyo de la Audiencia para la ejecución de aquellas leyes en que tanto se había interesado. En el mismo sentido que éste, elevaron memoriales los Obispos Marroquín, de Guatemala, y Valdivieso, de Nicaragua.

El 25 de octubre de dicho año el P. Las Casas escribía al Príncipe D. Felipe que el Obispo de Honduras D. Cristóbal de Pedraza, había desembarcado hacía dos meses y que, aunque le habían escrito él y los Obispos Marroquín y Valdivieso que con la Audiencia estaban esperándolo, no quiso ir. Acordaron por ello los tres ir a San Pedro en donde se hallaba, pero temían que no quisiera ayudar a consagrar al de Nicaragua. Temían también que siguiera portándose mal, como había empezado a hacerlo, y finalmente le decía al Príncipe que acaso se arrepintiera de no hacer que se le diera de comer en España, pues para esta provincia de Honduras convenía que se proveyera otro, porque Pedraza era falto de letras y de recogimiento, y era muy libre.

Pedraza realizó al fin su viaje a Gracias.

Entretanto la Audiencia había recibido muy mal los memoriales que le habían dirigido los tres Obispos sobre las nuevas leyes, pero le causó mayor desagrado el de Las Casas. Un día, el Presidente Maldonado, enojado por las reclamaciones de Las Casas, le dijo en la sala de la Audiencia: "Sois un bellaco, mal hombre, mal fraile, mal Obispo, desvergonzado y merecíais ser castigado". Las Casas inclinó la cabeza y se limitó a responderle, aludiendo a que por sus recomendaciones era Presidente de la Audiencia: "Yo merezco muy bien todo eso que V.S. dice, señor licenciado Alonso Maldonado."

Este se arrepintió de su conducta y deseoso de asistir a la consagración del Obispo Valdivieso, que debía ser dos días después, trató de disculparse, pero lo hizo en tales términos que se irritó más el prelado, quien le contestó: "Idos de allí que estáis excomulgado," y le volvió la espalda saliéndose de la casa. Sin embargo, acaso por no agriar más las cosas, no objetó la presencia de Maldonado en la consagración del Obispo.

El P. Las Casas obtuvo el envío del oidor Rogel a Chiapas para que pusiera en ejecución las Ordenanzas en todo lo que tuvieran de favorable a los indios.

En julio de dicho año, Diego Machuca de Suazo, por sí y en nombre de Alonso Calero, pidió a la Audiencia la gobernación de la provincia del Desaguadero, en las condiciones en que se había dado a Diego Gutiérrez. La Audiencia dio cuenta al Consejo de Indias y este cuerpo mandó oír a Pedro Gutiérrez de Ayala, como heredero del último gobernador de Veragua. Gutiérrez de Ayala nombró en su lugar a Juan Pérez de Cabrera, vecino de Cuenca, renunciando en favor de él sus derechos, salvo una pequeña reserva, y el Rey, en 22 de febrero de 1549, admitió el nombramiento y confirió además a Pérez de Cabrera el de Corregidor de Trujillo.

Por este tiempo venían pocos navíos a Puerto Caballos y estaba mandado no remitir oro al Rey sin ver cédula de él que lo ordenara. Por eso a fines de 1545 no habían remitido los Oficiales Reales de Honduras veintinueve a treinta mil pesos que estaban en su poder.

Los oidores pedían aumento de salarios. Maldonado se quejaba de que no le alcanzaban para gastos los dos mil ducados de que gozaba.

Se había practicado la tasación de los tributos que debían pagar los indios. Estos quedaban con la obligación de dar tamenes a sus encomenderos. Se propuso al Rey que, por ser pocos los indios, se enviasen de España cuarenta negros para relevar a aquellos en sus trabajos. Habiendo indios confinantes que nunca habían estado de paz y habitaban tierra muy rica, era preciso que se ordenara el modo de pacificarlos.

Rebelado en el Perú Gonzalo Pizarro, fue enviado a someterlo el licenciado Pedro de la Gasca, quien pidió auxilio a la Audiencia de los Confines. Esta le envió dos navíos con doscientos hombres al mando del licenciado Ramírez y diez mil castellanos, lo mismo que armas y municiones de guerra y de boca. Ramírez peleó al lado de Gasca en la acción de Jaquijaguana, cerca de Cuzco, que le dio el triunfo definitivo sobre Pizarro.

En el viaje que hizo Maldonado a Nicaragua a preparar el despacho de la armada que llevó Ramírez, sometió a un pueblo de indios que se habían revelado cerca de San Miguel: en uno de los combates perecieron tres españoles, uno de ellos D. Pedro Villa—Ruel, hijo de un Villa—Ruel, que fue Adelantado de Cazorla. Vencidos los indios, fueron ajusticiados diez y ocho de los principales.

Maldonado cesó en sus funciones en junio de 1548, al llegar su sucesor y Juez de residencia, el licenciado D. Alonso López Cerrato: en el nombramiento de éste había influido el Obispo Las Casas.

CAPITULO II: La Audiencia en Guatemala 1548 a 1563

En septiembre de 1548 ya estaba concluido y sentenciado el juicio de residencia seguido al Presidente Maldonado y oidores. De ese juicio resultaba que talcs funcionarios no habían guardado ni las viejas ni las nuevas leyes.

Desde el año de 1545 el licenciado Ramírez había escrito al Rey que le parecía mejor que la Audiencia residiera en Guatemala, porque, después de México, era la de mayor población así de españoles como de indios. Del mismo modo pensó el licenciado Cerrato, y hallándose en Guatemala, a donde había ido a poner remedio a ciertos males, se expidió a 25 de diciembre de 1548 la Real cédula en que se le facultaba para mudar la Audiencia de Gracias al sitio que le pareciese más conveniente. Hizo la traslación y ésta fue aprobada por cédula de 1º. de julio de 1550.

Por este tiempo volvió del Perú el licenciado Ramírez, a quien el Presidente Cerrato le volvió la vara, lo mismo que a Rogel, por haber aparecido los menos culpados en el juicio de residencia. A Herrera no se la devolvió por haberle resultado gravísimos cargos.

Tratábase de abrir un camino de Guatemala al Golfo Dulce, a donde irían fragatas de Puerto Caballos, camino que sería muy útil a

Gracias a Dios; en enero de 1550 estaba abierto el de Puerto Caballos a San Pedro, de donde irían carretas a Guatemala, Comayagua y Gracias: de aquí irían para San Salvador, y de San Salvador a Guatemala.

Los indios habían mejorado de condición; estaban puestos en libertad los esclavos, se habían tasado de nuevo los tributos, se habían quitado los tamenes, y por malos tratamientos se había privado de indios a muchos españoles. De éstos, los casados se enviaron a España a traer sus mujeres y a los que tenían encomienda se les ordenó que se casaran, y se casaron.

Se había mandado que, en las fundiciones del oro, se sacara ante todo el quinto del Rey.

Se habían enviado quince mil pesos a España en enero y estaban para enviarse treinta y seis mil más.

El rigor de Cerrato, que empleó aún con los más encumbrados personajes como el Adelantado Montejo a quien no sólo le quitó los indios, sino que lo obligó a devolver mil trescientos castellanos que había tomado del arca del Rey, le valió que lo llamasen tirano, hereje, traidor, destructor y despoblador de la tierra. El oidor Tomás López, que vino en marzo de dicho año, creía exageradas la rectitud y dureza con que se había conducido el Presidente Cerrato; pero si la conducta de éste era recta, estaba a salvo de toda censura. Cerrato, disgustado, pidió al Rey permiso para volver a España.

Entretanto vino Pérez de Cabrera con cierta gente para la conquista de Veragua o Nueva Cartago y pidió instrucciones a la Audiencia. Cerrato escribió al Rey que no sabía cómo hacer y que Pérez de Cabrera pensaba hacer la guerra a fuego y sangre y hacer esclavos; y la Audiencia no pensaba del mismo modo. El consejo de Indias opinó que estando suspendido lo de las conquistas hasta que S. M. viera los pareceres dados en la junta de Valladolid de 1551, se mandara sobreseer entretanto en el particular y se le diese a Pérez de Cabrera, en remuneración de sus gastos, la Gobernación de Honduras con mil quinientos ducados de salario.

La indicación del Consejo de Indias fue aceptada, y así caducaron los derechos de Diego Gutiérrez y de su heredero Pedro Gutiérrez de Ayala. Y nombrado Pérez de Cabrera, Gobernador de Honduras, entró a sus funciones en 1552. De este modo terminó el gobierno que en esta provincia ejercía directamente el Presidente de la Audiencia.

Al entrar al gobierno Pérez de Cabrera la provincia de Honduras hallábase sin doctrina. No se bautizaba ni el diezmo de los indios que nacían. El Presidente Cerrato había enviado los despachos del Rey para el Obispo Pedraza, y éste, que no salía ya de Trujillo, contestaba que no podía más y que no había clérigos que quisieran permanecer en esta tierra.

A principios de 1554, ocurrió un alzamiento: Juan Gaitán o Gastón juntó 25 o 30 hombres en Honduras y con ellos atacó la villa de San Miguel: habiendo robado a los vecinos y habiéndoles tomado sus armas y caballos, fueron el primer día de Pascua a la villa de Jerez e hicieron los mismo; de allí quisieron ir a las minas de Choluteca, pero sabiendo que estaban apercibidos pasaron de largo y se encaminaron a Nicaragua con el propósito de asesinar al licenciado Juan Cavallón, Alcalde Mayor de aquella provincia. Cavallón, avisado a tiempo, los esperó en la plaza de León, y habiendo desbaratado por completo a los invasores, hizo ahorcar al capitán y a otros diez o doce y cortar las manos a cuatro. Cavallón se había dado a conocer desde antes en Yucatán y México, y últimamente había venido de España en la armada en que vino a Honduras Juan Pérez de Cabrera, bajo cuyas órdenes fue lugarteniente de la justicia en Trujillo, en 1550. Alvaro de Paz, teniente de Gobernador de Honduras, castigó a muchos de Puerto Caballos concertados en la intentona de Gaitán.

Acusado ante el Rey el licenciado Cerrato, vino a tomarle residencia el doctor D. Antonio Rodríguez de Quesada, oidor de México; empezaba a rendir sus cuentas cuando falleció: sustituyóle Quesada en su puesto, del que tomó posesión el 14 de enero de 1555.

Poco después falleció el Gobernador Pérez de Cabrera. El Obispo Pedraza murió también: lo sorprendió la muerte en gran desdicha, yendo de camino para Guatemala, a donde se le llamaba, acusado por un clérigo a quien había hecho pasear por las calles de Trujillo con un freno de rocín en la boca, por haber murmurado de él. No obstante, la desfavorable opinión que el P. Las Casas tenía del licenciado Pedraza, es éste digno de consideración: arregló lo mejor posible las diferencias entre Montejo y Alvarado: hizo cuanto estuvo a su alcance en favor de la catequización de los indios: recorrió los establecimientos fundados, para los fines de su1 ministerio: hizo una expedición que facilitó el descubrimiento de las regiones situadas al oriente y sur de Trujillo hasta donde alcanzaba la denominación de Veragua, que fue el primero en dar a conocer con el nombre de Taguzgalpa; y tiene el mérito de ser nuestro primer historiador. En Sevilla, antes de volver a Trujillo, escribió en 1544 la Relación de la provincia de Honduras e Higueras[9], obra importantísima por la abundancia de datos históricos como geográficos y principalmente por la calidad de su autor que bien se pude llamar testigo de mayor excepción en cuanto refiere, como acertadamente afirma un crítico[10]. Refiriéndose éste a los juicios del P. Pedraza en esa obra dice: "Con harta dureza y severidad se expresa nuestro Obispo al juzgar a los primeros conquistadores y el caso a decir verdad no era para menos, dadas las revueltas y pasiones, luchas y enemistades de aquella gente maleante, agobiada por la necesidad y el hambre. Puede decirse que desde que aportó al Golfo Dulce la gente de Gil González Dávila hasta que se estableció en Gracias a Dios la Audiencia de los Confines, fue Honduras un campo de devastación, sin autoridad, ni gobierno, en revueltas incesantes los españoles, sin poder hacer asiento en ningún punto, siempre luchando con el hambre, perdida la hacienda y sin esperanza de Socorro." Pedraza sólo reconoció como buenos gobernadores a Hernán Cortés y a Hernando de Saavedra.

En 25 de mayo de 1555 la Audiencia escribía al Rey que era conveniente proveer los Obispados de Honduras y Nicaragua y en nadie mejor que en religiosos que sabían las lenguas: que Guatemala fuese metrópoli, debiendo tener por sufragáneos aquellos dos Obispados y Chiapas y Yucatán. Nicaragua estaba en sede vacante desde el 26 de febrero de 1550, en que murió asesinado en León el Obispo Valdivieso.

En cuanto al gobierno civil de Honduras indicaba la Audiencia que estando vacante la Gobernación por la muerte de Pérez de Cabrera, convenía que no hubiese aquí sino un Alcalde Mayor; y nombró con tal carácter, provisionalmente, a Pedro de Salvatierra.

---

[9] Véanse en la Revista del Archivo y de la Biblioteca Nacional, tomo IV, páginas 289 y 291.
[10] El doctor Sebastián Marimón: ver Revista citada.

En carta de Bruselas de 16 de mayo de 1556 comunicaba Carlos V a sus colonias haber hecho renuncia de sus Estados en su hijo D. Felipe, y éste en carta del día siguiente anunciaba haber subido al trono.

En 1557 vino a Nicaragua el licenciado D. Lázaro Carrasco, electo Obispo de aquella provincia: pretendió que se incorporara a su Obispado la villa de Jerez de la Choluteca porque el Obispo de Guatemala, que la proveía, estaba muy lejos: sus pretensiones recuerdan las de Pedrarias Dávila y las de Castañeda; pero fracasaron como las de éstos.

Era natural que deseara esa incorporación, por el florecimiento de la villa, debido a sus riquísimas minas. Habiéndosele enviado al Rey pepitas de oro que tenían la forma de un tamarindo la llamó Villa de Jerez de la Choluteca y de mis Reales tamarindos.

En 20 de diciembre de este mismo año le otorgó a Comayagua el título de ciudad, por el gran desarrollo que había alcanzado con el laboreo de las minas que en su vecindad se habían descubierto desde en tiempo de Montejo.

Luego se recibió la noticia de la muerte de Carlos V, ocurrida en Yuste el 21 de septiembre.

En 1558 vino a Honduras, elegido Obispo de esta diócesis. Fr. Jerónimo de Corella, natural de Valencia. Este prelado trasladó a Comayagua en 1561, la sede del Obispado. En este tiempo ya estaba fundado en Comayagua el convento de San Antonio, y en Agalteca el de San Jerónimo.

En 1559, Juan García de Hermosilla elevó al Rey un memorial, en que solicitaba que el comercio entre España y el Perú, que se hacía por Nombre de Dios y Panamá, se hiciera por Puerto Caballos y el Golfo de Fonseca: la Audiencia y el Ayuntamiento de Guatemala apoyaron la solicitud. Años más tarde se vería el resultado.

Habiendo muerto el Presidente Rodríguez de Quesada el 28 de noviembre de 1558, lo sustituyó en el Gobierno el licenciado Ramírez que, como oidor más antiguo, era el decano de la Audiencia. El 2 de septiembre de 1559 cesó en sus funciones por haber entrado a ejercer el cargo el licenciado Juan Núñez de Landecho.

En Real orden de 23 de noviembre de 1561, se tuvo a bien que estuvieran proveídos Alcaldes Mayores en Soconusco y en Honduras, como había propuesto la Audiencia.

El Rey, por cédula de 2 de diciembre de 1562, nombró Gobernador de esta provincia al licenciado D. Alonso Ortiz de Elgueta, a quien confirió facultad para tomar residencia al Alcalde Mayor nombrado y a sus tenientes y oficiales. Esta cédula deroga la Real orden indicada, y en su cumplimiento Ortiz de Elgueta le tomó residencia a Salvatierra. No obstante, aparece como sucesor de Salvatierra en 1562 el muy magnífico señor D. Juan Morán.

Por cédula de 16 de diciembre de este último año, se comisionó a Ortiz de Elgueta para que conquistase y poblase la Taguzgalpa y Cabo Camarón, y se le decía que en caso de no poder hacer ni enviar a hacer nuevos descubrimientos y poblaciones sin licencia y especial mandato del Rey, se le daba orden para hacer dicha población «por la mucha confianza que en su persona y prudencia se tenía.»

Acusada la Audiencia y en especial el Presidente Landecho de cometer muchos abusos, se mandó por Real cédula de 30 de mayo de 1563, que viniese el licenciado Francisco Briceño a residenciar a Landecho y a hacerse cargo de la Gobernación de Guatemala: dábasele a la vez orden de trasladar la Audiencia a Panamá.

CAPÍTULO III: La Audiencia en Panamá 1563 a 1570

Briceño re sidenció a su antecesor, y a los dos años trasladó a Panamá la Audiencia. Esta, según Real cédula datada en Zaragoza a 8 de septiembre de 1563,comprendería: "El Nombre de Dios y su tierra y la ciudad de Natá y la suya, y la Gobernación de Veragua; y por la mar del sur, la costa arriba hacia el Perú, hasta el puerto de la Buenaventura exclusive, y la costa abajo hacia Nicaragua hasta la bahía de Fonseca, exclusive; y la tierra adentro, toda la provincia de Nicaragua y de Honduras hasta el lugar de Jerez de la Frontera inclusive y por la mar del norte hasta el río de la Ula exclusive; por manera que se había de echar una raya de la bahía de Fonseca hasta el río de Ula, y de esta raya hacia Panamá había de ser distrito de la dicha Audiencia de Panamá así por la tierra como por las costas del sur y del norte; y desde la dicha raya hacia la Nueva España, incluyendo la villa de Gracias a Dios y San Gil de Buenavista, de la provincia de Honduras, había de ser distrito de la Audiencia Real de Nueva España, así la tierra adentro como las costas del mar del sur y del norte; y desde la dicha ciudad del Nombre de Dios, por la costa hacia Cartagena, había de tener asimismo por distrito la dicha Audiencia de Panamá hasta el río de Darién exclusive."

Por otra cédula que se expidió en Zaragoza, en la misma fecha que la anterior, mandábase que Luis de Guzmán, Gobernador de tierra firme, se pasara a la provincia de Guatemala a tener en ella la Gobernación de dicha provincia, la que tendría por límites y distrito desde la bahía de Fonseca inclusive y río Ula inclusive, con la población de San Gil de Buenavista y la ciudad de Gracias a Dios.

Fue necesario el transcurso de dos años, como queda dicho, para trasladar la Audiencia de Guatemala a Panamá. Mientras tanto Ortiz de Elgueta hizo explorar por el piloto Andrés Martín toda la tierra de Honduras desde el cabo Camarón hasta el río de San Juan o Desaguadero. Fundó en 1564 la ciudad de Elgueta a orillas de la laguna de Caratasca o Cartago, ciudad que el año siguiente trasladó treinta leguas al sur, en tierra llana y rica de oro. Dicha ciudad duró poco más de dos años. En carta de Trujillo, a 15 de abril de 1567, dio cuenta al Rey de su expedición.

En 1566 había cesado en sus funciones el Alcalde Mayor D. Juan Morán. El Gobernador licenciado Ortiz de Elgueta, en 1567, visitó las Cajas Reales de Higueras y Honduras, siendo Oficiales Reales Pedro Romero y Juan de Bustillo. Y como Teniente suyo, Hernando Bermejo ejerció jurisdicción en Agalteca. En este mismo año sucedió a Ortiz de Elgueta, su juez de residencia, Juan de Vargas Carvajal, nombrado Gobernador de Honduras por Real Cédula expedida en Segovia en 1566.

En 1564 el Virrey de México D. Luis de Velasco y la Audiencia de Nueva España, escribieron al Rey suplicándole la restitución de la Audiencia a Guatemala. En el mismo sentido gestionaba Francisco del Valle Marroquín, procurador del Ayuntamiento de Guatemala en la Corte. Fr. Bartolomé de las Casas, que ya había vuelto a España, apoyó también la solicitud.

El Rey, por cédula fecha en el Escorial a 17 de mayo de 1564, había restablecido la provincia de Guatemala a los términos que tenía cuando se abrió la Audiencia de los Confines, pues en esa cédula mandaba que Juan de Busto de Villega, Gobernador de Tierra Firme, pasase a gobernar aquella provincia, la que tendría por límites y distrito, desde la bahía de Fonseca inclusive hasta la provincia de Honduras exclusive, por línea rota, y que por la parte que confinaba con la provincia de Honduras, se quedara por los términos que hasta allí había tenido y las provincias de Verapaz y Chiapas.

En enero de 1567, seis meses después de la muerte del P. Las Casas, resolvió el Rey que la Audiencia volviese a tener su asiento en la ciudad de Guatemala; y por cédulas de 28 de junio de 1568 y de 25 de enero de 1569, se fijaron los límites del distrito como estaban antes de la traslación de la Audiencia a Panamá.

Abrióse la Audiencia en Santiago de los Caballeros de Guatemala el 3 de marzo de 1570, siendo su Presidente el doctor Antonio González, oidores Jofre de Loaíza, Valdés de Cárcamo y Cristóbal de Azcoeta, y Fiscal el licenciado Arteaga de Mendiola.

No hay noticias acerca de si vinieron a gobernar la provincia particular de Guatemala Luis de Guzmán y Juan de Busto de Villega. Tampoco aparece que, como consecuencia de las dos cédulas de Zaragoza, de 8 de septiembre de 1563, se hayan recibido órdenes jurisdiccionales de Guatemala en Gracias a Dios, San Pedro Sula y San Gil de Buenavista, ni de Panamá en Jerez de Choluteca, Comayagua, San Jorge de Olancho y Trujillo. Ni consta que Morán, Elgueta, Bermejo o Carvajal, autoridades de Honduras, Hayan sufrido alteración en sus funciones a causa de dichas cédulas: antes bien se advierte que procedieron como si éstas no se hubiesen dictado, es decir, como si no se hubiera hecho novedad.

CAPÍTULO IV: La Audiencia definitivamente en Guatemala 1570 a 1578

Al doctor González se había encargado el gobierno sin que en él tuviera participación alguna la Audiencia y tal como lo tenían los virreyes de Nueva España. Los oidores debían limitarse a la administración de justicia.

El doctor González tomó residencia al licenciado Briceño, quien la rindió muy satisfactoria, salvo en cuanto a haber dispuesto de ciertas encomiendas en favor de nietos de los poseedores, lo que no era permitido hacer.

A principios de enero de 1572 se tuvo noticia en Guatemala de haber llegado a Puerto Caballos corsarios

luteranos en tres navíos y una chalupa. No fue necesario enviar tropas a combatirlos, pues no intentaron saltar a tierra.

Al doctor González sucedió en el gobierno el doctor D. Pedro de Villalobos, quien llegó a Guatemala, en 1573, a principios de cuaresma.

En mayo del mismo cesó en su cargo Juan de Vargas Carvajal, a quien le sucedió D. Diego de Herrera, nombrado por el Rey, Gobernador y Alcalde Mayor de Honduras. Este nombramiento se hizo bajo el imperio de la cédula de 23 de mayo de 1572, por la cual mandó el Rey a la Audiencia de Guatemala que sobreseyera en la provisión de las Gobernaciones de Honduras, Costa—Rica y Soconusco, porque las reservaba para quienes fuera su voluntad. Aquí se ve que se confieren a una misma persona dos cargos: el de Gobernador y el de alcalde Mayor, que en 1562 estaban separados, pues se nombró para el primero a Ortiz de Elgueta y para el segundo a Morán.

Herrera desembarcó en mayo de 1573 en Trujillo, de donde paso a San Pedro y allí empezó a ejercer sus funciones. Luego escribió, con los Oficiales Reales, al Presidente Villalobos que se había pasado con la caja y fundición a vivir a Comayagua, treinta leguas más la tierra adentro de San Pedro, con ocasión de haberse descubierto unas minas, diez y siete leguas de Comayagua. Villalobos, que recibió la carta por agosto, les escribió que esa mudanza no se debiera hacer sin orden de S.M., y que la villa de San Pedro podía despoblarse y era necesario conservarla por estar diez leguas de Puerto Caballos, por si aquí venían enemigos en las naos. Así se estableció la capital de la provincia en Comayagua.

El estar comprendida en la Gobernación de D. Diego de Herrera la villa de San Pedro Sula, al occidente del Ulúa, lo mismo que la de Gracias a Dios, viene a confirmar que había quedado sin efecto o no había tenido ninguno, en cuanto a jurisdicción, la cédula, de 8 de septiembre de 1563 en que se había nombrado Gobernador de Guatemala a Luis de Guzmán.

En febrero de 1574 se presentó frente a Guanaja una fraggata armada en guerra, en que venían trece ingleses, que traían por piloto a un Antonio Vaez, portugués, la que había recogido en el cabo Camarón a dos españoles de la expedición de Elgueta, que hacía siete años estaban cautivos entre los indios. Los españoles lograron que los desembarcaran en la isla pretextando que harían que los indios les diesen mantenimientos; pero una vez en tierra se hicieron conducir por los indios en una canoa a Trujillo. De este puerto salió un navichuelo con cuarenta soldados en busca de la fragata, pero ya no la encontraron. Con este motivo, Villalobos escribió a Trujillo, a Puerto Caballos y a Golfo Dulce que estuviesen listos para evitar una sorpresa de los ingleses. Poco después se trató de construir un baluarte en Trujillo.

Villalobos, que había encontrado de Obispo de la provincia de Verapaz a Fr. Tomás de Cárdenas, representó al Rey que la jurisdicción de este Obispado se partiera entre los Obispos de Guatemala, Chiapas y Honduras por estar cerca, pudiendo dársele uno de estos Obispados al P. Cárdenas. Esta es otra comprobación de que no era el Ulúa la línea limítrofe entre Guatemala y Honduras, ya que esta provincia tocaba con la de Verapaz.

En este año de 1574 el P. Provincial Fr. Bernardino Pérez, por orden del Presidente de la Audiencia, fundó en Nacaome el convento franciscano de San Andrés, dejando en él a Fr. Alonso de Fonseca y a Fr. Bartolomé de Lorenzana, a quienes recomendó aprender la lengua. Los pueblos que repartió en la Guardianía de San Andrés eran: Nacaome, Guacirope, Cosigma, Pispire, Tapatoca, Nacaraco, Lamepán, Valayjaula, Pasaquina, Lacotoca, Niquimongoya, Vascorán, Liqueyococo, Polorós, Zapiquer, Aramicidia, Langue y las Islas del Golfo de Fonseca.

Villalobos informó al Rey que su antecesor había provisto corregimientos en Tencoa y Ocotepeque, en términos de Gracias a Dios, y en Tecazquín y Cururú, en términos de Comayagua, los que creían de poco efecto porque allí cerca estaban los ordinarios de Comayagua y Gracias a Dios.

La Audiencia comisionó al oidor, licenciado D. Diego García del Palacio, para visitar parte del Reino de Guatemala. El oidor en 8 de marzo de 1576 envió al Rey un informe de la visita. Recorrió en ésta la parte sudoriental de la provincia de Guatemala, del río Michatoya en adelante, las provincias de los Yzalcos[11], de San Salvador, de San Miguel, de Gracias a Dios y de Chiquimula de la Sierra, y dio cuenta de las costumbres, creencias, lenguas y demás particularidades que llamaron su atención. Palacio visitó las ruinas de Copán y las describió, indicando su situación en el siguiente párrafo: "En el primer lugar de la provincia de Honduras, que se llama Copán, están unas ruinas y vestigios de gran poblazón y de soberbios edificios, tales, que parece que en ningún tiempo pudo haber en tan bárbaro ingenio como tienen los naturales de aquella provincia, edificio de tanto arte y suntuosidad. Es ribera de un hermoso río y en unos campos bien situados, tierra de un mediano temple, harta de fertilidad e de mucha caza e pesca".

A mediados de 1576, D. Diego de Herrera encargó la gobernación de Honduras al licenciado Alonso Ortiz de Elgueta, su Teniente General, y éste envió a Alonso de Cáceres de Alcalde Mayor a Agalteca, en donde se acababan de descubrir riquísimas minas.

Herrera pidió licencia al Rey para descubrir y poblar la provincia de Taguzgalpa; pero cuando el monarca pedía informe sobre el particular, Diego López, Regidor de Trujillo, había solicitado hacerse cargo de la misma empresa y estaba celebrándose una capitulación entre él y el oidor, licenciado Palacio. Esta región era la misma en que había expedicionado Ortíz de Elgueta y cuya denominación había hecho conocer el Obispo Pedraza en la Relación de la provincia de Honduras e Higueras, que arriba queda citada.

A principios de 1577 vino de España con treinta religiosos franciscanos Fr. Pedro Ortiz. En Comayagua encontró una carta del Provincial de su orden, quien le decía que poblase una casa en la provincia por haber muy poca doctrina en ella. Pobló la casa en Comayagua, habiéndole dado en ello mucho calor y favor D. Diego de Herrera y los vecinos de la ciudad; y luego siguió para Nicaragua y Costa Rica. El P. Ortiz no menciona el convento de San Antonio fundado antes en Comayagua ni el de San Jerónimo de Agalteca.

---

[11] De esta palabra se deriva Sonsonate: de Izalco se dijo Izanconatl primero, Cenconatl luego y Sonsonate por último

Poco después de la salida del P. Ortiz, Herrera cesó en su cargo y le sucedió Alonso de Contreras Guevara.

Este informó al Rey desfavorablemente a las pretensiones de Herrera respecto a la Taguzgalpa, y por otra parte la capitulación celebrada con Diego López quedó sin efecto.

Fr. Pedro Ortiz volvió a Comayagua, y de aquí escribía al Rey en 15 de abril de 1578 que en la provincia de Honduras seguían sin doctrina los indios, salvo en Tencoa, donde estaba poblada una casa y monasterio de Nuestra Señora de la Merced. Y se quejaba de que el Gobernador Contreras Guevara no lo había auxiliado con el mismo celo e interés que D. Diego de Herrera; pero pensaba que había de poder más Dios que el diablo y confiaba en que el Presidente y los oidores de Guatemala le ayudarán mientras llegaba el nuevo Obispo nombrado.

El Obispo que se esperaba era Fr. Alfonso de la Cerda, a quien se había elegido en 1577 por muerte del señor Corella: pronto llegó a su sede, en la que había de permanecer diez años.

En noviembre de 1578 cesó en sus funciones el Presidente Villalobos y le sucedió el licenciado García de Valverde.

CAPÍTULO V: División de Honduras en dos Provincias. —Fundación de Tegucigalpa 1578 a 1579

El licenciado García de Valverde, en los primeros días de su gobierno, tuvo noticias de que el corsario inglés Guillermo Parker, que había asaltado y robado la isla de Santo Domingo, amenazaba las poblaciones del litoral de Honduras y acaso intentaba capturar la flotilla que estaba para llegar de España, con mercaderías.

El Ayuntamiento de Guatemala, alarmado con la noticia, acordó, en 3 de enero de 1579, solicitar de la Audiencia que se suspendiese el llamamiento que había hecho el Gobernador de Honduras, cuya presencia allá era necesaria, por habérsele promovido pleitos sobre exceso en el cobro de salarios. Tal solicitud no fue atendida: Contreras Guevara se puso en camino para Guatemala, y no habiendo quien proveyera a la defensa de las costas, los piratas tomaron y saquearon la ciudad de Trujillo.

Tres meses después, apareció por la costa del sur Francisco Drake. Este pirata había sido armado en corso por la Reina de Inglaterra, aunque no estaba en guerra con España. Y a había saqueado algunos establecimientos de la costa del Darién y ahora, habiendo pasado por el Estrecho de Magallanes y saqueado los establecimientos de la costa de Chile y el Perú, había llegado a Panamá, de donde prosiguió para Costa Rica. De aquí pasó a Acajutla, en donde se apoderó de una nave de Francisco Zárate, y continuó su viaje para el Norte.

El licenciado Valverde despachó, a las órdenes del ex—Gobernador de Honduras D. Diego de Herrera, tres navíos con doscientos hombres bien armados, en persecución de Drake: navegaron hasta Acapulco e informados por una nave que venía de la China, de que no había ingleses por aquellas costas, Herrera determinó regresar. Valverde lo procesó y lo tuvo en prisión por varios años, por no haber llegado hasta la ensenada de California, en donde suponía que se hallaban los ingleses.

Por este tiempo se habían hecho importantes descubrimientos de ricos minerales de plata en Honduras. A los de Agalteca habían seguido los de San Marcos, Santa Lucía, Teguzgalpa y Apasapo. Los dueños de esas minas, que eran el licenciado Alonso de Esguaza, Agustín Espíndola, Da. Leonor de Alvarado y otros, acudieron a la autoridad superior de Guatemala a representar la necesidad que tenían de brazos y azogues para sus labores.

El 14 de abril de 1579 escribía el licenciado Valverde al Rey acerca del «buen nombre y opinión que tenían las minas de plata de Honduras y del poco posible que tenían para beneficiarlas». Y le anunciaban que enviaría una persona de entendimiento a ver todas las minas y a presenciar los ensayos para poder darle relaciones ciertas y saber lo que se debía hacer conveniente al Real servicio.

El comisionado vino, y el examen de las minas confirmó su justa fama. Las de Teguzgalpa resultaron tan ricas que inmediatamente se pobló el lugar de españoles, el lado del pueblo indio de aquel nombre, que, según se sabe por tradición antigua, significa Cerro de Plata, fundándose así Tegucigalpa. El Presidente Valverde estableció, desde luego, en la población un Alcalde Mayor, señalándose jurisdicción especial y dividiendo así en dos la provincia de Honduras: la de Comayagua y la de Tegucigalpa. Este Alcalde Mayor fue D. Juan de la Cueva, Alguacil Mayor que había sido de la Real Audiencia y bajo el gobierno de Villalobos, Juez contador de las provincias de Soconusco y Chiapas de los indios.

A Tegucigalpa se le dio el nombre de Real de Minas de San Miguel de Tegucigalpa. Dada la costumbre que tenían los españoles de señalar lugares con el nombre del santo del día en que descubrían o fundaban, es de presumir que el descubrimiento de las minas de Teguzgalpa fue el 29 de septiembre de 1578 y esta es la fecha inicial de la fundación de la ciudad. Y a este respecto hay que tener presente que San Miguel es el patrono de Tegucigalpa.

Al efectuarse esta división conviene ver cómo se describía a Honduras en una relación escrita poco antes:

"La Audiencia de Guatemala que primero se llamó de los Confines por haberse mandado fundar primero en las de Nicaragua y Guatemala sin señalarle pueblo cierto comprende las provincias de Guatemala, Soconusco, Chiapa, la Verapaz, Honduras, Nicaragua y Costa Rica.

"La provincia y gobernación de Honduras tendrá de largo este oeste por la costa de la mar del norte más de ciento y cincuenta leguas; y de ancho desde la mar hasta los términos de Costa—Rica y Guatemala, por parte, setenta u ochenta; está toda llena de sierra, pero fértil de maíz y trigo y todas suertes de ganados y algunas minas de oro y plata: hay en ella seis pueblos de españoles en un Obispado que son:

"La ciudad de Vallid (Valladolid), en lengua de indios Comayagua, sesenta leguas de Santiago de Guatemala, al oriente, y como cuarenta de la mar del norte, de cien vecinos españoles: reside el Gobernador y la Catedral desde el año de cincuenta y ocho que se pasó de Trujillo donde al principio estuvo; y un novicio de la Merced: y en su comarca cincuenta y seis pueblos de indios, y en ellos dos mil y seiscientos tributarios.

"La ciudad de Gracias a Dios, treinta leguas de Vallid, casi al Poniente, de cincuenta vecinos, los treinta y seis encomenderos, un monasterio de la Merced; en su comarca, sesenta pueblos de indios y en ellos tres mil tributarios.

"La villa de San Pedro, treinta leguas de Comayagua al norte, algo desviado al poniente, y once del Puerto de Caballos, de cincuenta vecinos españoles, donde residen los Oficiales Reales de esta provincia, por ser Puerto de Caballos enfermo, a donde acuden a despacho de los navíos; hay en su comarca treinta pueblos de indios en que había como setecientos tributarios.

"La villa de San Juan de Puerto Caballos, en quince grados de altura, once leguas de San Pedro, de veinte casas de factores, de mercaderes y negros y no más; por ser sólo puerto enfermo que, aunque es bahía es bueno.

"La ciudad de Trujillo, sesenta leguas de Comayagua de despoblado, al nordeste y cuarenta de Puerto de Caballos, al oriente y una de la mar del norte; de diez vecinos, los tres o cuatro encomenderos con un teniente de gobernación; estuvo aquí al principio la catedral; el puerto de ella se llama Juan Gil, es bueno aunque no tiene barra sino bahía muerta, abrigada, donde primero hacen escala los navíos que van a Guatemala; hay en esta gobernación como doscientos y veinte o treinta pueblos de indios, y en ellos como ocho o nueve mil tributarios.

"La villa de San Jorge de Olancho, cuarenta leguas de Comayagua, al oriente, de cuarenta vecinos y en su comarca como diez mil indios tributarios y mucho oro, principalmente en el río de Guayape, doce leguas de esta villa, aunque se saca poco por haber pocos negros.

"La costa de esta provincia, en la mar del norte, porque no llega a la del sur, está toda en el Golfo que llaman de Honduras, que es toda la mar que hay entre esta provincia y Yucatán, hasta donde se junta con ella por la provincia de la Verapaz. Por donde se llama el golfo de Guanajos, la primera punta es la de Higueras en diez y seis grados de altura junto a Golfo Dulce, puerto para Guatemala, a donde parece haber estado poblado San Gil de Buenavista o junto al cabo de Tres Puntas al oriente de Golfo Dulce y más al oriente, el río Piche y río Bajo y el de Ulúa por otro nombre Balahama, antes del Puerto de Caballos, que está en quince grados: y después el río y punta de la Sal y Triunfo de la Cruz, un cabo de tres puntas y río de Hulma o de Xagua y al norte de su boca, Utila una isla que tiene y al nordeste otras que llaman Guayaba y Helen y Guanaja o San Francisco norte sur con la punta de Trujillo o Cabo Delgado y por otro nombre de Honduras, desde donde al cabo del Camarón en cuya demanda se va desde

Jamica, hay trece ríos y la punta del cabo un placel o bajo grande de más de veinte leguas a la mar; y en medio de él, junto a la costa, una isla grande que llaman de los Bajos y otra al norte, cerca del Bajo, dicha San Millán; y pasado el bajo, la Bahía de Cartago y Bahía Honda antes del Cabo de Gracias a Dios, que está en catorce grados y un tercio; y al norte de él, tres isletas que llaman las Viciosas y Quitasueño y Roncador, dos bajos peligrosos, y pasado el Cabo ,el golfo de Nicuesa y el río de Yare en trece grados donde se juntan las gobernaciones de Honduras y Nicaragua"[12].

En el territorio descrito, hacia la parte sudoriental, se había establecido la Alcadía Mayor de Tegucigalpa, desmembrádose así parte de la jurisdicción de Comayagua: la nueva provincia dependería de Guatemala, capital del Reino.

---

[12] Colección de documentos inéditos de Indias: tomo XV, páginas 463 a 470.

TERCERA PARTE: Comayagua y Tegucigalpa 1579 A 1788

CAPÍTULO I: Incorporación de Choluteca a la provincia de Tegucigalpa 1579 a 1582

El Gobernador Contreras Guevara debe haberse justificado en Guatemala de los cargos que se le hacían, pues volvió a Comayagua a continuar en el ejercicio de su cargo.

En 1581 se promovió una competencia entre la Audiencia de Guatemala y el Gobernador de Comayagua, por haber éste nombrado unos Tenientes en las minas de Tegucigalpa, para que dirimiesen las cuestiones suscitadas entre los descendientes de Alonso de Cáceres, el fundador de Comayagua, y los de otros descubridores.

Al mismo tiempo la ciudad de Comayagua se dirigió al Rey, quejándose de que el Presidente de la Audiencia había proveído, de tres años a aquella parte por Alcalde Mayor de aquellas minas a Juan de la Cueva, a quien dio por sucesor a Juan Cisneros de Reinoso. Decían que haría diez o doce años que, a quince leguas de Comayagua, se descubrieron unas minas de plata llamadas de Guasucarán y ahora tres años, otras que llamaban de Tegucigalpa, y como estaban en la jurisdicción de aquella ciudad, tan cercanas a ella, el Gobernador y los Alcaldes ordinarios tenían la jurisdicción y aquél ponía su Teniente. Del nombramiento de Alcalde Mayor provenían grandes inconvenientes: el de haberse señalado al nuevo funcionario seiscientos pesos de minas, de salario: el de ser iguales en jurisdicción el Gobernador y el Alcalde Mayor, excepto en casos de minas, y el Alcalde tenía jurisdicción fuera de las minas en la mayor parte de la jurisdicción de la ciudad, en donde estaban poblados a cinco y a seis leguas y a cuatro, hasta setecientos naturales, casados pocos más, en trece o catorce pueblos; y éstos y los españoles padecían muy gran trabajo en tener dos cabezas en tan poca tierra y con tan poca gente. Por otra parte, el Gobernador traía alguaciles y escribanos, criados y gente, y el Alcalde Mayor lo mismo, y por ello los naturales andaban desasosegados por verse mandar de dos justicias, y los españoles, lo propio. En vista de esto pedían que las cosas volvieran al estado que tenían antes.

La competencia se resolvió contra el Gobernador y más tarde se confirmó la creación de la provincia de Tegucigalpa.

Juan Cisneros de Reinoso, nombrado por seis años, había sucedido en efecto a Juan de la Cueva en 1580. El nombramiento de aquel se hizo por Real provisión de la Audiencia, librada en Guatemala el 31 de octubre de aquel año. Esta Real provisión creó la jurisdicción de la Alcaldía Mayor, colocando en ésta las minas de Guasucarán y las más declaradas respecto a Juan de la Cueva, con los pueblos de Ula, Joxona, Tutumbla, Lugarén, Cuareni, Redituca, Lepaterique, Tegucigalpa, Comayagua de los indios[13],Támara, Agalteca, Liquitimaya,Tapali, Guarabuquí, Urica, Guaymaca, Apasapo, Pasaquina, Caperique, Aguanqueterique, Ticla, Locterique y la Villa de Choluteca con los pueblos de su jurisdicción. Por esta Real provisión de 31 de octubre de 1580 incorporó, pues, la Audiencia a la jurisdicción de Tegucigalpa la villa de Jerez de la Frontera de la Choluteca, con sus pueblos, y así dejó de formar parte de la provincia particular de Guatemala dicha villa con el Golfo de Fonseca y sus islas, en donde había pueblos sujetos a su jurisdicción. Y así fue como Honduras, que hasta la fecha de la relación copiada en el capítulo precedente sólo tenía costa en la mar del norte, vino a tenerla en la mar del sur. Y así se explica que los Alcaldes Mayores de 1580 en adelante, hayan encabezado sus diligencias, escribiendo después del nombre, las palabras "Alcalde Mayor del Real de Minas de Tegucigalpa y de la Villa de Jerez de la Choluteca".

Con esto cesaron de lindar por el sur Honduras y Guatemala con Nicaragua, pues quedó la primera entre las dos últimas con el Golfo de Fonseca. De esta suerte la jurisdicción de la Alcaldía Mayor o provincia de Tegucigalpa, que era parte integrante de Honduras, comprendía lo que hoy forman los departamentos de Tegucigalpa, El Paraíso, Choluteca, Valle, parte del de La Paz y algo de los actuales departamento de La Unión y San Miguel, en la República de El Salvador.

Así pues, a los seis pueblos de españoles que tenía Honduras, según la relación citada, hay que añadir ahora, además de Tegucigalpa, La Villa de Xerez de la Frontera, de la cual dice la misma relación en lo referente a la provincia de Guatemala:

---

[13] Probablemente la actual Comayagüela.

"La Villa de Xerez de la Frontera, en lengua de indios: la Choluteca, en los confines de Guatemala y Nicaragua, ochenta leguas de Santiago y veinte de San Miguel, al sudeste de entrambos; de treinta y cinco vecinos españoles, en comarca fértil de algodón y de maíz, aunque no se da trigo".

Juan Rodríguez de Velasco describe lo que era Choluteca en los años de 1571 a 1574. Dice que en lengua de indios es Choluteca y Malalaco: que la fundó D. Cristóbal de la Cueva por mandato de D. Pedro de Alvarado y la llamó Xerez de la Frontera, por ser él natural de esta ciudad en España; y que está en los confines de Guatemala, Nicaragua y Honduras, 20 leguas al levante de la villa de San Miguel y 24 de la ciudad de León, en 91° y 2/3 de longitud de Toledo y 12° y 1/3 de altura. Se decía de la Choluteca, por estar junto a un río de este nombre que en tiempo de corrientes es muy furioso: el llano en que estaba era tierra fértil de maíz y algodón; sus vecinos tenían estancias de ganado; y había algunas minas de oro en el cerro llamado de San Juan.

En 20 de abril de 1582, Contreras Guevara envió a España de Valladolid del valle de Comayagua, una relación de los pueblos de la provincia de Honduras, semejante a la que se ha visto, pero en la cual habla del descubrimiento y población de las minas de Tegucigalpa, quejándose todavía de que el licenciado Valverde hubiera provisto de Alcalde Mayor a dichas minas.

En este año le sucedió D. Rodrigo Ponce de León.

CAPÍTULO II: La Taguzgalpa. — Los conventos 1582 a 1588

Cuando Ponce de León fue proveído por el Rey, Gobernador de Honduras, trató con el Consejo de Indias de que sin dilación se le diese orden para descubrir y poblar, como él decía, "un rincón que está en esta tierra, que se llama la Taguzgalpa", de setenta a ochenta leguas por la costa del mar del norte y de otras tantas de travesía desde la Segovia hasta la mar, tierra de oro, en que había cantidad de gente.

El 26 de mayo de 1584 se hallaba en Trujillo, y de allí escribió al Rey sobre el particular. En su carta decía que había en aquella costa una laguna[14] por donde se sacaba el oro para México en tiempo de Moctezama: que el descubrimiento se había de hacer por mar y por tierra, y que hacía veintidós años se había dado esta empresa al licenciado Ortiz de Elgueta, quien nada hizo. Pedía que se le concediera y se le diese alguna ayuda de costa para el descubrimiento y que se fuera poblando toda la tierra. El prometía hacerlo con algunos soldados y vecinos de esta Gobernación que para ello se habían ofrecido.

Mientras recibía respuesta, Ponce de León hizo una entrada en la tierra.

El Rey, en 16 de abril de 1585, recomendó a la Audiencia le informase de lo que convendría proveer para el descubrimiento y pacificación de dicha provincia; dio las gracias a Ponce de León por su ofrecimiento y lo animó a continuar la entrada que había empezado, debiendo esperar lo que se acordara al recibirse en la Corte el parecer de la Audiencia.

En 23 de octubre de este año. Ponce de León escribe de Puerto Caballos al Rey que, teniendo orden de la Audiencia de proseguir la conquista y población de las provincias de Taguzgalpa, suplica se le conceda dicha jornada en los términos en que se concedió a otros Gobernadores.

No obstante el empeño del Gobernador y el interés del gobierno en esta conquista, no se adelantó en ella por entonces.

Por Real cédula, fecha en San Martín de la Vega a 20 de marzo de aquel año, dirigida al Obispo de Honduras, se confirmó el beneficio curado de las minas de Tegucigalpa, Comayagua y Támara presentado por el Gobernador con arreglo a lo dispuesto en el Real patronato.

El interés por la conversión de los indios y su doctrina seguía manifestándose con vigor.

En 1584 fue nombrado en Madrid el P. Alonso Ponce Comisario General de la Nueva España por el P.Fr. Francisco Gonzaga, Ministro General de la Orden de Franciscanos. Salió de España el P. Ponce para México, acompañado de dos religiosos, uno de los cuales se quedó en aquella ciudad: el otro le siguió a todos los puntos a donde hubo de ir.

---

[14] Caratasca o Cartago

El P. Ponce visitó la provincia religiosa de Nicaragua llamada San Jorge en 1586: había en ella veinticinco religiosos, repartidos en doce conventos fundados en dos Obispados, que eran el de Honduras y el de Nicaragua: de estos conventos, seis estaban en la Gobernación de Costa Rica y cuatro en la de Nicaragua. En cuanto a Honduras había un convento en Comayagua; a quince leguas de esta ciudad, en Agalteca había otro. Los indios de la visita de Agalteca eran de la lengua colo, y los de la visita de Comayagua, unos eran de esta misma lengua colo y otros de la mexicana o pipil. En Trujillo estaba fundado un convento, en el cual no había frailes cuando vino el P. Ponce, pero se pusieron después. Fr. Alonso de Fonseca, primer custodio que el Comisario General puso en Honduras, escribió la relación de los conventos existentes, y en ella habló de la conveniencia de que los hubiera en Puerto Caballos, en Gracias a Dios y en Olancho, cerca del río Guayape, en donde decía que había habido veinticinco mil esclavos indios y negros sacando oro, lo cual fue causa de casi acabarse los naturales. Respecto a San Pedro no indicaba la necesidad de poner allí convento, pero decía que la gran provincia de Naco, en la que se hallaba, ya no tenía ni diez indios porque el oro había sido su polilla y destrucción como lo fue en la isla Española y en otras muchas partes de las Indias.

En esta relación no se habla de convento de Tencoa de que hablaba F. Pedro Ortiz.

El P. Ponce había salido de México el 2 de enero de 1585 y llegado a Guatemala el 19 de abril de 1586; y el 5 de mayo, antes de hacer la visita de esta provincia, prosiguió para Nicaragua para hallarse presente en la congregación de franciscanos que allí iba a efectuarse. Pasó por San Miguel y Nacaome, por Ola, cerca de Xerez de la Choluteca, por Zazacali, último de los pueblos del Obispado de Guatemala, y por Condega, primero de los del Obispado de Nicaragua y el 12 de junio llegó a Granada.

El P. Provincial y definidores de Nicaragua habían hecho junta muy antes de tiempo en la Gobernación de Costa Rica: se declaró que no había sido válida y se tuvo la congregación el 14 de junio. El P. Comisario, congregado con los capitulares en el convento de Granada, trató y concluyó lo que se pudo hacer tocante a su provincia; hicieron dejación de los dos conventos que tenían en Honduras, el de

Comayagua y el de Agalteca, así por no tener frailes qué poner en ellos como por estar muy a trasmano y fuera de comarca para visitarlos el Provincial con los demás. De estos dos y del de Trujillo que ya habían dejado antes y de otros dos que dejó en la provincia de Guatemala por la misma razón, hizo el P. Comisario General una custodia. Hecha elección nueva de guardianes y determinadas algunas cosas para el buen régimen y gobierno de aquella provincia, concluyó la congregación.

El 16 de junio salió el P. Ponce, de regreso para Guatemala, y el viernes 20, habiéndosele unido el día anterior uno de los frailes de Nacaome en el pueblo del Viejo, llegó con éste y compañeros, a las tres leguas, al desembarcadero de los indios de las islas de la Teca[15], que es un estero muy grande y hondo que entra en la mar del sur. Allí le aguardaban los indios con tres canoas. Embarcóse con su Secretario, el definidor de Guatemala y Fr. Pedro de Sandoval en una canoa; en otra iba el fraile de Nacaome y otro que había traído un pliego de México; y se repartió el hato de todos en las tres, a las que se juntó otra que acababa de llegar de las islas con mercadería de un español. Llegaron como a las nueve de la noche, puesta ya la luna a una isla llamada Ciualtepetl[16] y durmieron en la arena de la playa atormentados sin piedad por los mosquitos. El día siguiente continuaron la navegación; pasaron cerca de una isla llamada Quetzaltepetl y por otro nombre Meangola, [17] en donde había un pueblo pequeño de indios potones, visita del convento de Nacaome; a las dos de la tarde llegaron a una isla que toma su denominación de dos pueblos de indios potones, Teca y Conxagua, de la misma visita que Meangola: cada uno tenía su puerto para sus canoas que eran muchas. El P. Comisario desembarcó en Conxagua, en donde lo trataron muy bien los indios, que estaban contentísimos de verlo y con él tantos religiosos. El domingo se celebró misa en Conxagua y en Teca; y al primero de estos pueblos llamó el P. Comisario al guardián de Nacaome y su compañero, empezando así la visita de la provincia de Guatemala, llamada del Nombre de Jesús: no fue al convento porque estaba en tierra firme y le urgía llegar a Guatemala. En los dos

---

[15] Así se llamaban las islas del Golfo de Fonseca.
[16] Isla del Tigre.
[17] Mianguera.

pueblos de la isla había casi cien indios y en Nacaome sólo cuarenta: de estos indios de la guardianía unos eran mangues, otros ulúas y otro potones. El convento era pequeño, de aposentos bajos: su vocación, como se ha dicho, la de San Andrés: el pueblo quedaba a siete leguas de Choluteca y a menos de tres leguas del mar del sur, en la ribera de un río caudaloso por el cual sube la marea legua y media. Este convento se dejó en aquel capítulo y se dio a la custodia de Honduras que el P. Comisario fundó. El guardián de dicho convento era Fr. Juan de Carvajal.

Las demás islas de la Teca, que estaban despobladas, eran Mazatepethl, en que se decía haber muchos venados; Tecuantepetl, que quiere decir isla de los leones porque se decía que estaba poblada de ellos y Tzinacatepetl, donde había infinidad de murciélagos: había otras sin nombre.

El lunes 23 de junio se embarcó el P. Comisario para Amapal, de la guardianía de San miguel, en tierra firme; desembarcó en el puerto de Fonseca, junto a dicho pueblo, sin novedad y siguió su camino para Guatemala, a donde llegó el 8de julio. En el capítulo provincial que allí se celebró en agosto, el P. Comisario, modificando lo que dispuso en Conxagua, dejó en la provincia de Guatemala los conventos de San Miguel y de Nacaome; y de los otros tres que habían dejado los frailes de Nicaragua hizo y fundó una custodia[18] de nombre y título de Santa Catalina, dejándola inmediata así: puso en ella doce religiosos y por custodio y prelado de ellos a Fr. Alonso de Fonseca, que acababa entonces de ser definidor de la provincia de Guatemala: a la custodia de Santa Catalina se la llamó también de Honduras.[19]

Choluteca y Nacaome dejaron de pertenecer más tarde al Obispado de Guatemala y se incorporaron al de Comayagua.

En 21 de julio de 1588 había tomado posesión del cargo de Presidente de la Audiencia el licenciado Pedro Mayén de Rueda.

En este mismo año el Obispo Cerda fue trasladado a Charcas y vino a sustituirlo Fr. Gaspar Quintanilla y Andrada. Este Obispo abrió ancho campo a la cultura intelectual, fundado en Comayagua una cátedra de Latín.

---

[18] Llámase custodia, en la orden franciscana, agregando de conventos que no llegan a formar una provincia
[19] Colección de documentos inéditos para la historia de España, tomo 57.

CAPÍTULO III: Proyecto fracasadlo. —Regalo del Rey
1588 a 1608

A Rodrigo Ponce de León sucedió en la Gobernación de Comayagua en 1589 Jerónimo Sánchez de Carranza. De éste dice el historiador Fuentes que era del hábito de Cristo, y lo llama singular milagro de la naturaleza en la destreza de las armas, y príncipe de ellas.

Las gestiones de Juan García de Hermosilla, iniciadas desde 1559, para que el comercio entre España y el Perú se hiciera por Puerto de Caballos y el Golfo de Fonseca en vez de seguir haciéndose por Nombre de Dios y Panamá, dieron por resultado que el Rey enviara comisionados a hacer el estudio de la ruta. Uno de ellos fue Francisco Valverde de Morcade, quien envió su informe desde Trujillo, en el que describía toda la zona por donde debía de pasar el camino, desde Puerto de Caballos hasta el Golfo de Fonseca, tocando en Comayagua, y describió también las minas de Tegucigalpa, dando a conocer el estado en que se hallaba su explotación[20].

Otro comisionado fue Juan Bautista Antonelli. Este y Diego López de Quintanila escribieron en 1590 una descripción de Puerto de Caballos y de las comarcas de Honduras. Antonelli traía además encargo del Rey para dar su opinión, como Ingeniero que era, sobre la conveniencia del traslado que se solicitaba. Se le acusa de que informó desfavorablemente, porque no se le dio la cantidad de dinero que exigió para apoyar la solicitud, y así fracasó esta.

En 1592 vino el doctor D. Francisco de Sandé a residenciar a Mayén de Rueda.

En este año corsarios franceses invadieron Puerto de Caballos.

En 1594 cesó en sus funciones Sánchez de Carranza y lo residenció D. Rodrigo Ponce de León, quien volvió a la Gobernación de la provincia.

En la de Tegucigalpa gobernaba entonces, como teniente de alcalde Mayor, D. Francisco de Pereña.

La explotación de las minas en ella, a este tiempo, había dado tan halagadores resultados que, por Reales quintos, se habían enviado

---

[20] Véase en la Revista de la Universidad, tomo II.

quinientos mil pesos a Felipe II y a esto de debió que el Rey enviara de regalo para la iglesia de Santa Lucía unas campanas, una custodia, un crucifijo, un cáliz de plata sobredorado, una palmatoria, unos candeleros del mismo metal y otras alhajas. En el pie del cáliz, que se conserva aún, se lee la inscripción siguiente: "Este cáliz dio el R. D. Phelipe N Vors. Anra Señor de las Merce—Monestero—1594"

Cuatro años después falleció D. Felipe II, y le sucedió su hijo D. Felipe III.

El Obispo de Honduras Andrada y Quintanilla, en 1594, envió de Comayagua al Cura D. Juan de Zelaya a bautizar y doctrinar los indios Loquehuas, de filiación Chol, residentes entre Amatique y Puerto de Caballos. Estos pobladores se extendían desde las cercanías de Esquipulas por toda la sierra del Merendón a orillas del Motagua y Golfo Dulce.

En 10 de septiembre de 1598, dicho Obispo envió a España una relación sobre los beneficios de su Obispado y calidad de las personas que los servían. Eran veintiocho.

En 19 de mismo mes tomó posesión de la Presidencia del Reino el doctor D. Alonso Criado de Castilla.

AD. Rodrigo Ponce de León sucedió en la Gobernación de Comayagua en 1602 D. Jorge de Alvarado, nieto de D. Jorge, el hermano de D. Pedro de Alvarado.

En este año el pirata Parker volvió a invadir Puerto de Caballos y después de su muerte, invadió su sucesor Antonio Sherly.

Alvarado fue reemplazado en la Gobernación por el Capitán Pedro de Castro.

Por el atrevimiento de los piratas en sus incursiones y estimando que el lugar de San Juan de Puerto de Caballos era poco seguro y sin defensa, el doctor Criado de Castilla trasladó de aquel puerto el comercio y contratación al que decían de Amatique, diez y ocho leguas del otro, y lo llamó Santo Tomás de Castilla, porque tal día entró en él y pobló la villa. En ésta, según decía, se tenían todas las comodidades y la seguridad necesaria de los enemigos. Para tal seguridad había trasladado de Trujillo una pieza de artillería: el Teniente de este puerto reclamó por ello. El Gobernador Castro, por su parte, reclamó por la traslación del comercio a Amatique y contra la ocupación del territorio, que era de la provincia de Honduras. Pero el Rey le tuvo al Presidente este servicio en mucha estimación.

A D. Francisco de Pereña le había sucedido en 1602, en la Alcaldía Mayor de Tegucigalpa, D. Sebastián de Alcega.

En este año estaba pendiente en el Consejo de Indias un juicio entre el Fiscal y Gregorio de Santiago, Tesorero, Oficial Real en la provincia de Honduras, sobre que no pudiese tener encomienda de indios y se le quitase la que poseía de los Acatenangos y se pusiese en la Real corona.

En 1606 era Dean de la Catedral de Honduras D. Jorge Fernández de Velasco: sólo se sabe de él que extendió una certificación sobre la muerte y entierro del Beneficiado Alonso Benítez de Aguilar.

El 17 de diciembre de 1607, el Rey expidió una cédula en la que encomendaba al P. Fr. Esteban Verdelete, de la orden de San Francisco, la conversión de los indios de la Taguzgalpa, enviándole en misión para ello, en unión de otros ocho religiosos. A mediados de agosto de 1608 llegaron al puerto de Santo Tomás el P. Verdelete y compañeros.

Criado de Castilla, entretanto, había hecho una reducción de indios xicaques que confinaban con la Taguzgalpa los que, a la fecha, estaban poblados en un sitio llamado el río de las Piedras, en el valle de Olancho, de la provincia de Comayagua. Había enviado también al Capitán Gaspar Romero a aquella tierra, quien logró traer indios que de su voluntad se poblaron en la Nueva Segovia, por donde había entrado. Y el doctor D. Francisco de Sandé, su antecesor, había enviado por Sébaco, a un Capitán llamado Diego de Espinosa, a quien retiró porque había tornado hostiles a los indios de la Taguzgalpa con malos tratamientos y actos de codicia. Por este tercer punto había enviado enseguida a Fr. Juan de Alburquerque, mercedario, quien empezó la conversión de algunos indios silvestres de la montaña Tabavaca hacia la Taguzgalpa, de los que le llevó seis a Guatemala, a quienes regaló y dio vestidos para ellos y sus mujeres.

CAPÍTULO IV: La Alcaldía Mayor de Tegucigalpa. — Misión del P. Verdelete 1608 a 1612

En 1608 sucedió en la Gobernación de Comayagua al Capitán D. Pedro de Castro, D. Juan Guerra de Ayala.

Este escribió al Rey sometiéndole un plan de conquista de la Taguzgalpa, desde el Desaguadero hasta diez leguas del Puerto de Trujillo. Pedía entre otras cosas, el título de marqués de la provincia, que se llamaría de Denia, facultad de encomendar los indios de las tierras conquistadas y los que vacaran en las provincias de Nicaragua y Honduras y jurisdicción en Nueva Segovia para facilitar la entrada. Por otra parte decía que las provincias mencionadas partían términos en la cordillera entre Segovia, de Nicaragua, y Olancho, de Honduras.

El plan del Gobernador no pudo prosperar acaso por la misión dada al P. Verdelete.

Antes de tratar de ésta, conviene ver lo que pasaba en la provincia de Tegucigalpa. Un hecho importantísimo había ocurrido: el Rey, por cédula expedida en Villacastín el 28 de septiembre de 1608, había confirmado la creación de la Alcaldía Mayor de Tegucigalpa, hecha por el licenciado Valverde, quien nombró para ella a Juan de la Cueva, al que le señaló su jurisdicción y a quien, por Real provisión de la Audiencia, de 31 de octubre de 1580, se dio por sucesor a Juan Cisneros de Reinoso, ampliándole la jurisdicción con la incorporación de varios pueblos y la de la villa de Jerez de la Frontera de la Choluteca con los suyos. En esa cédula nombra el Rey, por primera vez, Alcalde Mayor de Tegucigalpa, siendo el nombrado el Capitán D. Juan Lobato. Dice el Rey que nombra a Lobato, Alcalde Mayor de las minas y registros de ellas, de la provincia de Honduras, y de las de Apasapo y villa de la Choluteca de la provincia de Guatemala, en lugar del Capitán Sebastián de Alcega, que lo era a la fecha, para que usara y ejerciera su oficio, "según y de la forma y manera que lo usó y ejerció y debió usar y ejercer Juan Cisneros de Reinosos y el dicho Sebastián de Alcega, por tiempo y espacio de seis años."

Esta resolución Real hace indiscutible la jurisdicción de Honduras sobre la parte de la provincia de Guatemala que confinaba con Nicaragua y sobre las islas del Golfo de Fonseca. La vida de la provincia, con la incorporación hecha, quedaba asegurada.

Lobato debía embarcarse en San Lúcar de Barrameda o Cádiz. Llegó a Tegucigalpa a Posesionarse de su cargo en mayo de 1609.

El P. Verdelete había venido al convento de San Francisco, a Guatemala, el 17 de septiembre de 1593, deseoso de ir a las reducciones de la Taguzgalpa. En 1603 salió electo Guardián del convento de San Antonio, de la ciudad de Comayagua, por el capítulo de la provincia del Nombre de Jesús. Por Real cédula de 29 de septiembre de 1602, se mandó erigir y fundar una cátedra en la ciudad de Comayagua para el aprovechamiento y utilidad de toda la provincia de Honduras: el Presidente de la Audiencia nombró para ella al P. Verdelete, si así parecía al Obispo de Honduras. El P. Verdelete la admitió sin el estipendio que tenía de doscientos pesos situados en el pueblo de Colopele, en la jurisdicción de Gracias a Dios obteniendo que los Oficiales Reales, con el procedido de la renta de cátedra, mandaran hacer un ornamento y cálix, todo portátil y ligero, para cuando pudiera abrirse camino a la entrada a los infieles.

Visitando en 1604 la custodia de Honduras, obtuvo algunos datos y con ellos determinó acompañado de Fr. Juan de Monteagudo, entrar por el río Segovia a las tierras de los Taguacas y Lencas, a quienes por vez primera les predicaron el santo Evangelio; pero habiendo padecido muchos trabajos, hambres, penurias, riesgos y desconveniencias, dieron la vuelta a Guatemala, y de allá pasó a España el P. Verdelete.

Ahora, en 1608 volvía con la misión que el Rey le había confiado. Tuvo que permanecer en Guatemala mientras se hacían los ornamentos y cálices hasta principios de octubre de 1609, en que salió acompañado del P. Monteagudo. En Comayagua se le reunieron los sacerdortes Juan de Vaide, cura de Olancho, y Fr. Andrés de Marcuellos, vicario del convento de San Antonio de Comayagua, y el Capitán Alonso Daza con otros tres españoles, vecinos de Olancho. Hicieron su entrada a fines de enero de 1610 por el río Guayape, cerca de Guampao. La expedición fue desgraciada: en el mes de mayo, cuando se creía haber convertido a muchos indios de las tribus nombradas, a quienes se había logrado establecer en una reducción en donde se levantaron dos iglesias provisionales, los falsos conversos incendiaron el pueblo y las iglesias. El P. Verdelete, guiado por Daza, salió por el Segovia al valle de Olancho y se dirigió a Guatemala, a

66

donde llegó con Monteagudo a principios de agosto. El P. Vaide se había vuelto a Olancho con dos de los compañeros, y Marcuellos, Daza y el otro compañero sé quedaron en Comayagua.

Verdelete y Monteagudo volvieron a salir para la Taguzgalpa. Llegaron a fines de enero de 1611 a Comayagua, y en abril siguieron su camino, quedando de reunírseles Daza en el valle de Olancho. Daza con veinticinco hombres que armó y equipó el Gobernador Guerra de Ayala, en cumplimiento de órdenes del Presidente, se reunió pronto a los misioneros. Estos habían fundado cerca del río Guayape, algunos pueblecillos y rancherías con indios Lencas a quienes creían leales; y a los dos meses, acordaron hacer la entrada en busca de los Taguacas. Daza entraría primero con su gente y pasaría el río en balsas y canoas, y los padres irían cuando aquel viniese por ellos. Entretanto los Lencas huyeron de las rancherías dejando solos a los misioneros, yendo en auxilio de los otros indios y entonces éstos se atreverían contra Daza. Daza los atacó, persiguiéndolos en las montañas, en lo que transcurrieron algunos meses: al regresar, traía como prisionero a un indio que ya había estado con los padres y habiéndole este dado un bofetón en un momento de descuido, le ató la mano izquierda con una liga a la cintura y le clavó la derecha contra un árbol con una herradura de caballo y ocho clavos. Los Taguacas encontraron así al indio, que era de los principales de ellos y los había capitaneado; y, ardiendo en odio mortal contra Daza y los españoles, prepararon su venganza. A principios de enero de 1612, llegaron a donde estaban los padres, siete u ocho canoas, cada una con dos indios, a decirles que el Capitán los llamaba. Aunque dudaron de la verdad del llamamiento, pues no traían carta ni la señal que Daza había prometido, se confiaron y se embarcaron en las canoas en unión de varios soldados, siendo diez por todos. Caminaron río abajo hasta dar vuelta a la punta de un ribazo, y allí encontraron innumerables indios tiznados y envijados, con sus penachos de plumas y con sus lanzas; en una muy alta, la cabeza del Capitán Daza; y en otras, algunas manos de españoles, una de ellas con herradura y clavos, que era la que había aprisionado al indio taguaca. El padre Verdelete desembarcó animoso, y empezó a predicarles con fervor, afeándoles su delito y anunciándoles su condenación si no se convertían al cristianismo: los indios irritados cargaron sobre él que, puesto de rodillas en tierra, oraba a Dios pidiéndole perdonase a sus homicidas. Además de causarle otras heridas, lo atravesaron con una lanza, y con un machete le cortaron por las sienes la parte superior de la cabeza. El P. Monteagudo no había desembarcado, y recibió la muerte en la misma canoa en que venía. Murieron también varios de los soldados, pero los demás escaparon por haber tenido la precaución de llevar tres o cuatro bocas de fuego, y así pudieron salvar una imagen de Nuestra Señora de la Concepción, de la que era devoto el P. Verdelete, quien la llevaba para Patrona titular de la custodia que esperaba fundar en aquellas tierras. Sin la imprudencia de Daza, acaso no habría fracasado la piadosa empresa.

El Gobernador Guerra de Ayala tuvo en 1611 un litigio con el Obispo Fr. Gaspar Quintanilla y Andrada. Habiéndole hecho poner guardias en las puertas del palacio episcopal, fue procesado por ello y enviado preso a Guatemala. Guerra de Ayala cesó entonces en su cargo. El obispo falleció el 13 de abril de ese año.

Cesó también en la Presidencia, en el mismo año, el doctor Criado de Castilla, quien fue llamado por el Rey al Consejo Supremo de las Indias, y habiendo muerto luego, hizo merced a su hijo D. Antonio Criado de Castilla. Le sucedió D. Antonio Peraza Ayala, Conde de la Gomera.

En este año de 1611 se perdió Olancho el Viejo, es decir, San Jorge de Olancho, por haber hecho erupción dos volcanes en cuyas faldas estaba la ciudad. La mayor parte de los habitantes, atravesando las montañas, se dirigieron al Occidente y fundaron Olanchito. Del resto, unos se establecieron en el sitio llamado Ciudad Vieja y otros se fueron a Nueva Segovia. Se refiere que los vecinos de Olancho el Viejo eran tan ricos que ponían a sus caballos herraduras de oro.

CAPÍTULO V: Fr. Cristóbal Martínez en la Taguzgalpa 1612 a 1624

Sucedió a Guerra de Ayala en la Gobernación de Comayagua D. García Garavito de León. Este era casado con Da. Margarita de Trujillo, a quien se elogiaba por su piedad y devoción, por sus maceraciones, por el rigor con que se infligía el cilicio y por otras duras penitencias que se imponía.

En 1613 vino Fr. Diego de Saz como custodio de Honduras y del convento de San Antonio, de Comayagua. Fr. Diego trabajó mucho en hacer la iglesia y el convento.

En octubre de aquel año se había consagrado en Guatemala el Obispo de Honduras Fr. Alonso de Galdo, a quien se había nombrado por la muerte de Fr. Gaspar Quintanilla y Andrada.

En 1617, sucedió a Garavito de León el Capitán D. Juan Lobato, habiendo quedado en lugar de éste, en la Alcaldía Mayor de Tegucigalpa, D. Juan de Espinosa Pedrosa o Pedruja.

En abril de aquel año se extendió título de sus tierras al pueblo de Santiago de Cacauterique, el que después (1789) resultó ilegible por estar escrito en lengua que ya no entendían: en el nuevo título copiaron un poco de su texto, al principio, para que constara y agregaron el antiguo, de lo que fueron testigos todos los pueblos de Similatón. Lislique, San Miguel de Zapigre y San Juan Polorós: este título es digno de consulta respecto a los límites entre Honduras y El Salvador.

El desgraciado fin de la expedición del P. Verdelete no desanimó a los religiosos de la provincia del Nombre de Jesús, y muchos solicitaron autorización para llevar adelante la empresa. También se intentó lo mismo de parte del convento de Trujillo. No les fue permitido.

Pero siete años después, se concedió permiso al P. Fr. Cristóbal Martínez de la Puerta para que, con Fr. Luis de San José o Betancourt, fuera a predicar a los indios de aquella región. Salieron del convento de Guatemala, el 17 de diciembre de 1619, con dirección a Trujillo. Al pasar por Comayagua, les dio auxilios el Capitán Juan de Miranda, quien había sucedido a Lobato en la Gobernación, y se les incorporaron el P. Juan de Vaena, lego y Fr. Benito de San Francisco. Con ellos venía un oidor, a quien se le había dado orden de ir en busca de un gran tesoro que, según el guía que traían, un inglés llamado Zacarías, había echado en tierra un navío de ingleses que un temporal había varado cerca de una isla. Se aprestaron dos fragatas; en la una se embarcó el oidor, el P. Luis y veinte soldados; en la otra, el Capitán Juan de Padilla, Fr. Cristóbal y otros veinte soldados, y habiéndolas sorprendido una fuerte tempestad, la del P. Luis embarrancó en tierra firme y la otra se hizo pedazos, habiéndose salvado milagrosamente el P. Cristóbal y compañeros.

El P. Cristóbal, que sabía el idioma de aquellos gentiles porque, a causa de un naufragio, viniendo de España, había saltado a tierra en aquella región, y se había quedado allí por varios años hasta lograr salir por Olancho, se internó con sus compañeros en las montañas; y consagrados a su obra, vinieron unos indios a pedirles que fueran a predicar entre los albatuinas. Ellos accedieron; pero sin esperar los indios la llegada de los misioneros, salieron a encontrarlos y les dieron cruel muerte. Sucedió esto en 1621.

El 31 de marzo de este año falleció D. Felipe III, a quien sucedió su hijo D. Felipe IV.

En el mismo año, en lugar de Espinosa Pedruja, funcionaba como Teniente de Alcalde Mayor de Tegucigalpa D. Diego de Funes Cerrato. El estado de la explotación de las minas en esta provincia se ofrecía tan halagador que eran muchos los que aspiraban en ella al primer puesto; y así en 1623 se propusieron al Rey sujetos para desempeñar la Alcaldía: una nómina era de doce personas y otra de diez y siete, con la relación de sus méritos.

Al mismo tiempo, Trujillo estaba en florecimiento. Sus vecinos, casi todos ellos andaluces y vizcaínos, eran muy laboriosos y acomodados. Muchas naves de España venían al puerto.

En 1623, el Gobernador Miranda dispuso una expedición a la Taguzgalpa con el objeto de socorrer a los misioneros que habían partido para aquella tierra, y cuyo fin ignoraba. Quedó en la Gobernación, en lugar suyo, D. Pedro Salmerón. A éste le tocó residenciar a Garavito.

Miranda salió de Trujillo con dos navíos, uno de ellos llamado Santelmo, armados de artillería e infantería y desembarcó en la comarca del Cabo de Gracias a Dios. Allí encontró que los bárbaros habían martirizado al P. Fr. Cristóbal Martínez, a Fr. Benito de San Francisco y a Fr. Juan de Vaena. Llevando por guías a algunos indios de los que aquellos Padres habían catequizado, se adelantó orillas del río de Guani, que ahora nombró río de los Mártires, como ocho leguas al interior; y al llegar a unas grandes sabanas, halló una casa dentro de la cual indicaron los indios haber enterrado en una sola sepultura a los tres misioneros, luego de idos los bárbaros que los habían sacrificado.

El Gobernador Miranda mandó que se abriese la sepultura a presencia del Capitán D. Pedro Meléndez de Llano y de muchos de los soldados, habiendo colocado centinelas para evitar una sorpresa de los indios enemigos. Se encontró el cadáver del P. Cristóbal, con una soga a la garganta y amarrada a ésta una mano, no apareciendo la otra que le habían cortado, hallándosele otras señales de tortura: se le reconoció porque "la carne no estaba del todo gastada." Después salió el cuerpo de Fr. Benito, al que se identificó por tener todavía con su cerquillo la cabeza, la que estaba casi cortada a cercén; y por último, el cuerpo del P. Vaera, que tenía medio cortada la cabeza y con señales, como el anterior, de las lanzadas y golpes que había recibido. Se colocaron en una caja los restos de Fr. Cristóbal, y en otra los de Fr. Benito y del P. Vaena. Y no habiendo podido castigar a los indios enemigos por haberse retirado detrás de sierras y pantanos, Miranda llevó aquellos restos al navío Santelmo, y se dirigió a Trujillo, a donde llegó el 15 de enero de 1624.

Miranda, se dirigió al Cabildo de Justicia y Regimiento de la ciudad y al P. Fr. Francisco de Camuñas, Guardián del convento de ella, para que pidieran lo procedente en cuanto a la iglesia en que debían depositarse los restos.

Diego Sánchez de Rivera, Síndico del convento, dijo que a éste correspondía darles sepultura, porque los religiosos difuntos pertenecían a su religión, que era la de San Francisco. El Alcalde Ordinario, D. Francisco Mejía Tovar y el Alguacil Mayor D. Bernabé Muñoz Gamero, en nombre del Cabildo, Justicia y Regimiento de la ciudad, pidieron que los restos fueran sepultados en la iglesia mayor de ella mientras Su Santidad, Su Majestad y el Sr. Obispo determinaban otra cosa, y alegaban que ellos habían hospedado a los Padres en casa de Diego

Sánchez de Rivera cuando iban a su misión, por espacio de cinco meses, mientras el Gobernador y Capitán General les daba pasaje. Miranda resolvió que, hechas las exequias necesarias, el cuerpo de Fr. Benito de San Francisco y Fr. Juan de Vaena se llevaran al convento; lo que se ejecutó así el 16 de enero: el primero quedó al lado del Evangelio de la capilla mayor de la iglesia abajo de la peaña del altar;

y los otros dos en una sepultura que se hizo en la peaña del altar mayor de la iglesia del convento.

Miranda volvió Comayagua y cesó en la Gobernación en 1625.

CAPÍTULO VI: Arreglo de las jurisdicciones civil y eclesiástica 1625 a 1639

Sucedió a Miranda el Capitán D. Pedro del Rosal, quien le tomó residencia. Este juicio fue fenecido en junio de 1629.

En ese año de 1625 falleció en España, a los sesenta y seis años de edad, el historiador de las Indias D. Antonio de Herrera, quien salvó del olvido a nuestro héroe nacional Lempira, dejándonos el relato de sus hazañas.

Conviene recordar cómo escribió Herrera su obra monumental y el juicio que le merecieron otros historiadores de Indias. Véase cómo se refiere a Torquemada, autor de la Monarquía Indiana y a otros[21]:

"Cuando el Rey nuestro Señor D. Felipe II, de gloriosa memoria, me mandó escribir esta General Historia, ordenó que se me diesen los papeles que había en su Real Cámara y en la Guardajoyas y todos los que tenía su Secretario Pedro de Ledesma, a donde estaban los que enviaron a S. M. el Obispo Gobernador de Nueva España D. Sebastián Ramírez y los Virreyes D. Antonio de Mendoza y D. Francisco de Toledo, a fin de hacer Historia entre los cuales se hallaron las Relaciones del Obispo Zumárraga y los Memoriales de Diego Muñoz de Camargo, de Fr. Toribio Motolinea y otros muchos: y también me dio los que para efecto enviaron los Presidentes de las Audiencias Reales, Gobernadores y Ministros de todas las partes de las indias, a instancia del licenciado Juan de Ovando, Presidente del Real Consejo Supremo de las Indias, que contienen la noticia del tiempo de la gentilidad de los indios con lo sucedido en las pacificaciones y fundaciones de los pueblos de castellanos con todo lo demás perteneciente a la composición de la República Espiritual y Temporal que también estaba en poder de Pedro de Ledesma. Vi también treinta y dos fragmentos manuscritos e impresos de diversos autores, con lo que dijeron Fr. Bartolomé de las Casas, de la Orden de

---

[21] Década 6a. Libro 3o. Capítulo XIX.

Predicadores, Santo Obispo de Chiapa y el Doctísimo Jusepe de Acosta, de la Compañía de Jesús, y las Memorias del doctor Cervantes, Deán de la Santa Iglesia de México, varón diligente y erudito, los cuales sé cierto que no vio el autor que ha sacado una Monarquía Indiana; y demás de anteponerse a todos los dichos a los Padres Olmos, Sahagún y Mendieta, que no tienen autoridad, entiende que no se puede hacer Historia sin haber estado en las Indias, como si Tácito para hacer la suya hubiera tenido necesidad de ver Levante, Africa y al Setentrión. Por lo cual, y por la poca cuenta que los escritores de nuestros tiempos tienen de conservar la memoria de los primeros descubridores, siendo merecedores de mucha gloria, me ha parecido decir aquí lo referido, y que no sabría juzgar cuál es más en este autor, al ambición o el descuido en guardar las reglas de la Historia."

En 1626 ejercía la Alcaldía Mayor de Tegucigalpa D. Juan de Salazar.

El Conde de la Gomera, que fue suspenso en sus funciones en 1617 por el oidor de la Audiencia de México D. Juan de Ibarra, quien vino a Guatemala como Visitador, fue restablecido en ellas y continuó ejerciéndolas hasta junio de 1627, en que le sucedió el doctor D. Diego de Acuña.

En 1628 sucedió en el Obispado al señor Galdo, Fr. Luis de Cañizares.

El Gobernador Rosal dirigió el Rey un memorial en 1631, en el que dice que los límites de Taguzgalpa llegan al Desaguadero.

A Rosal sucedió en su cargo D. Francisco Martínez de la Riva Montán Santander, en 1632. Este escribió un memorial sobre el cabo Camarón y Taguzgalpa.

En 1634 era Alcalde Mayor de Tegucigalpa el Capitán D. José de Orozco. En este año Juan Martínez de Ferrera se quejó a la Audiencia, a nombre de Bartolomé de Escoto, manifestando que los Jueces Oficiales Reales, los Visitadores y el Alcalde Mayor solían sacar a los mineros del cerro de San Juan de Tegucigalpa, enviándolos presos a Comayagua por deudas contraídas en esta ciudad y en otras parte de donde sacaban los azogues. La Audiencia recomendó el cumplimiento de la Real cédula de 12 de septiembre de 1590, que mandaba "que por ningunas deudas de ninguna cantidad ni calidad que fueran no se sucediese hacer ni se hiciese ejecución en los esclavos y negros, herramientas, mantenimientos ni otras cosas necesarias para el proveimiento y labor de las minas de la provincia de Honduras y personas que trabajasen en ellas, no siendo las tales deudas a la Real Hacienda"

En este año sucedió a D. Diego de Acuña en la Presidencia D. Álvaro de Quiñones y Osorio. Durante el gobierno de Acuña se había suprimido la flota de Honduras, con lo que se causaron perjuicios al comercio porque las mercancías habían de enviarse y traerse por Veracruz.

Tenientes de Alcalde Mayor de Orozco fueron en 1638Bartolomé de Escoto y Juan Rodríguez de Castro.

En 1636 se expidieron las Ordenanzas del Consejo Real de las Indias. En la VII, con el objeto de evitar las usurpaciones de jurisdicción territorial de las autoridades, se dispuso que los límites de la autoridad civil y de la eclesiástica fueran unos mismos. De este modo los Obispados debían tener igual jurisdicción que las gobernaciones de provincia.

El Gobernador Santander profirió palabras de desacato a la Audiencia, y ésta dispuso que fuese preso a Guatemala. También lo apercibió por el modo como trataba al Obispo y a los Oficiales Reales.

Santander cesó en su cargo en 1639.

CAPÍTULO VII: Invasiones de piratas 1639 a 1650

A Santander sucedió D. Francisco de Avila y Lugo. En este año los piratas invadieron1y saquearon Trujillo.

Con tal motivo y el de que los piratas o bucaneros tenían infestado el mar del norte, el Presidente de la Audiencia dio orden al Gobernador Avila y Lugo, de enviarle un informe acerca de las islas de la costa de Honduras en aquel mar.

Avila y Lugo escribió su informe: habla en él de Guanaja, Roatán y Utila y de los cayos próximos a ellas.

Todas estas islas contaban con cuatrocientos habitantes.

La población de Guanaja, que tenía ochenta tributarios y cuyas contribuciones servían para ayudar al pago de los vigías de Trujillo y Punta de Castilla, había sido incendiada por los holandeses en febrero de aquel año. Tenía entonces sesenta casas. Sus indios eran buenos pescadores y marineros.

En Roatán, llamada también Guayama, había dos poblaciones: la de Roatán y la de Masa. Los indios de esta isla eran menos sumisos que los de Guanaja, pero trabajadores y fieles.

Utila tenía veintidós indios tributarios.

Los piratas desembarcaron en julio y agosto en Puerto de Caballos, luego en la boca del río Ulúa y en seguida en Omoa, en donde un español con unos pocos indios les impidió desembarcar. De allí pasaron a Manabique, de donde dieron la vela para Golfo Dulce, al que entraron con una balandra y unos veinte hombres: se encontraron con un buque del Capitán D. Francisco de Santillán, que les hizo fuego, no obstante lo cual lograron hacerle un prisionero para procurarse datos, y en septiembre se dirigieron a Utila, llevando cuánta gente podían contener sus dos buques. En Utila capturaron al cacique, al que retuvieron prisionero a bordo, durante cinco días y al que le dijo uno de los piratas, que hablaba español, que ya había estado antes en la isla, hablándole también de su expedición al golfo Dulce, de que pensaban ir a la isla de Pinos y costa de la Habana a juntarse con otros buques de su compañía que traían refuerzos para dar un ataque general a la costa de Honduras por la cuaresma del año siguiente de 1640.

Los piratas soltaron al cacique y se hicieron a la vela, habiendo incendiado antes la población y la iglesia de Utila. Desembarcaron en Roatán, en donde incendiaron la población de este nombre y de allí se dirigieron a Trujillo; pero no salieron a tierra en este puerto: quedáronse cuatro días fuera de la Punta de Castilla, al ancla, y habiéndose dado a la vela, no se volvió a saber más de ellos.

El informe de Ávila y Lugo contiene también datos geográficos muy interesantes.

El Presidente de la Audiencia dispuso, para salvar a los habitantes de las islas de que fuesen exterminados, trasladarlos al interior del continente y destruir las poblaciones y siembras que había en ellas para privar al enemigo de asilo y de medios para continuar en sus correrías. Esta medida, adoptada en 1642, en que gobernaba el Reino D. Diego de Avendaño, tuvo sus opositores, pero fue llevada a ejecución en e1 mismo año. El resultado fue que los piratas se establecieron en Roatán y Gua naja, y ocuparon además Bluefields y Belice. Este último nombre y los de Balis y Wallis vienen de Wallace, pirata o filibustero escocés, que fue el primero en establecerse en aquel punto.

Avila y Lugo fue acusado y penado por tratar con portugueses, enemigos del Rey de España. Le sucedió D. Alonso de Silva Salazar: y a éste, en 1643, D. Juan de Bustamante Herrera.

En este año piratas holandeses invadieron Trujillo y saquearon e incendiaron la ciudad.

Bustamante Herrera fue reemplazado en 1644 por D. Melchor Alonso Tamayo. Este Gobernador retiró de Comayagua las fuerzas que de San Salvador y de San Miguel venían en socorro de Trujillo.

Luego se organizó una expedición de cuatro buques de guerra al mando de D. Francisco Villalba y Toledo. Este jefe quiso sorprender a los piratas, pero no lo consiguió por haber hallado los puertos fortificados, y tuvo que retirarse en busca de refuerzo.

En 1645 falleció el Obispo Sr. Cañizares, a quien sucedió a los dos años el P. doctor D. Juan Merlo de la Fuente.

En 1647 sucedió a Tamayo el Maestre de Campo D.

Baltasar de la Cruz, y en 1649 entró a desempeñar la Alcaldía Mayor de Tegucigalpa D. Antonio Nieto de Figueroa.

Muerto el 2 de agosto de este último año, el señor Avendaño, tomó el mando el oidor decano D. Antonio de Lara y Mogrovejo.

En marzo de 1650 volvió D. Francisco Villalba y Toledo a las islas del norte, y después de un reñido combate logró lanzar de ellas a los piratas.

CAPÍTULO VIII: Los Mosquitos. —Misiones 1650 a 1672

El Maestre de Campo D. Baltasar de la Cruz cesó en su cargo en 1650 y le sucedió D. Juan de Suazo.

Por este año se varó en una isla pequeña, a poca distancia del Cabo de Gracias a Dios, en la costa de la provincia de Comayagua, una embarcación que conducía negros, al cargo de Lorenzo Gramasco, de nacionalidad portuguesa. Los que se libraron del naufragio se pasaron a tierra firme, en donde hallaron buena acogida de parte de los indios que la habitaban. De la unión de ellos con los indios resultaron los zambos a quienes se dio la denominación de mosquitos, derivada del nombre de la isla en que naufragaron los negros. Esta denominación comprendió después a todos los que con ellos habitaban, que eran los indios gentiles que poblaban aquellas tierras, los mulatos y los negros que se habían ausentado de los dominios en que se hallaban, por gozar de la vida libre, sin sujeción alguna. Ni éstos ni los legítimos zambos profesaban religión.

En 1656 ejercía la Alcaldía Mayor de Tegucigalpa D. Juan de Alvarado.

En 1657 falleció D. Fernando de Altamirano y Velasco, que en 1654 había entrado al gobierno del Reino, y se hizo cargo de él la Audiencia.

En aquel año Fr. Baltasar de Torres, vecino de Comayagua, hizo una incursión a las tierras próximas al Cabo de Gracias a Dios. Logró catequizar y bautizar a más de cien indios, y el Obispo de Honduras, doctor Merlo de la Fuente, los reclamó para darles pastor, por ser de su derecho, y les puso por cura un clérigo.

En el expresado año se siguió en el Obispado una información sobre el sacrilegio que en 1611 cometió contra el Obispo Quintanilla y Andrada el Gobernador Guerra de Ayala: en esa información declaró el Déan de la Iglesia catedral D. Pedro de Varela, que él estuvo presente al ultraje, pues era el criado más allegado del Obispo, quien se hallaba en cama y con haberse visto vejado de tal manera, le creció el mal de que padecía hasta producirle la muerte. Le asistió, le administró los Santos Sacramentos y lo enterró.

La Audiencia, que estaba ejerciendo el gobierno del Reino, lo entregó en 1659 al General D. Martín Carlos de Mencos, quien fue el primer Presidente militar.

En 1660 Fr. Payo Henríquez de Rivera introdujo la primera imprenta a Guatemala.

En este mismo año el pirata Juan David Nau, llamado El Olonés invadió a Honduras y saqueó e incendió la ciudad de San Pedro Sula.

En dicho año se reunió al Gobierno de Comayagua el Corregimiento de Tencoa[22].

---

[22] Juarros

El doctor D. Antonio Álvarez de la Vega, Obispo de Guatemala, deseoso de conocer los pueblos a que alcanzaba la jurisdicción del beneficio de Gotera, ordenó en 30 de octubre de 1664 al cura de San Miguel, licenciado D. Bartolomé de Andrada, seguir una información al respecto. De ella resultó que dichos pueblos eran Gotera, Lolotiquillo, Cacaopera, Jocoaitique, Mianguera[23], Perquín y Arambala (insertos en uno), Torola, Sinsimón, Gualococte, Osicala, Yoloaquín, Chilanga, Sensembra, Llamaval y Guatarico; y que en cuanto a las haciendas de campo que acudían a Gotera y reconocían su iglesia eran desde la de Marcos Pérez, que estaba a tres leguas de la ciudad poco más o menos, hasta la de Gil González, de los Sauces, que era la raya de la jurisdicción entre San Miguel y la Choluteca.

El Rey D. Felipe IV falleció en 1665 y le sucedió su hijo D. Carlos II, el Hechizado.

En este mismo año falleció el Obispo doctor Merlo de la Fuente. Sucedióle el P. doctor D. Martín de Espinosa Monzón.

A D. Juan de Suazo sucedió en la Gobernación de Honduras el Sargento Mayor D. Juan Márquez Cabrera. En Tegucigalpa había sucedido a Alvarado, D. Gabriel de Ugarte Ayala y Vargas, a quien en 1667 reemplazó D. Eugenio Lobo.

En abril de este último año sucedió al señor Mencos en la Presidencia, D. Sebastián Álvarez Alfonso Rosica de Caldas, a quien residenció el Obispo de Guatemala, doctor. D. Juan de Santo Mathía Sáenz Mañozca y Murillo, quien ejerció el poder hasta 1672.

En este año los ingleses establecieron cortes de palo de campeche en Wallis o Belice.

En 1661 se trató de llevar adelante las misiones en la Taguzgalpa. El Capitán D. Bartolomé de Escoto llevó a Guatemala dos indios recién bautizados, quienes suplicaron a Fr. Fernando Espino que fuera a sus montañas a catequizar y bautizar a sus deudos y parientes. Fr. Cristóbal Serrano, Ministro Provincial de la Provincia del Santísimo Nombre de Jesús de Guatemala, nombró al P. Espino Comisario Apostólico para la reducción de los indios xicaques de la Taguzgalpa, en la región en que murieron los Padres Verdelete y Monteagudo. El

---

[23] No hay que confundir este pueblo con la isla hondureña del mismo nombre y que antes se llamaba Meangola.

P. Espino no salió de Guatemala hasta el 16 de mayo de 1667, llevando en su compañía al P. Predicador Fr. Pedro de Ovalle. El primer pueblo a donde llegaron fue el de Santa María, a orillas del río Guayambre, en el que había iglesia y casas, y como veinte personas entre chicas y grandes: estos indios eran de los que había reducido D. Bartolomé de Escoto. Permaneció allí el P. Espino, un mes catequizándolos y enseñándoles la doctrina.

Entretanto salieron como veinte personas que dijeron que no querían estar allí en Santa María porque los de aquí eran hechiceros y les mataban a sus hijos: el P. Espino los sacó siete leguas afuera, a un valle muy ameno, en donde hizo una iglesia y fundó un pueblo al que puso por nombre San Buenaventura: les hizo sus casillas y milpas de maíz: los bautizó y catequizó.

Los circunvecinos, que eran españoles, mulatos e indios que estaban en tres valles llamados Jaliapa, Cuzcateca y Jamastrán, acudían allí a oír misa, porque rara veces la oían, estando su cura lejos, más de veinte leguas.

Un hidalgo a quien todos obedecían y cuyo nombre omite el P. Espino en la relación que hace de este viaje, le tomó a mal que hubiese llevado, sin su parecer, a aquellos indios a San Buenaventura; y sin ningún miramiento y a pesar de que estaba enfermo, hizo que unos veinte mulatos, de quienes iba acompañado, lo cargaran en una mala silla y lo llevaran por una montaña espesa y pantanosa hasta salir de noche a una estancia llamada El Zamorano, después de haberlo hecho pasar un caudaloso río en una canoa bien pequeña. El P. Espino enfermó gravemente, habiendo perdido el habla por cuatro días: 10sacramentó el clérigo Andrés de Torres, que llegó a verlo, pues su compañero el P. Ovalle se había ido a Jamastrán a confesar a unas personas devotas de San Francisco, nueve leguas distante de allí. D. Luis de Servellón prodigó sus cuidados al enfermo y los indios que lo acompañaban preguntaron a aquél qué hacían cuando una persona estaba tan mala, y el caballero les contestó: —Rezamos delante de esta imagen que está aquí.— Pues hagámoslo así todos, dijeron ellos.

Y se hincaron de rodillas ante un lienzo de la Virgen de Concepción que había en el altar donde el Padre decía misa. D. Luis de Servellón dijo en romance el Ave María y ellos con mal articuladas palabras repetían la oración con golpes en el pecho y lágrimas en los ojos.

El P. Espino acabó por recobrar la salud con los cuidados de un clérigo de Jalapa, Hermano de la Tercera Orden, descubierto, llamado George de Sosa, y así pudo ir a Nueva Segovia, su patria, en donde le duró la convalecencia más de cuatro meses. Quiso volverse a San Buenaventura, que se había despoblado: en compañía de Fr. Pedro de Ovalle, que había vuelto a reunírsele, y del español Juan García de Miranda, con tres indios cristianos, se embarcaron en el Guayambre en dos canoas y una balsa, río abajo, y después de haber pasado por sitios peligrosos, llegaron al cabo de tres días a Los Encuentros, que es donde se juntan el río Guayambre con el de Guayape, río de mucho oro que baja de los valles de Olancho. Allí encontraron al Capitán Apuis, a quien se llamó en el bautismo Diego de Olmedo, con su mujer e hijos y otras personas, quien los regaló con pescado, miel, tortuga y puercos de monte. En medio de esta gente el P. Espino y sus compañeros estuvieron a punto de perder la vida repetidas veces, pero salieron con bien de todos sus graves apuros, merced a su sagacidad, a su prudencia y a su fe. El P. Espino logró por fin volver a San Buenaventura, y allí informó el P. Predicador Fr. Antonio Berzián que ya estaba fundado el valle de Olancho, de donde aquel venía. Probablemente esta fundación era la de Juticalpa, la que se debe según parece a D. Bartolomé de Escoto. A primeros de enero de 1668 recibió el P. Espino cartas de Fr. Hernando de la Rúa, Comisario General, agradeciéndole aquella reducción y llamándolo a la Recolección de Almolonga; por lo que emprendió su regreso y llegó a Guatemala en 11 de febrero siguiente.

El P. Espino hizo arte en el idioma de aquellos indios y escribió la Doctrina Cristiana. Dejó la misión a los Padres Ovalle y Berzián. Quedaron los pueblos de Santa María y San Buenaventura, éste fundado por Espino, quien dejó ornamento para decir misa, crismeras de plata con óleo consagrado y otras cosas.

De los indios dice el P. Espino que eran "de muy buen natural, apacibles, de muy buenas estaturas, por la mayor parte de lindos cuerpos y rostros; ellos y las mujeres eran blancos, amestizados; recibieron muy bien la fe de Cristo; guardaban hasta el tercer grado de afinidad para casarse; no tenían más que una mujer; poco viciosos en la sensualidad; las mujeres guardaban la virginidad hasta casarse y si alguna india faltaba, ella y su compañero perecían juntos, muertos a flechazos."

Cerca había ingleses establecidos que armaban a los indios y se casaban con las indias.

El P. Ovalle escribió años después al P. Espino sobre el estado de las reducciones. En San Buenaventura no había sido posible poblar indios yaras porque eran enemigos de los payas. El pueblo de San Francisco se componía ya de ciento sesenta y seis personas; tenían iglesia, vivienda de los padres y veinte y siete casas. El hidalgo que molestó al P. Espino decía a los payas recién conversos que no admitieran religiosos de la orden de San Francisco y que él les daría quien los asistiera, pero le contestaron que si les querían poner ministros sin voluntad suya, que no fuesen de aquel santo hábito, se irían a las montañas. El mismo sujeto dio aviso al Obispo de Honduras de que el P. Ovalle y su compañero Fr. Lorenzo de Guevara sólo andaban vagando de estancia en estancia; de lo que resultó que el Obispo los mandó comparecer a su presencia; pero ellos manifestaron que no lo harían sin orden expresa del P. Espino o del Reverendo Custodio, porque aquella era Misión y no Doctrina.

El pueblo de San Sebastián tenía ciento veinte y siete personas de todas edades; el de San Pedro Apóstol, cuarenta y cuatro; el de San Felipe de Jesús, treinta y tres; y el de Santa María, cincuenta y ocho. Tenían iglesia capaz y vivienda de los religiosos.

Durante el curso de estas misiones, la Taguzgalpa empezó a llamarse Mosquitia.

CAPÍTULO IX: Choluteca incorporada al Obispado de Honduras 1672 a 1676

A Márquez Cabrera sucedió D. Pedro de Godoy Ponce de León; y a D. Eugenio Lobo, le había sucedido en Tegucigalpa en 1671 D. Diego de Aguileta y Peralta.

Aguileta concedió permiso en este año para que se fundara un pueblo de mulatos en el valle de Cuzcateca. D. Diego, Da. Ana y Da. Juana de Cárcamo, vecinos de Tegucigalpa, pidieron al Alcalde Mayor que revocara su providencia, manifestando que aquellos mulatos en su mayor parte eran sirvientes de sus haciendas y que el valle de Cuzcateca era un sitio que habían adquirido por herencia de sus abuelos, a quienes por particular privilegio les concedió el Obispo de esta diócesis que se establecieran en él, por haber sido ellos los primeros conquistadores del mencionado valle, porque de sus haciendas se abastecía el Real de Minas y porque dieron limosnas tales que con ellas se hizo el convento de San Diego, en el mismo Real. El Alcalde Mayor se negó a la revocatoria pedida y les concedió apelación para ante la Real Audiencia. Parece que este Tribunal resolvió a favor de los peticionarios, porque no se fundó el pueblo en Cuzcateca. Poco después se fundó por familias españolas, a cuatro leguas de distancia al norte de aquel valle, la población de Danlí, respecto a la cual se habla en los expedientes más antiguos, de que en 1690 era Juez ordinario D. Diego Bautista del Castillo.

En febrero 1672 tomó posesión de la Presidencia del Reino el General D. Fernando Francisco de Escobedo.

En julio del año siguiente daba al Consejo de Indias noticia del viaje que realizó a la provincia de Comayagua, como se le había encargado. No obstante, el mal estado de salud del Gobernador Ponce de León, éste le había acompañado a Puerto de Caballos, yendo con ellos el Maestre de Campo D. Francisco de Castro Ayala. al retirarse Escobedo a Guatemala por Golfo Dulce, después de haber hecho el examen de la bahía, dejó a Castro Ayala encargado de algunos trabajos para mejorar el puerto; pero tales trabajos no se llevaron a cabo por enfermedad del comisionado y por la oposición del Gobernador Ponce de León.

El 10 de abril de 1660 había expedido el Rey una cédula, en la que ordenaba a los Oficiales Reales de Indias que con el tesoro que de éstas le enviaban, dieran en las cartas—cuentas razón distinta y clara de los ramos de hacienda a que pertenecía cada partida, con apercibimiento de que se les quitarían los oficios si no cumplían lo ordenado.

Esta orden fue renovada por la Reina Gobernadora en cédula de Madrid a 1°. de junio de 1672, que fue recibida en Comayagua en 13 de mayo de 1675 por los Oficiales Reales de Honduras el Capitán Francisco Martínez de Eguilaz, el Contador Juan de Montalván y el Teniente del Tesorero D. Joseph de Hinestrosa.

Ellos dijeron en su cumplimiento que de la Real Hacienda que administraban en Honduras y Real Caja de la ciudad de Comayagua, cabecera de la provincia, no se remitía a España más dinero que el que cada año tocaba al derecho de la armada de Barlovento y el dos por ciento de las alcabalas, cuenta que se remitía con el dinero a la Real Caja de Guatemala, de donde se hacía la remisión a España. En cuanto a las condenaciones de penas de cámara que se causaban en las residencias, no entraban en la Caja de Comayagua, porque los mismos jueces daban cuenta con pago al Receptor General de penas de cámara que residía en Guatemala. En cuanto a mesadas eclesiásticas no se habían cobrado ni se cobraban a la fecha, por no haber tenido despacho para ello; y toda la demás Hacienda Real que administraban se consumía en esta Real Caja, en los pagos que en ella se hacían al Reverendo Obispo de este Obispado, a cinco prebendados, un Gobernador y Capitán General, seis curas beneficiados así de Comayagua como de las demás ciudades de la provincia; y otras rentas y salarios en dicha Real Caja estaban destinados, como constaba del testimonio de las Reales cuentas que se mandó remitir al Consejo de Indias.

Y para mejor cumplir lo mandado, ordenaron sacar un traslado de la última carta—cuenta de lo que montó el derecho de la Real Armada de Barlovento y el dos por ciento de las alcabalas para enviarlo al Consejo. De esa cuenta aparece que el total de lo cobrado en 1673, fue de 1916 tostones, 3 reales, 30maravedises y lo gastado 358 tostones y 7 maravedíes: habiendo sido los pueblos contribuyentes los de Tatumbla, Tambla, Siguatepeque, Marcala, Yarula, Chalmeca, la mitad del pueblo de Sulaco, Ticla, la mitad del pueblo de Lamaní, Santa Ana Ula, Comayagüela, Tatumbla (de Tegucigalpa), Catacamas, Yocón, Chindona, Tapalte, Erandique y Utila. En cuanto a esta isla aparecía que desde 1670 habían traído Real provisión para mudar el pueblo y hacer iglesias y debían contarse. Hasta el año de 1673 no habían pagado ni se habían contado. Habiéndolos requerido el Teniente del partido de Trujillo, D. Antonio de Arteaga, cobró el año pasado 84 tostones y 3 reales, no pudiendo cobrar más porque se había muerto la mitad de los indios.

En este año de 1673 se tomó residencia a D. Diego de Aguileta y Peralta por su sucesor D. Fernando Alfonso de Salvatierra: este juicio quedó fenecido en 1681.

Por Real cédula fechada en Madrid a 30 de noviembre de 1676, se pidió a la Audiencia de Guatemala que informara si convendría agregar al Obispado de Comayagua la Guardianía de religiosos franciscanos llamada Nacaome, situada en los canales de La Villa de Jerez de la Choluteca y señalar por términos a los Obispados de Guatemala y Honduras el río Lempa, conforme proponía el Obispo de Honduras, doctor D. Martín de Espinosa Monzón, en carta de 28 de julio de 1675.

El Obispo de Guatemala doctor D. Juan de Santo Mathía, que había tomado posesión de su cargo el 13 de junio de 1669, visitó el beneficio de la villa de Choluteca, lindante con el Obispado de Comayagua y el de Nicaragua, en el que hacía más de ochenta años que no había habido visita; y el desamparo en que lo encontró lo hizo proponer en carta al Rey, de 20 de julio de 1670, que se agregara al Obispado de Comayagua, dejando que este Obispo percibiera mil y cien pesos de diezmos que producía en cada un año.

El Consejo, en 28 de abril de 1671, fue de parecer que se pidiera informe a la Audiencia y al Obispo de Honduras. La Audiencia informó favorablemente en carta de 10 de marzo de 1672, y la Reina Gobernadora, por cédula de 4 de diciembre del mismo año, mandó que se agregara el curato de Choluteca al Obispado de Comayagua, haciendo la consideración de que era muy moderada la congrua de ochocientos mil maravedíes asignada al Obispo de Honduras. El Obispo de Guatemala hizo la agregación.

La carta citada del Obispo Espinosa Monzón hizo que se volviera a ver el asunto en el Consejo, y por ello se pidió informe a la Audiencia y al Obispo de Guatemala. La Audiencia contestó en 24 de noviembre de 1677 que había comisionado al Alcalde Mayor de Tegucigalpa para que averiguase lo que montaban los diezmos y lo demás relativo al asunto, y al recibir el informe, daría cuenta a S. M.

El Obispo de Guatemala era ahora el doctor D. Juan de Ortega y, por su parte, decía al Rey, en 20 de noviembre del citado año de 1677, que su antecesor había cedido el beneficio de la Choluteca sin las formalidades que debiera, y se oponía a que se señalaran a los dos Obispados los límites que pedía el Obispo de Honduras[24].

Pero el Rey, que estaba dispuesto a acceder en parte a los deseos de este Obispo, desde el 2 de diciembre de 1676, le había dirigido cédula al Embajador de España en Roma; encargándole solicitar del Papa que confirmara la agregación del curato de Choluteca al Obispado de Honduras. Y la agregación quedó consumada.

En 1677 el Gobernador Ponce de León escribió al Rey una carta en que le informaba que todas las reducciones que se habían hecho de indios xicaques se debían a esfuerzos del Capitán D. Bartolomé de Escoto, y consignaba el dato geográfico de que el valle de Agalta sale al Cabo Camarón.

CAPÍTULO X: Corsarios en el Sur. —Despoblación de Mianguera 1676 a 1688

Sucedió a Godoy Ponce de León el Maestre de Campo D. Francisco de Castro Ayala en 1676. Aquel fue residenciado por el Alcalde Mayor de Tegucigalpa, D. Fernando Alfonso de Salvatierra.

En febrero de 1677, estando para darse a la vela en Puerto Caballos para volver a España un navío llamado El Gran San Pablo, con cantidad considerable de productos de estas provincias, la autoridad superior del Reino tuvo noticia de que algunas embarcaciones enemigas se preparaban a atacar el navío, y por tal motivo expidió orden al Gobernador Castro Ayala para que inmediatamente pasara al puerto, hiciera descargar el navío y que doce piezas de artillería que llevaba se colocaran en una plataforma que se levantara en tierra, para defender el buque y el puerto si los enemigos intentaban asaltarlo. Cuando el Gobernador recibió la orden, el navío había salido, y fue en efecto atacado por tres barcos

---

[24] El Obispo de Honduras, doctor D. Manuel Francisco Vélez, en su obra Erecciones de la iglesias y diócesis de Centro—América (1897), dice que el distrito de Choluteca perteneció en un principio a la diócesis de Nicaragua, pero después se desmembró de ella y se agregó a la de Comayagua. No es así: el distrito de Choluteca nunca perteneció a la diócesis de Nicaragua. Dejó de pertenecer a la diócesis de Guatemala para pertenecer a la de Honduras.

ingleses; pero se defendió con vigor, causándoles graves daños con su artillería, y logró arribar en salvo al puerto de Cádiz.

El General Escobedo fue residenciado en 1678 por el licenciado D. Lope de Sierra Osorio, oidor de la Audiencia de México, quien gobernó el Reino interinamente.

En este mismo año desembarcó en Puerto Caballos Fr. Alonso de Vargas y Abarca, del Orden de Santiago, nombrado Obispo de Honduras, para suceder al doctor Espinosa Monzón. El nuevo prelado aumentó el número de curatos, comenzó a edificar la catedral de Comayagua, fundó el Colegio Seminario y estableció una cátedra de Moral, que luego fue dotada por el Rey.

Dos años antes se había mandado erigir en Universidad el Colegio de Santo Tomás de Guatemala, establecimiento en que se estudiarían Leyes, Cánones, Teología Dogmática, Teología Moral y Medicina y en que habría dos cátedras de lenguas indígenas. El movimiento intelectual iba a recibir poderoso impulso.

En 1677 había pendiente un pleito entre el Fiscal y el Alcalde Mayor de Tegucigalpa, D. Fernando Alfonso de Salvatierra, sobre fraudes y ocultaciones en los Reales quintos.

El año de 1678 entró a sustituir a Salvatierra, como Teniente, su hijo D. Fernando Rangel de Salvatierra, quien en el ejercicio de su autoridad tuvo fricciones con el capitán D. Antonio Denze Durón, jefe de la fuerza de Tegucigalpa.

En 1679 sucedió en la Gobernación de Comayagua el Capitán D. Lorenzo Ramírez de Guzmán al señor Castro y Ayala. Como Teniente de éste, su hermano D. Tomás de Castro y Ayala había gobernado también la provincia.

Los tratos y comercios a que se dedicó el Gobernador Ramírez de Guzmán dieron lugar a que, en 1680, se enviara al licenciado D. Antonio de Navia y Bolaños, oidor de la Audiencia, a proceder contra él. Para este objetose hizo cargo de la Gobernación.

En 1681 vino el licenciado D. Juan Miguel de Augurto y Alava, como visitador general a continuar el juicio del señor Escobedo; pero terminado, siguió con el gobierno.

En 1683 actuó como Teniente de Gobernador de Comayagua D. Luis Servellón de Santa Cruz.

A Salvatierra había sucedido en la Alcaldía Mayor de Tegucigalpa D. Antonio de Ayala, en 1682.

Hallándose éste en Jerez de la Choluteca, recibió un despacho del Presidente de la Audiencia, en que le insertaba una Real cédula por la que se mandaba remitir relación de las encomiendas. En el despacho ordenaba el Presidente que los encomenderos presentaran sus títulos y se remitieran testimonios de ellos al Gobierno superior. A los que no los exhibieran se les retendría los tributos de que gozaban.

Ayala el 8 de febrero de 1683 dirigió desde Yusuare un despacho a los Alcaldes de Guascorán y de Aramecina, en el que decía que, no habiendo en aquella jurisdicción ningún encomendero por ser éstos vecinos de otras jurisdicciones, se notificara lo ordenado por el Presidente a los Alcades de aquellos pueblos: al de Guascorán por pertenecer la mitad de los tributos a la encomienda que cobraba D. José Álvarez de la Fuente, vecino y Alférez Mayor de San Salvador; y al de Aramecina porque era de la encomienda de que gozaba D. Francisco Antonio de Montúfar, vecino de Guatemala. Estos Alcaldes se abstendrían de pagar a sus encomenderos cosa alguna de sus tributos y deberían retener éstos hasta que el Presidente ordenara otra cosa, sopeña de ser castigados y de que los volverían a pagar. Fabián de Alvarado hizo la notificación a principios de marzo a los Alcaldes y Totoques de Guascorán y Langue y al Teniente de Alcalde de Aramecina.

A fines de 1683 se hizo cargo del Gobierno superior el General D. Enrique Enríquez de Guzmán.

En 1684 se presentaron ante aquel Gobierno los indios vecinos de la isla de Santa María Magdalena de Mianguera, de la jurisdicción de Tegucigalpa, solicitando se les permitiera mudar su población a tierra firme.

El enemigo corsario inglés, que andaba en la mar del sur, entrando a la una de la noche del día de la Magdalena, se había apoderado de su pueblo con dos navíos y seis piraguas; permaneció en él un mes entero dando carena y robándoles en ese tiempo cuanto tenían, así suyo como del tributo recogido del tercio de San Juan de aquel año. Les habían llevado todas sus alhajas de plata, y de su iglesia lámparas, cálices, patenas, vinajeras y cuanto había de valor; les llevaron más de sesenta reses rejegas; les quitaron sus gallinas y les rompieron sus muebles y toda la ropa de su poner de ellos y de sus mujeres, que se habían retirado al monte. Y al irse, dejándolo todo asolado, amenazaron con que volverían dentro de seis meses a dar carena.

Los indios horrorizados pedían por ello se les permitiese trasladarse a un paraje realengo, próximo al pueblo de Colama, que corría hasta el mar, fuera del peligro del enemigo: que el Alcalde Mayor les señalara las tierras necesarias para la nueva población y las necesarias para las siembras; y pidieron también que se les relevara del pago del tributo por algún tiempo.

El General Enríquez de Guzmán, por auto de 7 de octubre, concedió la licencia pedida y ordenó que la isla de Mianguera quedase desamparada e inhabitable, debiendo cegarse los pozos de agua dulce que en ella había para que el enemigo, en caso de volver, no hallase nada aprovechable. Y comisionó, para ejecutar lo mandado, al Alcalde Mayor Ayala, encargándole señalar a los solicitantes sitio para la población y siembras, de modo que los indios no pudieran salir al mar ni comunicar con él, porque estaban indiciados de parciarios con el enemigo. En cuanto a lo demás, mandó que se relevara al pueblo de Mianguera del pago del tributo del tercio de San Juan de aquel año, y que al estar mudados y poblados se les haría remisión de tributos para que hicieran su iglesia y fundaran el pueblo.

El Alcalde Mayor Ayala envió a Pedro Núñez, español, a la isla de Mianguera a cegar los pozos de agua dulce y a quemar las casas, lo que en efecto verificó; y habiéndose reconocido no ser conveniente el paraje que los indios habían pedido, se escogió para que se poblara el pueblo de Nacaome, en el que sólo se hallaba un indio natural de él y cuatro indios forasteros de diferentes pueblos. Hacía ya muchos años que Nacaome estaba despoblado y era menester que se poblara de nuevo por ser el camino real para Nicaragua, Costa Rica y San Salvador. Y como en las tierras del distrito se hallaban establecidos varios individuos sin título ni derecho, se les mandó salir en el plazo de veinte días para que gozaran de ellas los naturales de la Mianguera y nacaomes, en la extensión de una legua.

El 1º. de diciembre el Alférez Ambrosio Flores de Vargas puso en posesión de la tierra a José Gabriel, Alcalde de Mianguera, en presencia de Jerónimo Pablo, que hacía oficio de Alcalde y Juez de Nacaome, quien por lo que le tocaba consintió y tuvo por bien la nueva población de los naturales de la Mianguera. Estos no tendrían necesidad de construir iglesia, pues había una de teja que podrían reparar fácilmente.

Los pueblos de Choluteca relacionados con motivo del cobro de penas de cámara eran, en 1684, San Sebastián de Aramecina, Apasapo, Yusuare, Pespire, Linaca, Somoina, Colama, Guacirope, Nacaome, Orocuina, Omozón, San Antonio de Texíguat, Guascorán, San Miguel Zapigre, isla de Mianguera, Yayorán en la Marigua y Langue.

Ayala le tomó residencia a su antecesor Salvatierra y entre otros cargos le hizo el de haber obligado a los indios de la isla de Mianguera a llevarle a Tegucigalpa anualmente cuatro fanegas de granos, sin abonarles nada y obligándolos a hacer la conducción a cuestas en más de cuarenta leguas que era la distancia. El Consejo de Indias condenó al residenciado a diferentes penas y en cédula de 26 de agosto de 1686 se reprobó la conducta que había observado: esta cédula se mandó publicar y registrar en los libros del cabildo de Tegucigalpa para que no se incurrieran en tal abuso.

En este año de 1686 fueron residenciados D. Francisco y D. Tomás de Castro Ayala por D. Gaspar Saénz de Viteri, provisto Corregidor de la provincia de Huehuetenango: la causa quedó fenecida en 1694. A D. Francisco se le había procesado y remitido preso a Guatemala, por habérsele sorprendido un contrabando con el buque El Grifo Dorado.

En 1687 Navia Bolaños pasó a Nicaragua en carácter de Gobernador: en lugar suyo quedó en Comayagua D. Sancho Ordóñez.

A D. Antonio de Ayala sucedió en la Alcaldía Mayor de Tegucigalpa, D. José Fernández de Córdova, en aquel año; y en enero de 1688 entró al gobierno del Reino el General D. Jacinto de Barrios Leal.

El Presbítero D. José Fernández fundó en este año las reducciones de San José de Guayma y de Nuestra Señora de Candelaria, en Yoro.

La Audiencia de Guatemala, en carta al Rey, de 14 de mayo de 1688, exponía las razones que tuvo para ordenar que los Oficiales de Honduras cobrasen los Reales tributos del partido de la Choluteca que antes cobraban los Alcaldes Mayores de San Salvador. De ese modo se completaba la jurisdicción de las autoridades de Honduras en aquel partido, que se le había incorporado en lo civil y en lo eclesiástico, y por lo mismo formaba un todo con la provincia.

CAPÍTULO XI: Huida de los piratas del Sur 1684 a 1698

En 1684 el mar del sur estaba infestado de piratas, corsarios o filibusteros, que todos estos nombres se les daban: eran franceses e ingleses y habían pasado unos por el estrecho de Magallanes y otros por los ríos Atrato y San Juan, procedentes del mar de las Antillas: sus incursiones en las provincias del Reino de Guatemala eran frecuentes: ya se ha hablado de la que hicieron a la isla de Mianguera.

En fines de abril de 1686 treinta piratas franceses hicieron un desembarco en la costa de Choluteca. El Capitán Fabián de Alvarado, que lo era de la Compañía de gente parda de aquella jurisdicción, salió el 1º. de mayo a rechazar a los invasores: logró el intento, pero a costa de la vida. Los invasores salieron con dirección ignorada.

En 1687 vinieron naves piratas a la isla del Tigre, a dar carena. Allí venía el famoso filibustero francés Ravenau de Lussan.

En persecución de Lussan y compañeros salió una flota armada en Panamá y Nicaragua. Como ya no les era fácil escapar determinaron poner desde luego en práctica la resolución que tenían tomada de pasar al Atlántico por tierra, y se embarcaron en canoas para Choluteca, dejando sus buques minados con pólvora, los que volaron dando fuego a las mechas, a la distancia. El 1º. de enero de 1688 llegaron a tierra firme, desembarcaron al oriente de la villa, pero no se atrevieron a entrar en ella. Tomaron el camino para Nueva Segovia, ciudad cerca de la cual pasaron, asediados y seguidos de cerca por fuerzas destacadas de Tegucigalpa y Choluteca. Francisco Beltrán de Figueroa, jefe de ellas, enviado por el Alcalde Mayor Fernández de Córdova, se propuso cortarles el paso en la altura llamada El Almorzadero, a donde habían de subir con dificultad después de bajar en la montaña del frente una cuesta muy precipitada: los piratas evitaron aquel paso y bajando por ásperos barrancos primero y subiendo por otros después, llegaron el 14 a atacar por la retaguardia las fuerzas de Beltrán de Figueroa, quien pereció en el combate. De allí en adelante no fueron ya perseguidos los piratas, quienes llegaron a la cabecera del río Segovia por el cual bajaron en balsas hasta el Cabo de Gracias a Dios[25].

La misión que había quedado a cargo de Fr. Pedro de Ovalle ya tenía en 1679 empadronados 1073 neófitos. En 1690contaba con 6,000. Más tarde trabajaron en la catequización de la Taguzgalpa Fr. Melchor López y Fr. Pedro de Urtiaga.

En 1690 se dio comisión a D. Fernando López Ursino, Alcalde del Crimen de la Audiencia de México para proceder contra el señor Barrios Leal por el interés que tuvo en la cargazón de negros y mercaderías que en el año de 1687 pasaron de los Reinos de España al puerto de Honduras, en los navíos del cargo de Juan Tomás Miluti, en que D. Jacinto hizo su viaje, permitiendo que las mercaderías se transportasen a los Reinos del Perú. También se mandaba proceder contra Barrios Leal por haber querido prender al licenciado D. Pedro Henríquez de Selva, oidor de la Audiencia y Juez de la Aduana y haber admitido la querella que contra él dieron algunos vecinos por evitar los fraudes que se cometían en la paga de los Reales derechos. Barrios Leal fue depuesto de su cargo por cuatro años.

En 1692 sucedió a Fernández de Córdova en la Alcaldía Mayor de Tegucigalpa D. Juan Alonso Cordero, quien lo residenció; y en 1693 sucedió a Ordóñez en la Gobernación de Comayagua, el Capitán D. Antonio de Oseguera y Quevedo.

En 1695 volvió a su cargo el señor Barrios Leal, de quien se dice que trató de vengarse de sus enemigos. Murió el 12 de noviembre del mismo año y le sucedió interinamente D.J osé de Scals.

El 25 de marzo de 1696 entró a ejercer el gobierno del Reino D. Gabriel Sánchez de Berrospe.

En este mismo año entró a la Alcaldía Mayor de Tegucigalpa D. Santiago de Berrotarán.

En 1696el Obispo señor Vargas y Abarca informaba al Rey que se habían emprendido otras misiones en Leán, Mulia y Locomapa.

El año siguiente falleció este prelado.

---

[25] Para más detalles véase mi obra Historia de la provincia de Tegucigalpa, 1578 a 1821

CAPÍTULO XII: Amatique y San Andrés de Nueva Zaragoza 1698 a 1706

En 1698 entró a desempeñar la Gobernación de Comayagua D. Antonio de Ayala, Alcalde Mayor que había sido de Tegucigalpa.

En 1699, Guillermo Pitt, natural de la isla Bermuda se estableció en Río Tinto en donde se dedicó a cortes de madera y al contrabando.

Poco antes de que él llegara los Padres franciscanos Fr. Pedro de la Concepción, Fr. Raimundo de Barrientos y Fr. Rodrigo Betancourt habían logrado sacar cien indios de las montañas de la Mosquitia, con los que fundaron el pueblo de Dolores en la confluencia de los ríos Guayape y Guayambre. Los infieles caribes lo invadieron y se llevaron a los Padres y a los indios reducidos. Los Padres fueron rescatados, pero no se pudo hacer más por falta de armas en el distrito de Danlí, del que dependía aquel territorio como Tenencia de la Alcaldía Mayor de Tegucigalpa. Esto fue causa de la despoblación de Santa María, pueblo fundado en las inmediaciones del valle de Jamastrán.

En 1699 se dio Real cédula cometida a D. Francisco Gómez de la Madriz para proceder, por vía de visita, contra D. Jacinto de Barrios Leal y los oidores D. Antonio de Navia Bolaños, D. Francisco de Valenzuela Venegas y D. Manuel Valtodano. El objeto era averiguar los varios negocios que ocurrieron en la ciudad de Guatemala y particularmente el tumulto acaecido en el mes de septiembre de 1697 con la gente miliciana del barrio de San Jerónimo y dependencias tocantes al Mineral de oro del Corpus, situado en la villa de Jerez de la Choluteca, usurpaciones de los Reales quintos e introducciones de azogues.

En 1700 murió el Rey D. Carlos II, habiendo dejado designado sucesor suyo al Duque de Anjou, segundo nieto de Luis XIV de Francia. El sucesor reinó con el nombre de Felipe V.

En 1701 se expidió una Real cédula cometida a D. Alonso de Zeballos y Villagutierre, ahora Presidente de la Audiencia, para la continuación de las causas a que se refería la cédula de 1699 y averiguar los excesos que cometió la Madriz y los motivos de la suspensión que se le hizo por la Audiencia para el progreso de su comisión.

Al Gobernador Ayala sucedió en 1702, el Maestre de Campo D. Antonio de Monfort; y al Alcalde Mayor Berrotarán sucedió D. Gabriel de Echeverría. Monfort fue apercibido por el Presidente Zeballos en auto de 22 de septiembre del mismo año.

Con motivo de la guerra de sucesión que había estallado por el ascenso de Felipe V al trono, el Capitán General del Reino ordenó que se tomaran medidas para la defensa de éste. Lo hicieron el Gobernador Monfort y el Alcalde Mayor Echeverría en sus respectivas jurisdicciones. Estas medidas quedaron justificadas, pues en 23 de mayo de 1704 más de doscientos zambos, asociados de considerable número de ingleses, penetraron al valle de Nueva Segovia, de donde se dirigieron sobre los pueblos de la provincia de Comayagua. En esta destruyeron el pueblo de Lemoa, a orilla del Ulúa; se repartieron en el templo todo el botín que habían recogido, se llevaron veinte jóvenes, entre ellos, doce mujeres, luego recorrieron toda la comarca, saqueando pueblos y cometiendo inauditas vejaciones en las gentes que capturaban y que no habían podido ponerse en salvo huyendo a los bosques. El mismo año invadieron el pueblo de Amatique, cercano al castillo del Golfo Dulce; y por segunda vez, Lemoa. Estas invasiones fueron seguidas de otras a otros puntos, y no cesaron hasta 1710.

Por el año de 1703 se extinguieron las Alcaldías Mayores de Amatique y de San Andrés de la Nueva Zaragoza.

La primera, que estaba unida a la Castellanía del Golfo, se extendía 35 leguas de este a oeste y 30 de norte a sur Confinaba por el este con la provincia de Honduras, por el sur con las de Acasaguastlán y Verapaz, por el oeste con tierras de indios bárbaros y por el norte con su mar. No tenía más que la villa de su nombre y tres pueblos que quedaron asolados de resultas de algunas pestes, por lo que se extinguió la Alcaldía.

La segunda se hallaba en la jurisdicción de Gracias a Dios, y se estableció por haberse descubierto riquísimas minas en el cerro de San Andrés, en el valle de Sensenti, de aquel partido, al oeste de Gracias a Dios, al este del valle de Copán,60 leguas al noreste de la ciudad de Guatemala. Dice el historiador Juarros que se contaban tales cosas de este mineral que se podía decir con sinceridad que el monte de oro que siempre se había tenido por quimera, allí se veía realizado. Pero lo que más comprobaba la riqueza de aquel monte, era que para promover las labores en sus minas y cobrar los Reales quintos, se creó una Alcaldía Mayor que se intitulaba del Real de Minas de San Andrés de la Nueva Zaragoza, que proveían los Presidentes: la cual tenía plena jurisdicción en lo civil y criminal dentro de los términos del Real de Minas, y a más de esto gozaba de la facultad de poder obligar a que trabajasen en dichos minerales, a la cuarta parte de los indios que habitaban doce leguas en contorno[26].

Ni Juarros ni García Peláez dicen la fecha en que se creó esta Alcaldía Mayor, ni indican a cuál de las provincias fue incorporado su territorio, al extinguirse: hay que admitir que volvió a la de Honduras, ya que el valle de Sensenti está en la jurisdicción de Gracias de Dios y este partido dependía de la jurisdicción de Comayagua, la que se mantuvo en él en los años siguientes a la extinción, como se verá en seguida[27].

Tampoco dicen nada aquellos historiadores respecto a la incorporación de Amatique, al desaparecer la Alcaldía: como el territorio en que se hallaba era de Honduras, por lo que lo reclamó el Gobernador Castro al doctor Criado de Castilla, debe entenderse que volvió a formar parte del territorio hondureño. Apoya este concepto la relación que en 1684 dirigió al Rey la Audiencia de Guatemala, en la que expresa que San Pedro Sula, Omoa y Amatique están situados en Honduras.

La Real cédula de 1701 se repitió en 1704, cometiéndola a D. Josef Osorio Espinosa de los Monteros, para fenecer los expresados juicios, por haber fallecido el señor Zeballos y Villagutierre. Osorio remitió las causas al Consejo de Indias.

El Presidente Zeballos había muerto el 27 de octubre de 1703 y recayó el mando en el oidor D. Juan Jerónimo Duardo, a quien sucedió D. Toribio José de Cosío y Campa el 2 de septiembre de 1706.

---

[26] Juarros, tomo II, pág. 178; García Peláez, tomo I, pág. 150.

[27] El historiador Presbítero D. Antonio R. Vallejo cita en su memoria documentada sobre los límites entre Honduras y Nicaragua [edición de 1905] un repartimiento de indios en el Mineral de San Andrés de la Nueva Zaragoza, del año 1776. Pág. 173.

CAPÍTULO XIII: Zambos e ingleses 1706 a 1727

Sucesor de D. Antonio de Monfort en la Gobernación de Comayagua fue D. Enrique Logman; y de D. Gabriel de Echeverría, en la Alcaldía Mayor de Tegucigalpa, D. José Damián Fernández de Córdova. A éste sucedió D. Manuel de Porras en 1711.

Porras residenció a Echeverría en 1712.

En 1714 fue nombrado Obispo Fr. Juan Pérez Carpintero.

En Real despacho de Madrid, a 13 de noviembre de 1713, se mandaba que a D. Diego de Escoto, quien se hallaba gobernando los indios payos de la provincia de Honduras, se le asistiera con el sueldo de cien pesos al mes que, por esta razón, gozaba su padre D. Bartolomé de Escoto, pagándoselos de los mismos efectos sin diferencia alguna. Y en Real cédula de la misma fecha se ordenaba al Presidente de la Audiencia hacer lo que había dejado de ejecutar en la conversión de los indios payas y remitir a D. Diego de Escoto el despacho anterior y pagarle los cien pesos de que se ha hablado.

En 1715 se tomó residencia al Gobernador Logman por D. Josef Rodezno, oidor de la Audiencia, quien había asumido el cargo. Logman fue acusado por ilícito comercio y se fugó del Reino.

Por Real cédula de 30 de abril de 1714 se había mandado que el Presidente de la Audiencia diera las más prontas providencias para el exterminio de los zambos, indios e ingleses que habitaban la isla de Mosquitos y las costas del mar del norte, causando continuas hostilidades a los vecinos hacendados de las provincias de Tegucigalpa, Comayagua, Nicaragua, La Segovia y valle de Matina, y otras muchas perniciosas consecuencias que de sus procedimientos resultaban.

Desde que llegaron a establecerse a la Taguzgalpa algunos ingleses, procuraron atraerse a los zambos y a los indios, que siempre habían sido hostiles a la autoridad colonial; aliados con éstos causaron cuantos males pudieron, siendo uno de ellos el de haber logrado corromper a algunos funcionarios, haciéndolos incurrir en el delito de contrabando o de comercio ilícito, como entonces se decía. Ya se empezó a hablar de Gobernadores a quienes se procesó por motivo semejante.

A poner remedio a aquellos males se dirigía la Real cédula citada. Esta, con relación de autos, se hizo saber en la Junta de Guerra de 26 de febrero de 1715 para que cada uno de los concurrentes diera su parecer. El oidor, licenciado D. Ambrosio Tomás Santaella Melgarejo, estudió los autos de la materia, redujo a un breve mapa el plantón y situaciones para facilitar los efectos de las medidas que se adoptaran y expuso su parecer para la expulsión de los zambos, el que fue aceptado por los más prácticos y peritos que asistieron a dicha junta, excitando al Presidente a que, sin perder tiempo, se ejecutase lo mandado por el Rey. Pero en año y medio no se había dado principio a las operaciones y por ello el oidor dio cuenta al monarca en carta de 3 de octubre de 1716.

El 4 del mismo tomó posesión de la Presidencia D. Francisco Rodríguez de Rivas.

En 1717 se tomó residencia a D. Manuel de Porras por D. Gabriel de Echeverría: quedó fenecida la causa en 1718, en que entró a ejercer la Alcaldía Mayor D. Manuel de Amézqueta Amézqueta y Verdugo.

A Rodezno sucedió en la Gobernación D. Diego Gutiérrez de Argüelles, en 1717. Había sido nombrado en octubre del año anterior. Gutiérrez de Argüelles había comenzado su carrera militar en 1669 en los Reales ejércitos de S. M.; estuvo en Africa y en Toscana, y tomó parte en las batallas y sitios que hubo hasta la rendición de Barcelona, después de la cual se le confirió su nombramiento.

Gutiérrez de Argüelles en 1720 hizo retirarse una partida de zambos que, subiendo por el río Chamelecón en tres piraguas, amenazaba caer sobre los pueblos de Jicamay y Candelaria.

Poco después hubo un combate entre quinientos Zambos dirigidos por más de doscientos ingleses, y una pequeña fuerza española: ésta resultó derrotada, pero el Gobernador logró hacer que se retirasen los invasores.

Gutiérrez de Argüelles hizo en seguida un viaje a Guatemala para tratar con el Presidente sobre los medios de defensa de la provincia: temiéndose una nueva invasión, se le ordenó regresar inmediatamente para evitarla. La invasión ocurrió antes de su llegada a Comayagua, pero los invasores fueron rechazados.

En este año estaba en florecimiento el mineral de San Antonio, seis leguas al oriente de Tegucigalpa.

En 1721 entró a ejercer la Alcaldía Mayor de Tegucigalpa D. Manuel Muñoz, quien residenció al señor Amézqueta y Verdugo.

Al Presidente Rodríguez de Rivas sucedió D. Antonio Pedro de Echevers y Subiza el 2 de diciembre de 1724. Un edicto de este se publicó en Honduras para la residencia mandada tomar por Real provisión, fecha en Madrid a 11 de febrero de 1718, al Presidente y Gobernador del Reino, a quien sucedía. Los que tuvieran que pedir contra él civil o criminalmente deberían comparecer dentro de sesenta días, que empezarían a correr el 5 de agosto de 1725.

El Rey D. Felipe V abdicó en este año la corona en su hijo D. Luis I, pero habiendo muerto éste un año después, volvió a asumirla.

Gutiérrez de Argüelles en 1724 hizo relación de sus servicios y pidió permiso para hacer una expedición sobre Belice, el que no se le concedió. Cesó en sus funciones en 1727.

CAPÍTULO XIV: Hostilidades de zambos, negros y xicaques 1727 a 1743

Sucedió a Gutiérrez de Argüelles en la Gobernación de Comayagua D. Manuel de Castilla y Portugal; y a D. Manuel Muñoz en la Alcaldía Mayor de Tegucigalpa, D. José Tomás Fernández de Córdova, quien residenció a su antecesor.

Al Obispo Pérez Carpintero le había sucedido en 1725Fr.Fernando Guadalupe López Portillo.

En 1728 D. Pedro Rivera Márquez hizo una "Descripción del Golfo de Honduras y sus costas hasta Gracias." En ella dice entre otras cosas:

"En la bahía de Trujillo hay un atalaya para avisar de las embarcaciones que en la costa parecen, siendo el fin de ésta y las demás guardias que en toda la América hay anticipar a sus superiores la noticia de enemigos para prepararse a la defensa del país.

"Desde el Golfo a esta bahía pertenece al Gobierno de Honduras, cuya capital es la ciudad de Comayagua.

"De Cabo de Camarón al Cabo de Gracias a Dios, que está en 15 grs. 8 mins—latd. 292 grs. longd., hay cuarenta y dos leguas. Corre la costa al Este quarta del Sueste, intermedian diversas playas, habitadas de indios infieles que tienen la cabeza chata, un caudaloso río llamado

Tegucigalpa, la bahía de Cartago donde habitan los indios mosquitos, insignes en la pesca y navegación y manejan las armas porque tripulados con ingleses hostilizan las costas pirateando.

"De este Cabo de Gracias a Dios al rumbo noroeste 15 leguas está un bajo nombrado la Viciosa."

Luego dice que las costas de Nicaragua hacia Puerto Belo empiezan en el Cabo de Gracias a Dios.

En 1730 sucedió a Fernández de Córdova en la Alcaldía Mayor de Tegucigalpa D. Clemente de Arauz.

En este año, zambos, negros y xicaques, en número de 566 hombres, invadieron Olancho y Danlí, dirigidos por un inglés. Los primeros venían armados de fusiles y pistolas y los xicaques con flechas. Lleváronse de Olancho cuarenta vecinos de los que devolvieron una mujer, rescatada por doscientos pesos. Tomaron medidas para prevenir nuevas invasiones, poniéndose de acuerdo el Gobernador Castilla y el Alcalde Mayor Arauz.

Este hizo, por encargo de la Audiencia, una visita a las regiones de los mosquitos, y dio cuenta de ella en un importante informe.

El 25 de diciembre de 1733 falleció el señor Echevers y Subiza y fue nombrado para sucederle D. Pedro de Rivera y Villalón, quien tomó posesión de su cargo el 11 de julio de 1734. Bajo el gobierno de Echevers apareció, en noviembre de 1729, la "Gaceta de Guatemala."

En 1734 entró a ejercer la Alcaldía Mayor de Tegucigalpa D. Antonio de Arroyave.

Este, en 10 de noviembre de dicho año, autorizó en Tegucigalpa una escritura en que aparece que D. Martín de Rivera, Alférez del partido de Olancho, compraba dos esclavas mulatas, llamadas Gertrudis, de ocho a diez años, y María de Mercedes, de siete, a D. Francisco Rodríguez Curiel, tutor de los menores hijos del Capitán D. Antonio de Rivera, la primera por ciento cuarenta pesos y la segunda por cien.

En 1737 D. Diego Gutiérrez de Argüelles se presentó contra el Gobernador de Honduras por un decomiso de plata que le hizo.

Hacia 1738 se conservaba aún la memoria del Padre D. José Fernández, fundador de San José de Guayma y de Nuestra Señora de Candelaria, y a favor de ella llegaron a las regiones de Yoro los Padres de Fide Propaganda. Empezaron a entrar a ellas con los mulatos de

Yoro, cogiendo varios indios a fuerza de armas, como eran los de la Guata, los de San Miguel y varios otros que estaban civilizados con los ladinos. De este modo dieron principio a sus misiones, formando con los cautivos algunos pueblos con iglesia, uno de ellos el de Luquigüe. Llegaron a tener catequizados en su convento doscientos noventa indios de ambos sexos. De esos pueblos sólo duró el últimamente mencionado, pues el mal método que emplearon hizo que los indios cobraran un total aborrecimiento a los religiosos y se retiraran a vivir a las mayores alturas de las montañas, desconfiados y temiendo la persecución de los padres.

En 1740 pasó a la Taguzgalpa Fr. Félix Figueroa, y permaneció en el pueblo de San Buenaventura, conservando las reducciones que habían formado sus antecesores.

Sucedió a Castilla y Portugal en la Gobernación de Comayagua D. Francisco de Parga. Bajo el gobierno de éste se concluyó el hermoso edificio de la Caja Real de Comayagua. En la piedra superior del portón se lee todavía la inscripción siguiente:

Reinando D. Felipe V el animoso y Doña Isabel Farnesio, Reyes Católicos de las Españas y de las Indias, hicieron esta Caja Real sus Oficiales Reales, de orden del Muy Ille. Sr. D. Pedro de Rivera Villalón, Mariscal de Campo de los Rs. Extos., Gobernador y Capitán General de este Reino y Presidente de la Real Audiencia de Guatemala, siendo Gobernador y Capitán General de esta Provincia el Teniente—Coronel D. Francisco de Parga: se acabó año de 1741.

Del escudo que estaba encima sólo se conservan las columnitas que contienen estas palabras: Plus Ultra.

En 6 de diciembre de 1739 se había expedido Real cédula al Presidente de la Audiencia, acusándole recibo de su carta de 27 de marzo de 1737, en que daba cuenta del estado de las misiones del Gobierno de Comayagua. Decía haber dos: una de xicaques y otra de payas: éstas confinaban con los zambos y con el partido de Olancho. Y que en las montañas de yaras y payas había muchas naciones independientes, como eran las de chatos, cumagues y azaras.

En 1739 ejercía la Alcaldía Mayor de Tegucigalpa D. Pedro Baltasar Ortiz de Letrona.

El 15 de mayo de 1740 Rivera Villalón escribía al Rey sobre la necesidad de un Ingeniero para la construcción de los fuertes que había propuesto, y fue mandada practicar por Real cédula de 30 de agosto de 1739.

Villalón, en 23 de noviembre de 1742, escribió sus "Noticias de los parajes que habitan los Indios Zambos Mosquitos y medios de Exterminarlos." En ellas dice que el Cabo de Gracias a Dios está en la provincia de Comayagua, jurisdicción del Corregidor de Tegucigalpa; y al hablar de los ríos de Honduras, el primero que nombra es el Motagua.

En 1741 sucedió al Gobernador Parga, D. Tomás Hermenegildo de Arana.

A fines de 1742 había sucedido al Mariscal Rivera Villalón, en el Gobierno del Reino, D. Tomás de Rivera y Santa Cruz.

En este año se creó el Arzobispado de Guatemala, quedando como sufragáneos el Obispado de Comayagua, el de León de Nicaragua y el de Ciudad Real de Chiapa.

Habiendo muerto en 1742 Fr. Fernando Guadalupe López Portillo, fue nombrado Obispo Fr. Francisco de Molina, religioso de San Basilio, quien vino a su diócesis en 1743.

CAPÍTULO XV: Proyecto de fortificar Omoa 1743 a 1745

En 1743, D. Luis Díez de Navarro, Ingeniero Ordinario por S. M., vino de México, en donde residía, a la ciudad de Guatemala, de orden del Rey, a ejecutar los dos fuertes que, por Rivera Villalón, le fueron propuestos al monarca: uno en el puerto de Trujillo y otro en la boca del río de Matina. Por medio de estos fuertes, se quería sujetar a los indios mosquitos y zambos y a los ingleses levantados que estaban poblados en la costa del mar del norte, en los dominios del Rey, y al mismo tiempo evitar con embarcaciones corsarias los ilícitos comercios que los ingleses de Jamaica estaban haciendo en ellas.

Díez de Navarro halló que ya estaba hecho el fuerte de Matina y que el de Trujillo era difícil de ser construido, porque podían estorbar la obra los ingleses poblados en la costa y los de Roatán que, en esta isla, habían fundado una población en junio de 1742. El Presidente del Reino nombró por esto a Díez de Navarro, Visitador de los presidios, plazas y puertos de dicha costa y la de sur para que tomara razón del estado en que se hallaran y de los medios de defensa con que contaran, debiendo formar planos y carta geográfica de todo y dar su opinión sobre los dos fuertes, indicando los costos del de Matina.

En enero del año expresado, Díez de Navarro salió a recorrer la costa de Honduras y su provincia, la de Tegucigalpa, la Segovia, la provincia de Matagalpa, la de Nicaragua y su laguna, el castillo de San Juan, Reino de León, Corregimiento de Subtiaba y el del Realejo y parte de la provincia de San Salvador. Duró esta expedición cinco meses y medio. En noviembre hizo el reconocimiento de la provincia de Costa Rica. Y escribió su informe.

El castillo del Golfo Dulce, decía en él, se había ejecutado con muy buen acuerdo porque, habiendo entrado por el río que le sirve de desagüe, piratas que habían saqueado la provincia de Verapaz, llevándose muchos de sus moradores, no había otro paraje más cómodo ni indefenso que éste.

A diez y siete leguas, corriendo la costa de Honduras de Poniente a Levante, estaba el puerto de Omoa, quedando entre aquel Golfo y el puerto, la punta de Manabique y el río de Motagua. Este puerto de Omoa era el más seguro, limpio y recogido de toda la costa de Honduras, y por eso le parecía que era el más a propósito para ser fortificado, por ofrecer muchas comodidades y muy favorables consecuencias, las que enumeró. Dicho partido era Tenientazgo de la provincia de Honduras, de que era cabecera la ciudad de Comayagua, distante sesenta y dos leguas de mal camino.

Proponía que antes de emprender cosa alguna, sería conveniente desalojar a los ingleses de Roatán y darles un asalto a los mosquitos, entrando por la Segovia y Matagalpa. Y que, en caso de que S. M. aprobará que se fortificase el puerto de Omoa en lugar del de Trujillo como tenía mandado, sería suficiente fortificación la de un cuadrado con sus cuatro baluartes, foso, estrada encubierta y esplanada opuesta, según los planos que presentó. Esta fortificación se debería guarnecer con cuatrocientos hombres, de los que doscientos convendría vinieran de España, de los que hubieran servido en las tropas y mejor si fueran casados. Entre ellos sería útil que vinieran carpinteros de lo blanco, albañiles, herreros, carpinteros, calafates, sastres y zapateros. Y sería preciso que vinieran artilleros de España y así éstos como los soldados y oficiales de los mencionados oficios enseñaran a los del país.

En caso de que se hubiera de fortificar el puerto de Trujillo, siempre sería indispensable fortificar el de Omoa, porque, de no hacerlo, los ingleses, zambos y mosquitos de la costa podrían acogerse a él.

La fortificación de Trujillo tendría, entre otras desventajas, la de que siendo la gente que había de servir la más inmediata al puerto, que eran los de Sonaguera, San Jorge Olanchito y Olancho el Viejo, afectos a los ingleses por el fin particular de sus intereses en los ilícitos comercios en que estaban viciados, no era dable emprender cosa alguna de que no les anticiparan aviso; y cuando se descubrieran los autores de tal maldad y se quisieran castigar por la Justicia, al saberlo, se pasarían a los zambos como a la fecha lo hacían, de lo que resultaría tener estos enemigos más y como caseros, más perjudiciales.

Respecto a la población fundada por los ingleses en Roatán, decía que la habían fortificado con parte de materiales que habían sacado de la ciudad de Trujillo, lo que no había evitado el Gobernador de Honduras por no haber tenido fuerzas suficientes.

Finalmente decía que la fortificación de Omoa era indispensable en los términos propuestos porque atendía: 1º. a defender toda la provincia de Honduras y su puerto, que podía ser combatido por mar y tierra; 2º. a que había de ser defensa y resguardo de las embarcaciones corsarias que S. M. tenía determinado hubiera en estos mares y a defender las presas que ellas trajeran a dicho puerto; 3º. a que había de tener la suficiente guarnición para hacer las correrías y los destacamentos que se ofrecieran en la costa para que, si dichas embarcaciones carecían de gente por algún accidente, hubiera de donde reemplazarla sin que hiciera mucha falta; y 4º. a que no pudiera cualquier enemigo, con facilidad, hacer burla de la fortificación, cuya defensa no se conseguiría con corto número de tropa.

Este informe fue presentado por Díez de Navarro el 17 de julio de 1744 al Presidente señor Santa Cruz, quien remitió al Rey testimonio de él para la resolución que tuviera a bien dictar.

En este año el Gobernador Arana amparó a un minero en la posesión de una de plata en San Antonio de Opoteca. En el mismo año se descubrieron las ricas minas de Yuscarán, llamadas Quemazones y Guayabillas, lo que hizo que Yuscarán se poblara de españoles rápidamente. Sólo la mina de Guayabillas produjo en un período de cincuenta años doce millones de pesos plata.

En 1742 se había dado comisión a D. Fernando Alvarez de Castro, oidor de la Real Audiencia, para proceder contra D. Miguel Josef de Iturvide, capitán y dueño del navío nombrado San Miguel (a) el Salomón y la saetía llamada la Virgen de la Misericordia, que salieron con registro para Honduras, por introducción de géneros de ilícito comercio y haberle tenido con extranjeros: esta causa fue fenecida en 1745.

El oidor Alvarez de Castro persiguió también al Gobernador Arana por comercio ilícito en 1744.

En 1745 sucedió a Arana interinamente en la Gobernación D. Luis Machado; y a Ortiz de Letona en la Alcaldía Mayor de Tegucigalpa, D. Diego de Arroyave y Beteta.

CAPITULO XVI: Fortificación del puerto de Omoa 1745 a 1753

Por Real cédula de 23 de agosto de 1745 fue nombrado Gobernador y Comandante General de Honduras el Coronel D. Juan de Vera. En su nombramiento se declaraba que su jurisdicción abarcaba las provincias comprendidas en todo el Obispado de Comayagua, la Alcaldía Mayor de Tegucigalpa y todos los territorios y costas que se extienden desde donde terminaba la jurisdicción del Gobernador y Capitán General de Yucatán hasta el Cabo de Gracias a Dios; pero no debía mezclarse en el gobierno civil y político de las provincias de Comayagua y Tegucigalpa. Vera gozaría del sueldo de seis mil pesos al año, a contar del día en que llegase a la Habana.

Al mismo tiempo que a Vera para Honduras, se había nombrado con iguales cargos para Nicaragua al Brigadier D. Alonso Fernández de Heredia, cuya jurisdicción empezaría en el Cabo de Gracias a Dios y terminaría en el río Chagre.

Vera debía celar y evitar el comercio ilícito y cuidar de atraer a la religión católica las naciones bárbaras e idólatras, como eran los Zambos Mosquitos, que habitaban la costa del norte de la provincia de Honduras, y Heredia debía cuidar de todo lo concerniente a impedir el comercio ilícito en las comprendidas desde el Cabo de

Gracias a Dios hasta el río indicado. En caso de falta, el uno de ellos podría sustituir al otro.

Vera llegó a Guatemala el 18 de mayo de 1746. A su paso por Campeche remitió alguna gente que reclutó allí para los fines de su destino, en la galera del Rey, con orden de que se incorporase con ella el Ingeniero D. Enríquez Díaz Pimienta. A la fecha de su llegada a Guatemala, no había noticia de que aquella gente hubiera llegado a alguno de los puertos o parajes de Honduras. El Presidente Rivera y Santa Cruz daba órdenes a los Oficiales Reales de que, al aportar aquella gente, que lo tenía con gran cuidado, les diesen todos los auxilios y socorros que necesitasen ínterin llegaba el Gobernador. Los Oficiales Reales despacharon las órdenes el 6 de junio a los Tenientes de San Pedro y Olanchito para que, si arribaba la goleta expresada, avisaran de cuanto necesitasen para la gente que condujese. En 16 de mayo participaba el Presidente haber librado a las Reales Cajas de Comayagua, por manos de los Oficiales de Guatemala, veinticinco mil pesos con destino a las operaciones de Vera, de cuya inversión debía llevarse cuenta cumplida.

El Gobernador Vera llegó a Comayagua en 1747, y a mediados de este año falleció.

El Rey D. Felipe V falleció en 1746 y le sucedió su hijo D. Fernando VI.

Con motivo de la muerte del Coronel Vera, asumió el gobierno de la provincia de Honduras, conforme a lo ordenado por el Rey, D. Alonso Fernández de Heredia, quien nombró Teniente de Gobernador y Capitán General de ella a D. Diego de Tablada. Este tomó posesión el 14 de junio de 1747 y ejerció sus funciones con las mismas facultades que Vera.

En 1748 sucedió al señor Rivera y Santa Cruz D. José de Araujo y Río, a quien se dieron facultades iguales a las del virrey de Nueva España en cuanto al gobierno político. Por Real cédula de 30 de enero de 1747 se había nombrado Gobernador del Reino al Mariscal D. Francisco Cagigal de la Vega, pero no tomó posesión del cargo.

Era Alcalde Mayor de Tegucigalpa en 1748 D. José Salvador Casares, quien tomó residencia a su antecesor Arroyave y Beteta.

Por Real cédula de 21 de diciembre de este año, fue nombrado Gobernador de Honduras D. Pantaleón Ibáñez Cuevas, quien había sido Comandante del tercer Batallón del Regimiento de Cataluña y en la actualidad estaba agregado al de Lisboa. Se le nombraba con las mismas facultades y en las mismas condiciones que lo había sido el Coronel Vera. Y como subsistían las hostilidades y designios de los Indios Zambos Mosquitos y convenía contenerlos, apaciguarlos y reducirlos, se le encargaba hacerlo por su parte, arreglándose a las instrucciones que para el objeto se habían dado en 23 de agosto de 1745.

Entretanto a Tablada había sucedido en 1750 D. Pedro Truco, nombrado también por Fernández de Heredia, y cesó en sus funciones al llegar a Comayagua Ibáñez Cuevas, quien se posesionó de su cargo el 2 de julio de 1751.

En este año sucedió al Obispo Molina, D. Diego Rodríguez Rivas de Velasco.

En 31 de agosto de 1751 el Ingeniero Díez de Navarro informaba de Guatemala al Rey lo conveniente que sería formar un nuevo Gobierno de la costa de Honduras, fortificando, según había propuesto, el puerto de Omoa como asimismo hacer de la provincia de Nicaragua dos Gobiernos y suprimir los cuatro corregimientos que había en ella.

Díez de Navarro proponía que, construido el castillo, se le diese al Capitán castellano, Alcaide de él, el título de Gobernador de la costa de Honduras, con la agregación (en caso de necesidad y por cualquier evento, sin que tuviera que ocurrir a la ciudad de Comayagua, distante de él como setenta leguas de los partidos inmediatos a la costa, tenientazgos de dicho Gobierno, que eran los de Gracias, San Pedro Sula, Yoro, San Jorge Olanchito y el de Trujillo, que residía a la fecha en Sonaguera, y por la costa desde el Cabo de Gracias a Dios hasta donde terminaba el gobierno de la provincia de Yucatán. El Gobierno de Comayagua se podía reducir como interno en la tierra adentro a Alcaldía Mayor. De los dos Oficiales que allí había, pasaría uno al Castillo, mediante las embarcaciones que habrían de llegar al puerto, y el otro se mantendría en Comayagua para el recibo de las platas de los minerales de aquella provincia. Así toda la costa de Honduras quedaría como debajo de una llave, y no se podrían hacer ilícitos comercios fácilmente como antes.

La Alcaldía Mayor de Tegucigalpa, al este de aquellas provincias, internada a la tierra adentro, teniendo por fronteras el mar del norte, ocupada parte de su costa por la provincia de Honduras y parte por las poblaciones de los ingleses de Río Tinto, Zambos y Mosquitos, debiera ser, por la vecindad de éstas y demás naciones bárbaras fronterizas, fortificada; mas no lo podía ser por lo dilatado de ella y solamente lograría quietud, comercio y sosiego en la forma indicada, de agregación y separación del Gobierno de Comayagua.

El Rey, que, por medio del Gobernador de Guatemala, en 1745, había asegurado su gratitud a Díez de Navarro por sus trabajos, no aceptó de este plan más que la fortificación del puerto de Omoa, ordenando que se construyera allí un castillo.

El Mariscal de Campo D. José Vásquez Prego Montaos y Sotomayor, que había entrado a gobernar el Reino el 17 de enero de 1752, vino a Omoa a empezar la construcción del Castillo, y allí contrajo la enfermedad de que murió en Guatemala el 24 de junio de 1753. En esta obra perecieron muchos vecinos de la provincia de Tegucigalpa, por el mal clima.

Sucedió a Vásquez Prego, D. Alonso de Arcos y Moreno, a quien en este mismo año se dio comisión para continuar y concluir la causa que se fulminó por el Gobernador y Comandante de Honduras y Nicaragua D. Alonso Fernández de Heredia y por D. Pedro Truco en quien subdelegó, contra D. Francisco Mateo de la Guerra y Vega, los franceses D. Pedro Ervier y D. Raimundo Grenier, D. Juan Lacourt, D. Diego

Tablada, Teniente de Gobernador de Comayagua, su Secretario D. Francisco Antonio de Irache, D. Francisco de Thoves y D. Domingo de Arana, Oficiales Reales de ella, sobre la introducción que, con título de presa, se ejecutó en Honduras. Otra causa se formó contra Heredia, Truco, Irache y Tablada.

CAPÍTULO XVII: Erección de Tegucigalpa en Real Villa 1753 a 1772

Por la muerte de Vásquez Prego, se había hecho cargo del Gobierno del Reino el oidor decano D. Juan de Velarde. El 17 de octubre de 1754 entró a ejercerlo el Mariscal de Campo D. Alonso de Arcos y Moreno.

En 22 de febrero de 1755, sucedió en la Alcaldía Mayor de Tegucigalpa D. Vicente de Toledo y Vivero al Señor Casares, a quien residenció D. Juan José de Arauz.

En Comayagua entró a la Gobernación el Teniente Coronel D. Fulgencio García de Solís, quien vino de España en 1757. Cuando llegó ya hacía tiempo que Ibáñez Cuevas estaba separado del mando y sometido a juicio por la Audiencia. Habiendo hecho un viaje a Omoa en 1759, falleció a su regreso y les sucedió el Capitán D. Gabriel Franco.

En 1758, el Rey D. Fernando VI que, afligido por la muerte de su esposa, había caído en incurable demencia falleció, dejando el trono a su hermano el Rey de la Dos Sicilias, que tomó el nombre de Carlos III.

D. Gabriel Franco cesó en sus funciones a la llegada del Gobernador D. José Sáenz Bahamonde. Este había sido nombrado en octubre de 1760 y juró el cargo en Guatemala en junio de 1761, pasando luego a Comayagua.

En Tegucigalpa, a D. Vicente de Toledo y Vivero le había sucedido D. Francisco Nicolás del Busto y Bustamante, nombrado por cédula de 29 de enero de 1760.

Por muerte del señor Arcos y Moreno, volvió al poder el oidor Velarde; y en 14 de junio de 1761 entró a ejercerlo el Mariscal de Campo D. Alonso Fernández de Heredia.

Este Gobernador, a solicitud de los vecinos del Real de Minas de Tegucigalpa, confirió a la población el título de Villa, por auto de 18 de junio de 1762, añadiéndole, como parte de su nombre, su último apellido.

En este año fue trasladado a Guadalajara el Obispo Rivas y le sucedió D. Miguel Anselmo Alvarez de Abreu.

La conducta de los ingleses que desde 1742 habían fortificado la embocadura del Río Tinto o Negro, habían fundado una población en Roatán y pretendían apoderarse de toda la costa norte de Honduras, habían producido con otros acontecimientos, la guerra entre España e Inglaterra. Esta guerra duró hasta 1763, en que se firmó en París un tratado de paz: en éste se estipuló, entre otras cosas, que Su Majestad

Británica haría demoler todas las fortificaciones que habían erigido sus súbditos en la bahía de Honduras y otros puntos del territorio de España en aquella parte del mundo, dentro de cuatro meses. Los fuertes de Río Tinto y otros lugares fueron evacuados; pero con violación del tratado, los ingleses continuaron en posesión de Roatán, conservando relaciones indebidas con los indios de la costa y haciendo el contrabando y aún actos de piratería. El Coronel de Ingenieros D. Luis Díez de Navarro fue el comisionado para pasar a destruir las fortificaciones de Río Tinto o Black River; pero no tuvo éxito.

Fernández de Heredia libró al Gobernador de Comayagua y al Alcalde Mayor de Tegucigalpa un despacho comunicándoles la orden de que todas las personas que tuviesen plata y oro labrados, en alhajas, barras u otras especies sin quintar, los manifestasen ante los oficiales reales para que se les quitaran y pagaran lo que según ley debían satisfacer por dicha razón. Pasados seis meses se procedería contra los inobedientes.

Heredia gobernó el Reino hasta noviembre de 1765, en que le sucedió D. Pedro de Salazar y Herrera Natera y Mendoza, quien consagró especial atención a la obra del castillo de Omoa, al que se llamaba de San Fernando, probablemente en honor del monarca que reinaba cuando se comenzó la construcción.

En 1767 se expulsaron del Reino los jesuitas, en cumplimiento de un decreto de Carlos III. Este decreto comprendía todos los dominios del Rey de España. En Honduras no hubo nunca conventos de jesuitas; pero la medida alcanzó a uno de sus hijos que pertenecía a la Compañía de Jesús: era éste el P.D. Lino Fábrega, quien nació en Tegucigalpa el 22 de septiembre de 1746 y por haberse quedado en México, a donde fue a hacer sus estudios, figura como escritor mexicano. El P. Fábrega estudió los manuscritos aztecas y escribió en italiano un precioso manuscrito que se conserva en el Vaticano, intitulado Ezplicazione delle figure hieroglifiche del codice Borgiano Messicano, dedicata all eccelentissimo e reverendissimo príncipe il signore cardinale Borgia, en fol. Murió a principios del XIX[28].

El Alcalde Mayor Busto y Bustamante falleció el 30 de mayo de 1766 y le sucedió el Sargento Mayor D. Jerónimo de la Vega y Lacayo.

En 1767 se trasladó a Oajaca el Obispo Alvarez de Abreu y le sucedió D. Isidoro Rodríguez, clérigo secular como él.

En 17 de julio de 1768 confirmó el Rey D. Carlos III el título de Real Villa de San Miguel de Tegucigalpa de Heredia que le confirió a la población del Real de Minas el Gobernador del Reino. La Real cédula de confirmación fue recibida en Tegucigalpa el 23 de diciembre de 1770 por el Alcalde Mayor Vega y Lacáyo, y el día siguiente dio posesión de ella al Ayuntamiento, con toda la ceremonia acostumbrada.

El Teniente de Dragones D. Eugenio Díaz había dado cuenta, en comunicación de junio de 1767, de una reducción que había hecho de indios butucos en el sitio de Telica, partido de Olancho, con el nombre de San Buenaventura. Él se había introducido entre la nación paya que ocupaba el Río Tinto, y esperaba traerla a poblado a un sitio llamado Siguaté. D. Eugenio había sido nombrado por el Gobernador de Comayagua para entender en este asunto. El Obispo de esta provincia explicaba que eran 225 los indios butucos y que habían salido por el río Guampú; fueron conducidos río arriba hasta la Herradura, y después eligieron para situarse un sitio en el valle de Olancho, a la orilla de Telica, dos leguas de Juticalpa, trece de Manto, ocho de Catacamas y tres millas del río Guayape. El Rey aprobó la conducta de Pérez en cédula a él dirigida de Madrid a 12 de febrero de 1768 y dio las gracias al Presidente por aquellas noticias.

Por muerte de Sáenz Bahamonde, quedó en el mando de la provincia el Teniente de Gobernador D. Juan Antonio González, en 1769.

El 13 de mayo de 1770 sucedió a González el Coronel D. Antonio Ferrándiz, a quien nombró el señor Salazar con aprobación del Rey.

---

[28] No ha muchos años existía en Cedros una familia Fábrega. De ella se recuerda a D. Francisco María Fábrega que con D. José Cocaña solicitó en 1781 la fundación de una capilla en aquel mineral.

En 14 de febrero del mismo año se había librado provisional para que los Oficiales Reales de Comayagua hicieran dar cuentas a los albaceas del Gobernador Sáenz Bahamonde y cubrir la Real hacienda en los descubiertos que resultaran.

El Gobernador Ferrándiz, en cumplimiento de órdenes del Gobierno Superior, hizo una visita a la provincia, llegando a las inmediaciones de los establecimientos extranjeros, fundó el Nuevo Pueblo de Indios Payas, cerca de Río Tinto; nombró a D. Francisco Alles, Gobernador de esta nación y Capitán de la misma al indio José Juárez; y pidió un cura a la misión de Padres franciscanos establecida en Río Tinto. El Gobernador Ferrándiz visitó los pueblos de Catacamas y otros limítrofes con los Mosquitos y los de Candelaria, Río Ulúa y Chamelecón junto a Ozuda (¿Zula?). Y escribió una importante relación de su visita. El Rey manifestó estar enterado de lo acreedor que se había hecho a sus piedades el Gobernador interino de Comayagua por su celo y exactitud en el cumplimiento de su encargo.

Ferrándis cesó en sus funciones al llegar a posesionarse de su cargo el Teniente—Coronel D. Bartolomé Pérez Quijano, a quien se nombró por Real cédula, fecha en el Pardo a 20 de enero de 1769.

El 1º. de noviembre de 1770 el Alcalde Mayor Vega y Lacayo dictó un bando, en que ordenaba a los vecinos de Tegucigalpa celebrar el 4 de aquel mes por ser el día de D. Carlos III. Desde el 3, al toque del Ave María, hasta las diez de la noche, deberían tener luminarias en sus puertas, ventanas y balcones, con candelas, como correspondía, y el que fuera pobre y no tuviera para comprarlas debería acudir a él, que se le daría. Y el domingo por la mañana, todos los vecinos, inclusive todos los oficiales militares de Sargento arriba asistirían a su casa para que juntos concurrieran a la misa de Gracias que se celebraría en la Parroquia de la Real Villa. Al que contraviniera, se le impondría la pena de doce pesos, que se aplicaría por mitad a la Real cámara y gastos de justicia.

El señor Salazar fue a Omoa a visitar las obras del castillo, y allí contrajo una enfermedad de la que murió el 20 de mayo de 1771. Se encargó del gobierno el oidor decano licenciado D. Juan González Bustillo y Villaseñor.

En 1767 el Obispo Rodríguez había sido trasladado a Santo Domingo, y vino a sustituirlo el P. D. Antonio de Macarulla en 1772.

Por Real cédula de 9 de diciembre de este año, se aprobó la fundación del colegio agregado al del Seminario de Guatemala, y que se admitieran en aquél doce colegiales indios puros, prefiriendo los caciques. En su recepción, educación y crianza se guardaría el método y se observarían las reglas establecidas para con los del antiguo colegio; el vestuario, manutención y subsistencia de dichos indios colegiales saldría de las rentas del Seminario. Estos indios se graduarían en la Universidad de Guatemala sin pompa ni costo alguno, y para ello se consultaría la rudeza y desidia de los indios, y que los padres entregaran a sus hijos para que fueran criados y educados en Doctrina y Literatura, haciéndose acreedores a los empleos y oficios públicos; serían igualados con los españoles en la educación y ministerios, y a mayor abundamiento el Arzobispo providenciaría todo cuanto condujera al particular, ofreciendo lo necesario a su vestuario, por donde se venía en conocimiento de que no les faltaría cosa alguna.

El oidor González Bustillo hizo librar los despachos respectivos a Comayagua y Tegucigalpa, de donde se enviaron a publicar a los pueblos; pero no consta que indios de Honduras se hayan acogido a aquella gracia.

CAPÍTULO XVIII: Expulsión de los ingleses de la costa atlántica 1772 a 1788

El 12 de junio de 1773 se hizo cargo del Gobierno del Reino D. Martín de Mayorga.

Un día antes empezaron a sentirse fuertes temblores en la ciudad de Guatemala. El 20 de julio, día de Santa Marta, hubo uno más fuerte que los anteriores, que en pocos minutos destruyó la ciudad, lo que hizo que se dispusiera la traslación de ésta al valle de la Ermita, como se efectuó.

El 17 de este mismo mes, D. Luis Álvarez de Abreu, Teniente de Gobernador y Capitán General de las armas en el partido de Olancho el Viejo, dirigió de Juticalpa al Alcalde Mayor Vega y Lacayo un suplicatorio en que le manifestaba tener repetidas noticias por los indios payas, de que el enemigo zambo se hallaba cercano a la frontera de su jurisdicción, motivo por el cual en el mes próximo pasado tuvo dos compañías en aquel partido, acuarteladas, y tenía en la actualidad puestos dichos cuarteles y escoltas en las fronteras. Estas noticias tenían por objeto que los contrabandistas, mientras las compañías estaban acuarteladas, hallaran coyuntura para salir de la colonia inglesa con los géneros que conducían de su ilícito comercio, siendo el camino más frecuente para la entrada y salida de aquéllos el de la Sacualpa que, aunque inmediato, no era de su jurisdicción, por lo que, no pudiendo poner el remedio debido, le pedía que mandara celar el camino y paraje de la Sacualpa, franqueándole la jurisdicción para el caso de que se hubiera de perseguir a algunos de los contrabandistas que iban a refugiarse allí.

El Alcalde Mayor, por auto de 29 de julio, mandó librar despacho, al efecto, a D. Francisco Antonio Bonilla, Comisario de la Real justicia en Danlí, en donde se hallaba el paraje de la Sacualpa, franqueando la jurisdicción para el caso de perseguir algún reo, pero debiendo éste ser entregado al juez del territorio, conforme al auto acordado del Consejo de 28 de septiembre de 1686, para que, de su mano y orden, se le entregara al exhortante, guardando la buena armonía que debía haber de unos jueces a otros.

Bonilla recibió el despacho el 8 de agosto y mandó cumplirlo.

En junio de 1774 se recibió en Comayagua y en Tegucigalpa la Real cédula, fecha en el Pardo, a 17 de enero del mismo año, por la que se resolvió alzar y quitar la general prohibición que hasta allí había habido entre los cuatro Reinos del Perú, Nueva España, Granada y Guatemala, de comerciar recíprocamente por la mar del sur sus efectos, géneros y frutos respectivos, permitiendo que libremente lo pudieran hacer todos sus naturales y habitantes, con arreglo a las declaraciones en ella hechas.

En este año, ejercía la Alcaldía Mayor de Tegucigalpa D. Ildefonso Ignacio Domezain.

Con motivo de las vejaciones de que eran objeto los indios butucos de Olancho, el rey expidió en el mismo año una cédula en la cual reprobaba la conducta de los que tan mal habían procedido en la conquista de aquellos aborígenes. El historiador Gómez Carrillo manifiesta al respecto que, por la ambigüedad de los informes recibidos por el monarca, no se impuso el merecido castigo al Gobernador de la provincia y a otros delincuentes.

El 14 de octubre de 1774 hubo un terremoto que causó grandes ruinas en Comayagua. La Caja Real fue uno de los edificios más gravemente dañados, y no fue reparada hasta diez años después.

A D. Bartolomé Pérez Quijano, sucedió su hijo D. Agustín Pérez Quijano, en 1775.

En este año se concluyó la construcción del castillo de San Fernando de Omoa.

En 1776 falleció el Obispo D. Francisco José de Palencia, quien en 1773 había venido a sustituir al señor Macarulla. Por la muerte del señor Palencia, fue nombrado en 1777 Fr. Antonio de San Miguel.

En 1779 sucedió al señor Mayorga, en el Gobierno del Reino, D. Matías de Gálvez.

El señor Gálvez escribió en este año una relación de los minerales de oro y plata descubiertos en las provincias del Reino de Guatemala. Al referirse a los de Tegucigalpa menciona el de San José de los Cedros al Norte, a 24 leguas de la Villa; el de San Salvador al oriente, a 2 leguas; el de Santa Lucía, a 3 leguas; el de San Juan de Cantarranas, al norte a 10 leguas; el de San Antonio, al oriente, a 6 leguas; el de San José de Yuscarán, al oriente, a 12 leguas; el del Corpus al sur, a 35 leguas; el de San Martín, 8 leguas al Poniente del anterior; el del partido de Langue,16 leguas al poniente del de San Martín; los de los pueblos de Curarén y Reitoca al poniente, a 30 leguas; y el de Barajana al sur, a 14 leguas.

A fines de octubre de dicho año de 1779 se supo en Guatemala que los ingleses habían tomado el castillo de Omoa: el señor Gálvez salió para Honduras inmediatamente: el 31 del mismo estaba en Quesailica; el 18 de noviembre, en San Pedro Sula, y el 29 había recobrado la fortaleza.

La conducta hostil de los ingleses no obstante el tratado de 1763, unida a otras causas, hizo que España declarase la guerra de nuevo a Inglaterra.

En este tiempo (1779), fue nombrado Gobernador de Comayagua el Barón de Riperdá; pero no vino a ocupar su puesto. En su lugar aparece ejerciéndolo el Sargento Mayor de Milicias D. Francisco Aybar, quien fue nombrado en el mismo año.

El Capitán General D. Matías de Gálvez mandó que el Presbítero D. Manuel Sebastián de Thoves, cura del barrio de Candelaria, de Jeto y Santa Lucía, tomara a su cargo el catequismo de los indios payas y los agrupase en el pueblo de Santa Lucía. Con este motivo el Gobernador Aybar le dirigía de Comayagua, en 1781,el siguiente informe:

"A consecuencia del superior despacho de V. S., de 22de enero último, sobre que informe acerca de los particulares que abraza el pedimento del señor Fiscal, a la vista que se le dio de la instancia presentada por el Beneficiado Manuel Sebastián Thoves, dice: que el origen de la reducción que se trata es de los indios payas naturales de las montañas y valle Guampú, fronterizos del Partido de Olancho el Viejo de esta Gobernación y pertenecientes a las misiones antiguas de San Buenaventura, valle de Agalta y San Francisco de Río Tinto que intermedia entre el dicho Guampú y el pueblo de Catacamas, valle abajo de dicho partido de Olancho: cuyas misiones se establecieron como a principios del siglo pasado y a cargo de los Padres de la observancia, quienes las abandonaron, y por al año pasado de 67 se restablecieron y pusieron al cuidado de los Padres del Colegio de Propaganda Fide: cuyos padres en todos tiempos han procurado agregar estos indios a las dos reducciones citadas, lo que no han conseguido a causa de la alianza o liga con los ingleses de aquella costa y con los zambos: Por lo que el Capitán Comandante de la expedición D. Vicente de Arizabalaga que ejecutó el año próximo pasado por aquel Partido a los establecimientos ingleses, hubo por conveniente, por lo perjudicial que eran dichos indios vagos al Estado y a la Corona, sorprenderlos y remitirlos a esta capital, al Gobernador interino D.Cayetano Ansoátegui, quien con fecha 13 de mayo del citado año de 80 dio cuenta a V. S. de dichos indios, proponiendo o consultando establecerlos en el pueblo extinguido de Santa Lucía, inmediato a esta ciudad."

A fines de septiembre de 1781 se comunicó de Trujillo a Comayagua que ciertos negros y otros en número de 300, habían construido tres fuertes a la entrada del puerto principal de Roatán y los habían armado con cincuenta cañones, y que tres buques armados estaban cruzando en la vecindad con el objeto de interceptar los que navegasen entre el Reino de Guatemala y Cuba.

Informado Gálvez, preparó una nueva expedición a la costa Norte de Honduras en 1782. En 14 de marzo zarpó de Trujillo a reconquistar Roatán, llevando dos fragatas de guerra, una corsaria, una corbeta, cuatro lanchas, cuatro goletas y dos balandras, además de varias piraguas venidas de Campeche. Contaba con cien hombres de infantería y quinientos milicianos de Gracias, Zacapa, Chiquimula, Comayagua, Segovia, Matagalpa y León, que formaban tres divisiones, una al mando del Teniente Coronel José Casasola, otra al de igual grado Pablo de Pedro y la tercera al de D. Ildefonso Ignacio Domezain, Coronel de las milicias de Tegucigalpa. Fueron a incorporarse a estas fuerzas las milicias de Olancho. Según García Peláez, llevó a estas fuerzas 200 hombres equipados a sus expensas D. Miguel Machado, de Gracias, en donde había sido en 1760 y en 1778 Teniente de Gobernador de Comayagua.

El 15 de marzo empezó el bombardeo y se suspendió para el siguiente día. El 16 atacaron con vigor las fragatas, dirigiendo sus tiros a los fuertes: los ingleses dejaron de contestar el fuego a las doce y empezaron a huir. En la mañana del 17 fueron a bordo de la Santa Matilde comisionados a comunicar rendición. Quedaron prisioneras las fuerzas británicas y pasaron a tierra varias partidas españolas a enarbolar la bandera y presenciar la entrega de las armas. Fueron demolidos los fuertes. Se perdonó la vida a los defensores, pero se les destruyeron sus habitaciones en número de 500. También fueron capturados los establecimientos que los ingleses tenían en las islas de Guanaja y Morata, y los prisioneros enviados a la Habana.

El 22 salieron para Trujillo los expedicionarios, dejando providenciada la seguridad de todas las islas.

El 26 partió Gálvez para Río Tinto. Fue tomada Quepriva el 30 y La Criba o Black River el 2 de abril. Finalmente los ingleses fueron desalojados de todos los puntos que ocupaban, habiendo sido el último Bluefields. El 17 de abril, dejando guarnecidas Quepriva y La Criba, Gálvez había vuelto a Trujillo e informaba haberse recobrado el dominio en todo el Golfo de Honduras. Prendado del puerto por su capacidad y buenas condiciones, escribía que se debía reedificar la antigua ciudad, que debía ser allí el principal depósito de España en el mar del Norte y el asiento de la Audiencia, y que para la mejor defensa de la costa se fundasen establecimientos en Río Tinto, Cabo de Gracias a Dios y Bluefields, haciendo venir familias de la Península o de las Canarias que los poblaran, proyecto este último que aceptó el monarca y se puso por obra pocos años después.

A la guerra puso término un tratado que se celebró en 1783, en el que se estipuló que los ingleses evacuarían no sólo el continente sino todas las islas que de él dependieran, excepto un pequeño territorio en que se les permitía hacer cortes de madera de tinte y nada más.

Por Real cédula de 11 de agosto de este año fue nombrado para la Gobernación de Comayagua el Coronel D. Juan Nepomuceno de Quesada.

El 3 de marzo del mismo, el señor Gálvez había pasado de virrey a Nueva España; y le sucedió el señor D. José Estachería; y el 15 de diciembre siguiente fue trasladado el Obispo San Miguel a Mechoacán.

En 1784 los indios de Puringla dirigieron a la Audiencia un escrito en que se quejaban de que D. Antonio Morejón, vecino de Comayagua, los compelía con menoscabo de su salud a trabajar en la elaboración del añil, a lo que según las leyes no podía obligarse a los aborígenes. Pedido informe al Gobernador Quesada, éste hizo comparecer a Morejón y a los quejosos, y resultó que no era cierto el cargo y que no dejaba de pagárseles, en las faenas en que se les ocupaba, el jornal establecido. Pero como no se concedían los repartimientos cuando por algún motivo eran onerosos a los naturales, el Superior Gobierno dispuso que se recogiese a Morejón el despacho en que se le confería la facultad de valerse de los indios para los trabajos de sus predios.

En 1785 vino nombrado Obispo el P. D. José Antonio de Isabella.

Habiendo tratado Inglaterra de evadir el cumplimiento del tratado de 1783, y habiendo vuelto a ocupar la Mosquitia sus súbditos, se celebró en Londres otro tratado el 14 de julio de 1786, en el que se estableció que los ingleses evacuarían los países de Mosquitos igualmente que el continente en general y las islas adyacentes sin excepción, excepto el territorio de Belice que se demarcó y en el que se les concedió permiso únicamente para establecer cortes de maderas.

Para hacer que, en cumplimiento del tratado, los ingleses desalojaran el establecimiento de la Criba o Black River y los demás que tenían en la costa de Honduras, nombró el señor Estachería al Gobernador Quesada. Allá recibió éste la Real cédula de 23 de diciembre de dicho año, en que se le nombraba Gobernador Intendente. Con autorización de la Audiencia prestó el juramento de posesión de su cargo en Río Tinto el 26 de junio de 1787 ante el Teniente Coronel D. Gabriel de Hervias, Comandante interino del puerto. Con este nombramiento entraba en vigor en Honduras la Ordenanza de Intendentes dictada el 4 de diciembre de 1786 para Nueva España, que se mandó poner en práctica en el Reino de Guatemala, y la provincia iba a cambiar de organización.

Aceptada la idea del señor Gálvez, de fundar en la costa los establecimientos que había indicado, se dispuso el envío de familias de Galicia, Asturias y Canarias, y se anunció la salida de ellas en Real Orden de 23 de enero de 1787. y se previno el modo de repartirlas entre las diversas poblaciones que habían de formarse en Río Tinto, Cabo de Gracias a Dios y la embocadura del río de San Juan, a más de la de Trujillo; este encargo se cometió al comisionado Quesada en primer lugar por lo respectivo al territorio de Honduras. Las familias vinieron a Trujillo en este mismo año de 1787, se las distribuyó según instrucciones, y por gastos en la conducción de ellas se pagaron 58.848 pesos a D. Ventura Nájera, apoderado de D. Miguel de Goyeneche.

El 14 de agosto, en Real Junta Superior de Hacienda, presidida por José Estachería, se determinó arreglar el ministerio de ella en el puerto de Trujillo y establecimientos de Roatán, Cabo de Gracias a Dios y Bluefields, respectivos a la Intendencia de Comayagua y nombrar un ministro de Real Hacienda, un interventor y un escribiente.

El 14 de noviembre se creó para la colonia de Río Tinto un Teniente ministro de Real Hacienda y un mozo que le ayudara. Fue nombrado D. Juan Manuel Caval, con el sueldo anual de ochocientos pesos y facultades de nombrar el mozo.

Desde abril de 1787 Quesada había hecho salir de Río Tinto a los últimos ingleses, y reemplazado los hombres que tenía con cien que hizo llegar de Comayagua.

Mientras él ejercía su comisión en el Norte, desempeñaba la Gobernación D. Cayetano de Amunátegui.

En Tegucigalpa, por muerte de Domezain, ocurrida en junio de 1786, ejercía la Alcaldía Mayor el Teniente—Coronel D. Lorenzo de Vásquez y Aguilar, nombrado interinamente por el señor Estachería el 5 de septiembre.

Este había de ser, en la organización que terminaba, el último Alcalde Mayor de Tegucigalpa: en 1788 pasó a prestar sus servicios como Comandante de Río Tinto.

CUARTA PARTE: Incorporación de Tegucigalpa a Comayagua 1788 a 1812

CAPÍTULO I: Supresión de la Alcaldía Mayor de Tegucigalpa 1788 a 1796

El Gobernador D. Juan Nepomuceno de Quesada regresó de su comisión e inmediatamente organizó la provincia, conforme a la Ordenanza de Intendentes, incorporando Tegucigalpa a Comayagua. La consolidación de estas dos provincias en la de Honduras fue aprobada por Real cédula expedida en Madrid, a 24 de julio de 1791.

Esta medida no alteró la jurisdicción del Obispado, que abarcaba las dos provincias consolidadas, y así el Obispo de Comayagua siguió ejerciéndola; y en esta virtud se acordaba y obtenía la recaudación de los diezmos, se tramitaban expedientes matrimoniales, se proveían curatos y se atendían reclamaciones de eclesiásticos en Trujillo, Río Tinto, Cabo de Gracias a Dios y en el resto de las Subdelegaciones en que se dividió la Gobernación—Intendencia.

El Obispo Fr. Fernando Cadiñanos, que sucedió al señor Isabella y vino a su silla en 1788, visitó la diócesis a fines del mismo año y levantó el censo de ella en 1791. Según el resumen general, se componía de 135 poblaciones y de 231 valles, en que se contaban 93,501 almas, sin las de que no se tenía noticia por vivir en lo más escabroso de las montañas.

En una nota al censo dice, hablando del curato de Silca, que pasa por este partido un río llamado Guayape, en cuyas corrientes se halla oro en grano de veinte quilates, habiéndose llegado a encontrar pedazo de importe de cien pesos fuertes; y que no sólo se encuentra en dicho río sino también en los demás arroyuelos del mismo curato. Añade que los naturales lavaban las arenas del río en ciertos instrumentos, pero se dedicaban poco a este ejercicio, entre otras causas, por estar alistados en las tropas milicianas del puerto de Trujillo, a donde los obligaban a ir, de cuatro en cuatro meses.

En cuanto a la extensión de Obispado, decía el Obispo Cadiñanos que era notorio que su área era como la de toda España, y que sólo había en él treinta y cinco beneficios o curatos.

En 1788 había muerto el Rey D. Carlos III y le había sucedido su hijo D. Carlos IV.

El señor Quesada había cesado en su cargo de Gobernador Intendente desde el 19 de octubre en 1789, en que dio posesión de él a D. Alejo García Conde, nombrado el 7 de mayo del mismo año para sucederle, en virtud de que se le había promovido al gobierno de San Agustín de la Florida.

Poco después se recibieron comunicaciones en que el Rey aprobaba las providencias dadas en consecuencia del arribo a la costa norte, de otras familias gallegas, y manifestaba quedar enterado del número de enfermos y muertos entre las familias pobladoras y de haberse verificado el establecimiento en el Cabo de Gracias a Dios, con regocijo de los indios.

En diciembre de 1789 había sucedido al señor Estachería, D. Bernardo Troncoso Martínez del Rincón.

El Gobernador Intendente García Conde, en representación reservada de 20 de octubre de 1791, manifestó al Rey, para evitar responsabilidades por lo que pudiera sobrevenir en la costa de Mosquitos, cuyos establecimientos estaban en su jurisdicción territorial y se habían dejado dependientes de la Capitanía General, que desde que se dio principio a ellos se erraron todas las disposiciones. Con este motivo en Real orden de 20 de marzo de 1794 se pidió el Capitán General informe sobre todos los puntos de aquella representación, en que se comprendían los gastos causados, enfermedades y muertes de los colonos, arreglo y policía de los establecimientos y sobre si convendría poner en ellos compañías fijas, reducir el Regimiento veterano a un solo—batallón, reedificar a Trujillo con mejores materiales, situar colonias en Bluefields y río de San Juan y otras noticias que ya se habían pedido desde 1790.

En este año García Conde había nombrado Subdelegado del partido de Olancho a D. Antonio Tablada, con la comisión de abastecer de maíces, ganados y otras especies a los establecimientos indicados; y en 26 de octubre de 1792 le libró comisión en forma para que continuara en el referido encargo.

Troncoso, en 3 de enero de 1790, había nombrado Comandante de Trujillo al Coronel D. Francisco Salablanca y en 5 de febrero de 1791, Teniente del Ministerio de Real Hacienda del Cabo de Gracias a Dios a D. José Ariza y Torres.

En 1792 los vecinos del valle de la Trinidad, en el partido de San Pedro Sula, trataron de formar una aldea. Examinado el llano que habían escogido para ella, D. Juan José Fajardo y otros, resultó que se hallaba en el camino real que venía de Comayagua; era plano y a propósito para la formación de casas; su temperatura era buena, porque alcanzaban avanzada edad los que allí vivían, lo que se había notado desde tiempo inmemorial. Estaba el sitio habitado por ocho o diez vecinos que en él tenían haciendas. Al norte corría una quebrada llamada del Agua Blanca que en tiempo de lluvias tenía corrientes abundantes, y si en abril y mayo solía secarse, quedaban pozos que proveían de agua suficiente. Las tierras eran fértiles para cosechar maíz, arroz, frijoles y algodón; los montes inmediatos eran propios para la crianza de ganado vacuno y caballar; y, por otra parte la aldea quedaría al pie de una escabrosa cuesta en el tránsito de ella a Petoa, y así prestaría grandes utilidades a los pasajeros.

El Subdelegado D. Blas José de Baena pretendía que se escogiera el sitio de Monapa, pero se encontró que éste no ofrecía las ventajas del anterior; y D. José Manuel Valenzuela, Juez de visita por el Gobernador—Intendente, dio cuenta a éste en marzo de 1794; y en 21 del mismo mes, García Conde aprobó la elección del sitio primeramente nombrado y mandó librar oficio al Subdelegado de Tencoa, encargado de la jurisdicción de Chioda, para que procediera a delinear las plazas y calles de la Reducción y a proponer los sujetos que pudieran ser Alcaldes y Regidores para que, confirmados por la Intendencia, se les librara el correspondientes nombramiento. García Conde mandó también formalizar las aldeas de Macuelizo y Barrio de Chinda. El 13 de mayo se trazó la de la Trinidad, y reunidos los vecinos de ésta el 14, eligieron Alcalde a D. Juan José Fajardo, Escribano a D. Miguel Félix Paredes, Regidor Mayor a D. Cayetano Fajardo, Regidor segundo a D. Pablo José de Paz, Alguacil Mayor a D. Vicente Rápalo; y por segundos a D. Martín Fernández y D. Francisco Pineda. Puesta esta elección en conocimiento del Gobernador Intendente García Conde, fue confirmada. Así se fundó, con más de veinte familias, la aldea de la Trinidad.

En 1794, García Conde trató de extraer a los indios xicaques de las montañas de Leán y Mulia, pertenecientes a la Subdelegación de Yoro. Estos ocupaban una porción de terreno montuoso, entre los partidos de Yoro, Comayagua, San Pedro Sula y Tencoa, de una anchura de este a oeste, de veinte leguas poco más o menos de a cinco mil varas, y de treinta y dos leguas de sur a norte hasta el mar. Forman el límite de dicho terreno los ríos Cuero y Ulúa que, bajando de las alturas de Comayagua, desembocan en el mar, a veinticuatro o veinticinco leguas uno de otro; por su medio, poco más o menos, desciende otro río caudaloso llamado de León, cuyas montañas a un lado y otro poblaban aquellos indios.

Los Padres de la misión de Luquigüe, ignorantes del verdadero número de los indios, de la extensión del terreno y del número de pueblos, intentaron sacarlos de las montañas, como se dijo antes, a fuerza de armas y reducirlos a poblado, por la docilidad y buen trato que en ellos se experimentaba. García Conde mandó hacer información, oyendo algunos prácticos que comerciaban con dichos indios y transitaban aquellos terrenos, pero no pudiendo fiarse de noticias superficiales hizo la vista de ojos de aquellas montañas, examinó a los ancianos de la villa de Yoro y viendo la necesidad de una información más detallada, comisionó para ella a su Subdelegado D. Antonio Manzanares, español muy antiguo en esta provincia.

De ella resultó que el terreno comprendía como 700leguas cuadradas, donde había 68 pueblos de indios que incluían de doce a trece mil almas. Con estas noticias hubo variedad de dictámenes, y quedó detenido el expediente, sin saberse qué resolver respecto de aquellos indios que, aborreciendo a los religiosos de Propaganda Fide, estaban resueltos en la aspereza de sus montañas, a defenderse de la conquista con que se les había amenazado. Muchos de ellos habían apostatado y vuelto y contaban a los otros la opresión en que los habían tenido y les enseñaban el trato y comercio con los ladinos, a que estaban acostumbrados.

El 25 de mayo de 1794 sucedió al señor Troncoso Martínez del Rincón, D. José Domás y Valle.

En 1795 fue nombrado para suceder al Obispo Cadiñanos, Fr. Vicente de las Navas.

En junio de 1796 sucedió al señor García Conde, el Coronel de Ingenieros D. Ramón de Anguiano.

CAPITULO II: Competencias de jurisdicción 1796 a 1803

El 23 de diciembre de 1796 recibió Anguiano en Comayagua la noticia de que el 5 de octubre el Rey había declarado la guerra a la Gran Bretaña por los males que les había causado durante la alianza pactada en 1793 contra Francia, y ordenaba hacer cuanto fuera preciso para la defensa de sus dominios y para la ofensa del enemigo, autorizando el corso y demás medios autorizados por el derecho de la guerra y prohibiendo todo comercio, trato y comunicación con los ingleses. Al mismo tiempo comunicaba haber concluido la paz con la República Francesa.

Anguiano procedió en el acto a poner la provincia en estado de defensa, y envió armas y otros elementos de guerra a Tegucigalpa, al Subdelegado de Olancho, a los Alcaldes de Danlí y a la villa de Yoro. A principios de abril se puso en marcha para Trujillo, con el objeto de dirigir las operaciones en caso de invasión por aquella costa. La invasión ocurrió: dos navíos de guerra y un bergantín ingleses acometieron en aquel mes dicho puerto, y fueron valerosamente rechazados, dejando once muertos y nueve prisioneros. Los ingleses ocuparon enseguida Roatán y dejaron dos mil negros para guarda de la isla; ésta fue recobrada el 18 de mayo por D. José Rosi y Rubí, comisionado para la empresa por el Gobernador de Honduras: la guarnición capituló sin resistencia. En el mismo año fueron trasladados los negros a Trujillo.

Anguiano trató de que l provincia se rigiera estrictamente conforme a la Ordenanza de Intendentes, la que debía aplicarse también a los nuevos establecimientos de la costa. Y queriendo independizarse de los Juzgados de Guatemala, solicitó del Rey, en representación del 28 de junio de 1797, la creación en Honduras de una semi—Audiencia con dos oidores y un Auditor de Guerra. Los informes que, en apoyo de su representación, emitió daban lugar a suponer que la capital del Reino tenía subyugadas a las provincias, y que éstas no prosperarían mientras cada una no tuviese su gobierno independiente. El Rey, desentendiéndose del proyecto de semi—Audiencia, pidió informe al Presidente y Capitán General sobre los otros puntos.

En Trujillo fueron procesados D. Esteban Cordeviola y D. Daniel Edes por contrabando. Anguiano movió competencia al Presidente, y se declaró en Reales cédulas que el conocimiento de aquellas causas tocaba a la Intendencia por la regla general de su Ordenanza, pero esto, según se sostenía en Guatemala, no cambiaba el sistema de inmediata dependencia de los establecimientos de la costa, sometidos a la Presidencia para su arreglo, policía, resguardo y defensa.

Anguiano practicó una visita general de la provincia de Honduras. Dice en ella que la provincia, a más del partido de la capital y establecimientos de la costa, consta de siete Subdelegaciones, que eran las de Tegucigalpa, Olancho, Yoro, Olanchito, Gracias, Tencoa y Chinda. Refiriéndose a la de Olancho dice que es el partido mayor y más dilatado, en el que estaban incluidas las grandes indiadas de zambos, mosquitos y payas, los cuales habitan en las montañas y tienen sus límites en las costas del norte y del este. Los payas poseían las montañas de cabo de Gracias a Dios hasta el interior del partido, los cuales se hallaban en igual caso y casi en igual número que los xicaques. Contiguos a éstos, que eran indios mansos, se hallaban los zambos, ocupando las costas del norte y oriente; eran casta que no admitía conquista ni reducción y tenían a los payas como tributarios, siendo éste uno de los motivos por los que se podía hacer su reunión con facilidad. En las cañadas y ríos del partido de Olancho, principalmente en el río de Guayape, se cogía oro en grano en sus arenas por aquellos habitantes.

En 30 de abril 1797, refiriéndose a su visita a la Comandancia y Subdelegación del puerto de Trujillo, informaba al Rey del estado en que lo halló y le indicaba que el Gobernador nada podía hacer allí por la intervención del Presidente, y que si la provincia se había de levantar de la ruina que experimentaba, necesitaba del puerto absolutamente, pues de quedar como estaba, sólo serviría para abrigo de contrabandos. Por otra parte, había hecho instancias al Presidente respecto a la seguridad de la costa, pues desde el principio había conocido que el banco de Río Tinto era una colonia más bien inglesa que española y no tenía los resguardos que previene toda táctica militar para librar el puerto de un golpe de mano: el Presidente le contestó que estaba seguro de la fidelidad de aquellos ingleses y no hizo caso de las advertencias del que sabía el trato y contrato tan frecuente con Wallis o Belice, de modo que no se daba un paso en la costa que no fuera inmediatamente trasladado desde dicho banco a los ingleses. El puerto de Río Tinto estaba así destinado a perderse.

En el mismo año de 1797 trató Anguiano de ocupar Belice, y al efecto empeñó en la empresa a D. Tomás Ugarte, Capitán del navío San Lorenzo. Después de formada la expedición y hechos algunos gastos, se apartó Ugarte del proyecto porque se fijó en que había de llevar siete prácticos, no pudiendo el Gobernador darle más que dos. Entonces hubiera sido fácil echar de allí a los ingleses por lo desprovisto del establecimiento.

Anguiano hubiera querido arreglar todos los establecimientos de la costa, pero no fueron bien admitidas las representaciones que desde su entrada hizo ante la Junta Superior y Capitanía General, quitándole todo el conocimiento de lo que allí se hacía. Por ello se limitaba a representarlo al Rey para librarse de toda responsabilidad. Pero entendía que no llegaban sus exposiciones al Trono, porque en las cédulas y órdenes que recibía se le decía que se considerara jefe y responsable de dichos establecimientos.

Mientras Anguiano practicaba la visita, ejercía la Gobernación D. Andrés Brillante.

Este dictó un bando para exigir derechos en la manifestación de fierros que tenían los hacendados para marcar sus ganados, y fue acusado por su cobro. La Audiencia, en resolución de 23 de marzo de 1797, mandó que Brillante restituyera desde luego cinco mil sesenta y seis pesos que percibió por aquel motivo. En los mismos términos ejecutivos mandó que igual pronto reintegro hiciese el Escribano D. Joaquín Lindo por mil quinientos noventa y siete pesos seis reales que le cupieron en el producto de lo cobrado.

Brillante y Lindo debían restituir también todas las demás cantidades que en adelante se descubriera haber utilizado por la manifestación de fierros, con presencia del libro del Partido de Gracias, que Brillante se había reservado. Los jueces ejecutores del bando en los demás partidos debían franquear sus libros para que se formara la liquidación de lo más que debía exigirse; y para la ejecución de lo mandado se dio comisión al licenciado D. Francisco Ortiz, Asesor de la Intendencia, quien se hizo cargo de ésta. El caudal colectado se depositaría en las Reales Cajas y por medio de los

Subdelegados de la provincia se devolverían a los contribuyentes las cantidades que éstos hubiesen entregado y se desembargarían los bienes que estuvieran embargados por la misma causa.

También se impuso a Brillante una multa de quinientos pesos y a Lindo la de doscientos, la mitad de las cuales se aplicaría a penas de cámara y la otra mitad a gastos de justicia y estrados.

Y se mandó reprender severamente a D. Juan Nepomuceno Cacho Gómez, Procurador Síndico de Comayagua, por haberse empeñado en sostener y apoyar una operación que había sido en perjuicio público y que se emitió sin dictamen, dirección de Letrado ni consulta ni permiso de la Superioridad, como debió ser conforme a las leyes; y en cambio se acordó manifestar, por carta de la Escribanía de Cámara, a D. Baltasar del Valle, Síndico de Tegucigalpa, haberse aprobado su celo en reclamar contra la ejecución del bando dentro de aquel partido.

Terminada la visita de la provincia, el Coronel Anguiano volvió a Comayagua, al ejercicio de la Gobernación.

El 1°. de julio de 1798 dirigió a la Junta Superior de Real Hacienda una exposición en la que manifestaba que, durante la visita que hizo a siete partidos de la provincia, incluso la costa y puerto de Trujillo, se había detenido en las montañas de Leán y Mulia para examinar el proyecto que encontró pendiente en el Gobierno, sobre extraer de aquellas montañas a los indios xicaques.

Colocado en el terreno, vistos los dictámenes dados al Rey y con suficiente conocimiento del carácter de los indios y del estado de la misión de Luquigüe, proponía que, por lo pronto, se hicieran tres iglesias: dos en los mismos parajes en que el P.D. José Fernández las tenía colocadas, llamados San José de Guayma y Nuestra Señora de Candelaria, cuya construcción era fácil por la tradición que de ellas tenían; y la tercera en el sitio llamado la Cadena o Cangélica, catorce leguas distante del mar, en el mismo río de Leán, hasta donde subían las lanchas y canoas, y era el establecimiento que tenían los ingleses para el comercio antes de la guerra pasada, disfrutando de la riqueza que producía aquel terreno por medio de los brazos de estos indios; siendo esta obra fácil y que no les podía alterar, porque acostumbrados al comercio que habían tenido con los ingleses, no era difícil persuadirles de que lo que se deseaba era continuarles este bien.

Para esto convendría buscar tres clérigos o religiosos que se secularizaran, de edad madura, a quienes se les diera el corto sínodo de doscientos pesos, y ciento treinta anuales para servicio de la iglesia; y que se buscaran quince familias pobres de las que trataban y contrataban con los indios, auxiliándolos con el prest que correspondía a un soldado, por espacio de dos años, hasta que tuvieran sementeras propias, dándoles al mismo tiempo casa con cubierta de teja y herramientas para trabajar las tierras.

La Real Hacienda debería cargarse el gasto anual de los tres curas, que importaba en cada año 990 pesos, y por el pronto el de 24,000 pesos que costaría la construcción de las tres iglesias, considerando ocho mil para cada una, incluso el gasto de la casa del cura.

Las quince familias, incluso los tres sacristanes al respecto nueve pesos al mes causarían en los dos primeros años un gasto de 3,240 pesos, que con el de 3,750 para la construcción de quince casas y compra de herramientas al respecto de doscientos cincuenta pesos por cada familia, sumaría un total de 30,990 pesos que era lo más económico que podía hacerse en esta grande obra en terrenos tan distantes, y donde era preciso emprender el proyecto con tres arquitectos o maestros de albañil, a fin de que concluyesen las iglesias a un tiempo, y fábricas en lo más breve que fuera posible, como las tres casas para el cura y las quince para las familias ladinas, al respecto de cinco alrededor de cada iglesia, con lo que a la mayor brevedad lograrían aquellos indios el buen ejemplo viendo orar, oficiar y predicar. Con esto y las buenas costumbres que debían dar los curas, imitarían con el tiempo la vida cristiana, particularmente si eran tratados con amor y dulzura, sin engaños y con buena fe; sistema político que proporcionaría la formación de un numeroso pueblo alrededor de cada iglesia, reduciéndose a todos a nuestra santa fe sin trabajo, sólo con el roce y el recíproco comercio.

Anguiano, con nota de 25 de agosto, envió al Rey su proyecto, el que fue pasado al Consejo de Indias. El Fiscal, en 21 de mayo de 1799, dijo que no se podían hacer gastos extraordinarios, por las críticas circunstancias de la Real Hacienda con motivo de los gastos de la presente guerra y de la que precedió con la Francia; pero que el expediente no estaba bastante instruido, ya que no se sabía la resolución de la Junta Superior de Real Hacienda de Guatemala, y se debía prevenir al Presidente tomar las providencias oportunas para formar juicio de la importancia y posibilidad del proyecto, y después de oídos los Ministros de aquella Caja General, el Contador de Cuentas y los Fiscales, hiciera que se examinara todo en la Junta Superior y diera cuenta con testimonio, con la posible brevedad, para la Real deliberación de S. M. Y se acordó de conformidad, en Consejo de 12 de junio.

Anguiano levantó el censo de la provincia en 1801. De él resulta que contenía en plano como 4,500 leguas cuadradas geográficas, que hacen de las del país como 16,000 de a cinco mil varas castellanas, en el que habitaban próximamente 130,000 almas de indios, latinos y españoles, en 249 poblaciones mayores y menores. No se incluían en este número los indios zambos, payas y xicaques que vivían en las montañas.

En 1800 se había perdido el establecimiento del Río Tinto por haberlo incendiado los enemigos. Con este motivo, Anguiano, que ya había anunciado esta pérdida, volvió a hacer representaciones al Rey sobre la necesidad de que los establecimientos de la costa quedaran al cuidado directo e inmediato del Gobierno de Comayagua.

En 7 de febrero de 1799 se había presentado al Superior Gobierno D. Francisco Albert, procurador del Número y del Muy Noble Ayuntamiento de la Villa de Tegucigalpa, solicitando que dicha Villa segregara del Gobierno e Intendencia de Comayagua y se restableciera el Alcalde Mayor que tenía, en los mismos términos en que existía cuando se agregó la provincia de Tegucigalpa a Comayagua. Se fundaba en que, en el día, casi lloraba su total ruina, pues había venido a un estado deplorable, tanto en la línea de minería como en la de gobierno, de donde resultaban innumerables y gravísimos perjuicios al Rey, al Reino y al público especialmente.

El señor Domás y Valle mandó seguir la información correspondiente; y en 7 de septiembre de 1800 escribía de Guatemala al Ayuntamiento de Tegucigalpa D. José Mariano Jáuregui que el negocio de segregación se había terminado con toda la felicidad posible, dándose por concluido el expediente con los informes de los cuerpos a quienes se había mandado oír, y mandando se diera cuenta al Rey con triplicados testimonios para su soberana resolución, por cuanto en el Gobierno del Reino no residían facultades para efectuar desde luego la segregación y poner Alcalde Mayor ni con la calidad de interino. El Fiscal en su pedimento último quería que se oyese al Gobernador Intendente; pero en esta parte no se le atendió, sino que se dictó un auto que no alteraba lo resuelto por el Gobierno.

En efecto, el señor Domás, en atención a que el expediente ya tenía la instrucción necesaria para decidirse el punto del restablecimiento de la Alcaldía Mayor de Tegucigalpa, y a que no tenía arbitrios de resolverlo ni aun interinamente, había proveído en 7 de julio de dicho año que se sacaran testimonios y se diera cuenta a S.M.

El 28 de este mes cesó en sus funciones el señor Domás y Valle, y le sucedió el Mariscal de Campo D. Antonio González Mollinedo y Saravia.

El Coronel Anguiano pidió al Rey, en 10 de junio de 1803, que le permitiera su regreso a España, bien fuera a su

Cuerpo o a una Intendencia de Ejército, en consideración a que, por haber naufragado, se le había nombrado Gobernador de Portobelo, dejándosele Ingeniero; y por haber solicitado que se le cambiase esta gracia en otro Gobierno, parece que se le separó del Cuerpo sin solicitarlo.

Mientras esperaba la resolución tuvo necesidad de hacer que lo sacaran de Comayagua en una silla, medio moribundo, buscando facultativo y mejor temperamento hasta llegar a Guatemala, de donde pasó a la Antigua. Enfermo aun, dio curso al expediente de la visita, para remitirlo al Rey en la esperanza de que alcanzara las gracias de éste y lo hiciera acreedor por su exactitud y cumplimiento, a que se atendieran benignamente sus súplicas. El informe aparece fechado en Comayagua a 10 de mayo de 1804, y la nota de envío aparece firmada en Guatemala en octubre del mismo año.

En el informe, después de hacer una prolija y circunstanciada descripción del país, pasa a manifestar el atraso y miseria de la provincia, que dimanaban primero, de la salida de la tropa veterana de la capital, en donde consumían y empleaban el dinero de sus asignaciones, a la ciudad de Granada; segundo, del fallecimiento de tanta gente en los establecimientos de la costa, por lo mal sanas; tercero, de la extinción del cultivo del añil por falta de extracción, de brazos y de habilitaciones; cuarto, de la falta de beneficios de las minas; quinto, de la extraordinaria extracción de platas de todas clases que hacían los ingleses a cambio de efectos de lujo, de lo cual resultaba la falta de circulación del numerario; y a fin de remediar estos males y de establecer un comercio ventajoso, proponía los medios que en su sentir podían alejarlos y fomentar el país.

No consta el resultado de la solicitud de Anguiano sobre su regreso a España. En cuanto al informe de su visita, consta que el expediente se remitió al Consejo por Real orden de 1813, y que 1819 era objeto de dictamen con el expediente de otra visita practicada en 1815. Anguiano, durante su ausencia, fue sustituido interinamente por D. Antonio Norberto Serrano Polo, quien había venido en 1798 como Teniente Letrado y Asesor Ordinario del Gobierno de la provincia.

CAPÍTULO III: Tegucigalpa solicita el título de ciudad 1803 a 1808

El Ayuntamiento de Tegucigalpa, en 1803, al tener noticia de que se había enviado el testimonio del expediente sobre el restablecimiento de la Alcaldía Mayor al Rey, nombró representante suyo en Madrid a D. Santiago Martínez del Rincón para que gestionara en el asunto.

El Presidente del Reino, en 1804, continuaba sosteniendo que ni Trujillo ni los otros establecimientos de la costa se habían considerado sujetos al Gobierno e Intendencia de Comayagua, sin embargo de las Reales cédulas citadas sobre causas de contrabando.

En este año sólo subsistía de esos establecimientos el de Trujillo, habiéndose abandonado los otros por disposiciones de la Junta de Guerra y del Presidente Domás. Pero como en Real cédula de 5 de octubre de 1802 se encargaba que se procurara conservar los de Roatán y Río Tinto, se había mandado poner un pequeño destacamento en Roatán mientras las circunstancias permitían tomar otras medidas que serían consultadas al Soberano.

En 3 de marzo de 1803 se había dado cuenta con el expediente relativo a la sorpresa y abandono de Río Tinto, que ocurrieron en el año de 1800. En vista del informe, se previno en Real orden de 5 de septiembre recibida últimamente que, de conformidad con lo propuesto por la Junta de fortificaciones y de defensa de Indias, se restablecieran el Fuerte, el pueblo y la guarnición de aquel paraje.

Pedía en consecuencia el Presidente González que se hiciera la declaratoria correspondiente, aunque en su juicio no era necesario, para cortar de raíz controversias cuyos sensibles efectos se estaban experimentando muy repetidos. La competencia fue resuelta provisionalmente a favor del Presidente del Reino en 1806.

En 5 de julio de este año, el Gobernador Serrano Polo dictó un auto sobre la necesidad de trasladar la capital de la Gobernación de Comayagua, al lugar que, por sus circunstancias locales, se hallara en mejor disposición para el buen servicio. Y hacía varias consideraciones.

Desde el año en que vino a ejercer sus empleos había observado que el temperamento de Comayagua era perjudicial, principalmente a los europeos y empleados. La situación de la ciudad, bañada por dos ríos, uno al oriente y otro al occidente, no se conformaba con las últimas cláusulas de la ley la., título 7, libro cuarto, de las Municipales de este Reino. Observadas anualmente las defunciones y cotejado el vecindario que Comayagua tenía en aquel año con el que tenía al presente, había muerto las dos terceras partes del primero. Unas calenturas que se habían radicado allí y a que daban el nombre de chico y grande se iban haciendo de carácter mortal, y a esto se agregaba el escorbuto, del que habían muerto varias personas. Otros males se irían descubriendo. No había más facultativos de profesión que los dos Reverendos Padres del Hospital de San Juan de Dios, que no poco hacían en atender a los enfermos de éste. Muchos se trasladaban a la eternidad sin que hubiese quien diera razón de la enfermedad de que murieron, y muchos morían sin sacramentos. En la actualidad se hallaban en Guatemala, por enfermos, el Prelado, el jefe principal político y el Ministro Tesorero. De dos años a esta parte el Gobernador en ejercicio experimentaba un accidente que si le permitía estar un día hábil, lo dejaba dos inhábil. Lo mismo ocurría al Ministro Contador principal de Real Hacienda. El único oficial escribiente cuando salía de sufrir una temporada de tercianas comenzaba a sufrir de nuevo otra de cuartanas. El portero que, por su talento, aptitud y mucha inteligencia, sin ser de su obligación, trabajaba tanto como dos amanuenses, si tres días estaba bueno, los cuatro restantes de la semana echaba sangre por la boca; y la clave maestra del Gobierno, que lo era y debía ser el Escribano de él, padecía complicados accidentes adquiridos en el mismo oficio.

Por estas y otras consideraciones y para evitar las infaustas consecuencias derivadas de haberse fundado contra ley tan terminante la ciudad, que debía ser reputada como cuchillo de la humanidad y en atención a ella, promovió la traslación, con el posible ahorro de gastos, de los que era Gobierno, Cajas Reales, Factoría de Tabacos y Escribanía Pública a otro lugar, y levantó información al respecto.

El Ministro Contador principal Piloña y el Oficial Mayor, sustituto del Tesorero Barrientos, los Padres del Hospital de San Juan de Dios, Fr. Manuel Raiser, Prior, y Fr. Juan Nepomuceno Burgos, el Factor D. Jacinto Piloña y el Escribano Real D. Joaquín Lindo expusieron la necesidad de hacer la traslación de la capital de la provincia a otro lugar, y que el lugar que ofrecía mejores ventajas era la Villa de Tegucigalpa. Pedido informe al señor Deán D. José Joaquín Beltrán y Padres D. José María Martín y D. Diego Vidaurre, que formaban el cabildo eclesiástico, manifestaron estar conformes con los anteriores, debiendo trasladarse también el Gobierno eclesiástico, como se había indicado en el parecer ya consultado.

El Gobernador Serrano Polo mandó entonces dar cuenta del expediente a la Real Junta Superior de Hacienda con la consulta respectiva. La Junta elevó al Consejo lo actuado para que se obtuviera la aprobación del Rey.

Mientras en Comayagua se trataba de trasladar la capital a Tegucigalpa, esta Villa emprendía gestiones para que se le concediera el título de Ciudad. Elevó solicitud al efecto el 30 de julio de 1807 el apoderado del Ayuntamiento en Madrid, señor Martínez del Rincón; y el Rey, por cédula fecha en San Lorenzo a 29 de noviembre de aquel año, ordenó al Presidente del Reino que, previo informe del juez territorial de la Villa, fuera el Alcalde Mayor interino si se hallaba ya en ejercicio o en otro caso el Intendente de Comayagua a quien le prevendría que para evacuarlo oyera al Ayuntamiento, pasara el expediente al Fiscal de lo Civil de la Real Audiencia y diera cuenta con testimonio de todo para poder con el debido conocimiento resolver en el asunto.

Al considerar el Rey en la cédula últimamente citada que pudiera haber ya en Tegucigalpa Alcalde Mayor interino, se refería a la Real orden de 28 de abril de 1807, en que se había prevenido a la Junta Superior de Real Hacienda instruir expediente sobre la separación del partido de Tegucigalpa del Gobierno e Intendencia de Comayagua, según estaba en el año de 1788, con facultades de resolver provisionalmente.

En este año de 1807 tomó posesión del Obispado el señor Navas.

Parece que en 1808 cesó en sus funciones el señor Anguiano.

CAPITULO IV: Restablecimiento de la Alcaldía Mayor 1808 a 1812

El Ayuntamiento de Tegucigalpa, unido al Subdelegado de Real Hacienda, dirigió el 9 de julio de 1808 al Presidente González Saravia una exposición sobre el restablecimiento de la Alcaldía Mayor, para que tuviera efecto a fa mayor brevedad la Real orden de 28 de abril de 1807. En esa exposición le manifestaba que D. José Tomás de Zelaya, provisto Fiscal de la Audiencia de Cuba, de viaje para la Habana, se hallaba demorado en Tegucigalpa por la enfermedad de una niña hija suya. Pensaba embarcarse en Trujillo, pero no podría hacerlo sino hasta ocho o diez meses después, al haber buque, y en vez de esperar en el puerto, que ofrecía peligro para su salud y la de su familia, podía esperar mejor en Tegucigalpa. En este tiempo se podrían aprovechar sus conocimientos para que trazase las primeras líneas del nuevo Gobierno separado de la Intendencia. Esta recomendación no dio resultado.

En este año Fr. José Antonio de Liendo y Goycoechea, que había sido catedrático en la Universidad de Guatemala, permanecía en las montañas de Agalta, del partido de Olancho, como misionero: fundó allí dos pequeñas poblaciones, una de ellas la de San Esteban, que subsiste aún. "Interesó en su beneficio —dice D. José del Valle— la atención del Gobierno; y dando a los indios lecciones de religión, de física rural y de sociedad, recordaba la pintura de aquellos dioses que bajaron del cielo para enseñar a los salvajes de Grecia la justicia, el manejo del arado y el uso del trigo".

El Gobierno de la provincia había recaído en el Alcalde 1°. de la ciudad de Comayagua.

A este tiempo habían ocurrido graves acontecimientos en España. Con motivo de la insurrección de Aranjuez, a consecuencia de la cual Fernando, hijo de Carlos IV, fue proclamado Rey, el padre abdicó a favor del hijo y luego pidió auxilio a Napoleón. Atraídos ambos a Bayona, obtuvo Napoleón que Fernando renunciara la corona y Carlos IV se la cediera: merced a esto, le dio el trono de España a su hermano José Bonaparte. Fernando quedó prisionero en Valencay, y Carlos IV recibiría una renta vitalicia anual de seis millones y el palacio de Chambord. Inmediatamente se organizó una Junta Patriótica de Gobierno que regiría los dominios de España en nombre de Fernando VII, y comenzó la guerra para sustraerlos de la dominación francesa.

En 1809 falleció el Obispo Navas, y fue nombrado para sustituirlo D. Manuel Julián Rodríguez del Barranco. Este llegó a Comayagua a mediados de 1810 y entretanto había gobernado la diócesis, por el Obispo nombrado, el Br. D. José María de San Martín, Arcediano de la Santa Iglesia Catedral.

En este año era Gobernador Intendente el doctor D. Carlos Castañón.

En este mismo año, el Genera D. Francisco Miranda, en unión de Simón Bolívar, en Venezuela, y el Cura D. Miguel Hidalgo y Costilla, en México, iniciaron la revolución de independencia de América, coincidiendo con estos movimientos, los de carácter semejante, iniciados en el Virreinato de la Plata. La misma actitud de España defendiendo su independencia contra Francia favorecía la causa abrazada por los revolucionarios de América.

Tales sucesos dieron origen a los del 5 de noviembre de 1811 en San Salvador, del 13 y 26 de diciembre en León, del 22 del mismo mes en Granada y del 1°. de enero de 1812 en Tegucigalpa, encaminados a la emancipación del Reino de Guatemala.

En la Villa de Tegucigalpa se había tratado de impedir los progresos de las ideas revolucionarias, y como un medio para ello los españoles dispusieron perpetuar en las Alcaldías a D. José Serra, D. Juan Judas Salavarría y D. José Iribarren; pero el 1°. de enero citado, a las ocho de la mañana, el barrio de la Plazuela, el de San Sebastián, el de Comayagüela y la reducción de Jacalepa, en número de más de cien hombres, armados de palos y machetes se presentaron en la plaza de Tegucigalpa a impedir que Serra y Salavarría tomaran posesión de sus destinos. Puso fin al conflicto la intervención del Padre Cura D. Juan Francisco Márquez quien, constituido en el Cabildo, persuadió al Ayuntamiento de que los ánimos se serenarían con el solo depósito de las varas. Las Alcaldías quedaron depositadas en D. José Manuel Márquez, D. Joaquín Espinosa y D. Miguel Eusebio Bustamante. Uno de los que había aconsejado la perpetuidad de las Alcaldías era D. Antonio Tranquilino de la Rosa: éste tuvo que huir, y capturado en Reitoca, fue conducido a Comayagua, en donde se le puso en libertad. Para darse garantías, costeó el escuadrón de Yoro que le remitió a Tegucigalpa D. José María Piñol y Muñoz, quien desempeñaba interinamente la Gobernación e Intendencia de la provincia.

En 14 de mayo de 1811 había sucedido al señor González Saravia, D. José de Bustamante y Guerra. Este dominó el movimiento revolucionario de San Salvador, restableció la Alcaldía Mayor de Tegucigalpa y nombró Alcalde Mayor en comisión al Presbítero D. Juan Francisco Márquez, quien tomó posesión de su cargo 4 de febrero de 1812 y a quien Bustamante encargó que procurara y sostuviera la tranquilidad en los pueblos que estaban conmovidos. El restablecimiento de la Alcaldía Mayor, al que a última hora había hecho fuerte oposición el Gobernador Intendente, era en aquellas circunstancias un medio eficaz de ganarse o conservar la amistad de los vecinos de la Villa. Pero Bustamante no se limitó a esta medida de halago, sino que ordenó al Sargento Mayor D. Pedro Gutiérrez que marchara con el batallón de Olancho a someter a Tegucigalpa.

Gutiérrez el 16 de febrero dirigió de Juticalpa una proclama a los indios naturales del pueblo de Comayagüela y de San Miguel Tegucigalpa. En ella les hablade que la desgraciada situación en que se hallaban era fomentada por el común enemigo[29], el que trataba de alterar y controvertir las ideas con el objeto de exaltar los espíritus e introducir por este medio el monstruo de la anarquía: de que entre los leales y pacíficos habitantes del partido de Olancho no se habían podido sembrar las semillas de la discordia que los estaban

---

[29] El común enemigo era Napoleón.

devorando: de que las tentativas de trastorno habían sido sofocadas en la mayor parte del Reino; y de que no se debía olvidar que la instalación de las Cortes que estaban formando la Constitución y las leyes nos había constituido en los ciudadanos más felices de la tierra y lo más libres en la comunidad social. Y por esto los llamaba a la paz, a la fraternidad y a la unión y los excitaba a la obediencia a las leyes y a la subordinación a las legítimas autoridades, asegurándoles que administraría justicia con imparcialidad, dándole a cada uno lo suyo.

Las medidas tomadas por el Presidente del Reino y la proclama de Gutiérrez dan a conocer la importancia que tenía el movimiento de Tegucigalpa.

Pero como todo estaba arreglado ya en esta villa desde el mismo 1°. de enero, Gutiérrez entró a ella de paz el 1°.de marzo; y luego asumió las funciones de Alcalde Mayor en la parte militar, por no ser compatibles en estas circunstancias con el carácter sacerdotal de que estaba investido el cura Márquez.

En cuanto al Movimiento de Granada, el Presidente Bustamante ordenó en seguida que Gutiérrez marchara con el batallón de Olancho a auxiliar a los españoles que se habían refugiado en la villa de Masaya. Gutiérrez salió el 30 de marzo con dirección a la Segovia, y el 4 de abril, en la Reducción de Alauca "tuvo por conveniente soltar las cabezas que sublevaron la Compañía de Granaderos y Cazadores en la villa de Tegucigalpa"[30].

Gutiérrez llegó a Masaya el 22 de abril, y el 28 tomó Granada, mediante una capitulación en la que ofreció, a nombre del Rey y del Capitán General y bajo su palabra de honor, que no se tomaría providencia alguna ofensiva contra los que habían defendido la plaza, de cualquiera clase y condición que fuesen. Bustamante creyó indecoroso tratar con los rebeldes y desaprobó el ofrecimiento de Gutiérrez, por lo que mandó poner en prisión a los sublevados y a instruirles proceso, resultado del cual fue que se condenara a muerte a gran número de ellos, a presidio perpetuo a otros y a presidio temporal a los restantes. La primera de estas penas no tuvo efecto.

---

[30] Diario de lo ocurrido al Batallón de Olancho, por D. Francisco Gardela: Revista del Archivo y de la Biblioteca Nacional de Honduras: tomo II, pág.4.

Casi todos los condenados a ella y a presidio perpetuo fueron conducidos a Guatemala, de donde se les trasladó a los puertos de Ultramar; muchos murieron en el destierro y otros vinieron a cumplir su pena de presidio a Omoa y Trujillo: más tarde fueron indultados.

QUINTA PARTE: Últimos años de gobierno colonial 1812 a 1821

CAPÍTULO I: Jura de la Constitución 1812 a 1814

Las Cortes a que se refería D. Pedro Gutiérrez en la proclama de que se ha hablado eran las Cortes generales y extraordinarias que se habían reunido en Cádiz. En ellas tuvieron representación las provincias de América. Diputados por Honduras fueron D. José Francisco Morejón y D. José Santiago Milla, pero éste llegó cuando ya se habían disuelto.

Con fecha 6 de marzo de 1812 comunicó Bustamante el decreto de 22 de abril de 1811, por el que dichas Cortes declararon abolido para siempre el tormento en todos los dominios de la monarquía española y la práctica introducida de afligir y molestar a los reos por lo que ilegal y abusivamente llamaban apremios; y prohíben los que se conocían con el nombre de esposas, perrillos, calabozos extraordinarios y otros, sin que ningún juez, tribunal ni juzgado, por privilegiado que fuera, pudiera mandar ni imponer la tortura ni usar de los insinuados apremios, bajo responsabilidad y la pena, por el mismo hecho de mandarlo, de ser destituidos los jueces de su empleo y dignidad: crimen que podría perseguirse por acción popular; derogando desde luego cualesquiera ordenanzas, leyes, órdenes y disposiciones que se hubieran dado y publicado en contrario.

A Castañón habían reemplazado interinamente en este año en la Gobernación de Comayagua D. Eusebio Silva y D. José María Piñol y Muñoz.

El 22 de septiembre de 1812 se recibió en Tegucigalpa, por correo extraordinario dirigido por Bustamante, la Constitución de la monarquía española decretada por las Cortes de Cádiz el 19 de marzo del mismo año: con ella se recibieron las Reales cédulas que prescribían el orden y solemnidad de su publicación, un decreto de indulto y otro sobre Ayuntamientos.

El Alcalde Mayor y el Consejo, Justicia y Regimiento de la Villa juraron la Constitución el 10 de octubre, y el 13 fue publicada, leyéndola en alta voz el Alcalde 2°. en el alto del portal de la plaza, ante el Noble Ayuntamiento, las demás autoridades y vecinos. Y el domingo 18, en la iglesia parroquial, en la misa de Espíritu Santo que se celebró, se tomó al pueblo el juramento por el Alcalde Mayor Márquez, quien preguntóle: "¿Juráis por Dios y los Santos Evangelios guardar la Constitución Política de la Monarquía Española, sancionada por las Cortes generales y extraordinarias de la Nación y ser fieles al Rey?" El pueblo contestó: "Sí juramos." Concluyó el acto cantándose el Te Deum.

No aparece la fecha en que la Constitución fue jurada en Comayagua.

En el artículo 10 de la Constitución se describe el territorio, diciéndose que comprende: «En la América Septentrional, Nueva España con la Nueva Galicia y Península de Yucatán, Guatemala, provincias internas de oriente y provincias internas de occidente, etc.»

D. Miguel de Castro y Araoz había sido nombrado Gobernador Intendente de Honduras; pero no habiendo aceptado el cargo, se nombró en su lugar por la Junta de Cádiz el 14 de octubre de 1811 a D. Juan Antonio de Tornos. Este vino a posesionarse de su empleo en abril de 1812.

Pendiente en España la solicitud de Comayagua, de que volvieran a su jurisdicción los puertos de Omoa y Trujillo que se habían puesto bajo la dependencia del Capitán General del Reino desde 1782, de donde habían surgido las competencias entre el Gobernador de Honduras y dicho Capitán General, que habían sido resueltas provisionalmente a favor de éste, gestionló en apoyo de aquella, el Diputado D. José Francisco Morejón. El Consejo de Regencia quiso sostener la separación de dichos puertos de la inmediata jurisdicción del Gobernador de Comayagua, dando por causa que se habían confiado al Capitán General para cuidar de sus nuevos pobladores y reformar los abusos que en dichos parajes se cometían; y que hasta que se realizasen ambos objetos deberían volver al conocimiento y jurisdicción de los Gobernadores de Comayagua. Pero las Cortes acordaron que Trujillo fuera separado de la dependencia del Capitán General y volviera a la jurisdicción de Comayagua, resolución que era extensiva al puerto de Omoa, que se hallaba en el mismo caso. Esta resolución fue comunicada por Real orden de 4 de agosto de 1813.

Los electores de Comayagua habían dado a su Diputado D. José Santiago Milla, en 10 de abril de este año, instrucciones para seguir las gestiones iniciadas. En ellas decían que se había "padecido el mayor contraste y retardo en las providencias que piden la autoridad del cargo de Capitán General por la enorme distancia de doscientas veinte leguas a que se halla Guatemala de los referidos puertos de Omoa y Trujillo y la de otras cien leguas más que pueden contarse hasta los bancos de Río Tinto y Cabo Gracias a Dios, que son los términos antiguos de este Gobierno". Y añadían: "Aun cuando se le suponga bastantemente instruido, queda el invencible obstáculo de la distancia y de aquí que en los movimientos de los gentiles vecinos y en los acontecimientos de la guerra, se pierde el tiempo más precioso para rechazar los enemigos; y cuando llega a ponerse fuerza competente es cuando ya se han experimentado los estragos que sufrió el comercio y el erario en los puertos de Omoa y Trujillo, Roatán y Banco de Río Tinto, en las dos últimas guerras con la nación británica". Los electores concluían diciendo que creían de necesidad que, para poner término a los indicados riesgos y desórdenes, convenía se autorizara al Jefe de la provincia de Honduras con el título de Gobernador Capitán General y Vicepatrono en toda la extensión del Obispado, para que se lograra también el pronto despacho de los negocios de que conocía el Vicepatrono; medio que sería el más seguro para liberar a los pueblos de los insultos y robos de los infieles que habitaban las montañas del norte; y para que en tiempo de guerra no se experimentaran los estragos que con harto dolor se habían sufrido en los referido puertos.

En los meses de julio y agosto de este año se reunían en el convento de Belén, en Guatemala, ciertas personas que se proponían realizar la emancipación de estas provincias. A mediados de diciembre fue denunciada a Bustamante la conspiración, en la que figuraban D. Cayetano Bedoya, D. José Francisco Barrundia y otras notables personas. Las juntas eran presididas por el Sub—Prior Fr. Juan de la Concepción, dirigido por el doctor D. Tomás Mejía, indígena. En ellas se hablaba de la tiranía del Gobierno español, de las crueldades de la conquista y de la preferencia que se daba en todo a los peninsulares gachupines o chapetones sobre los criollos. El propósito era reducir a prisión a Bustamante y proclamar la independencia. Los conspiradores fueron presos, enjuiciados y condenados. El único que escapó a las persecuciones de Bustamante fue el señor Barrundia, quien tuvo que permanecer oculto muchos años.

En este mismo año, devolvió Napoleón la corona a Fernando VII, quien al volver a España sólo pensó en restablecer la monarquía absoluta. Pronto se recibieron los decretos en que se suspendían las sesiones de las Cortes de Cádiz y la concurrencia de los Diputados de las dos Américas que aún no habían llegado y en que se declaraba nula y de ningún valor de Constitución de 19 de marzo de 1812 porque, a juicio del Rey, fue obra de personas que de ninguna provincia de la monarquía tenían poderes para hacerla, y porque los que se suponían Diputados por América en aquellas Cortes ilegítimas habían sido la mayor parte elegidos en Cádiz sin que las provincias hubiesen tenido parte en las elecciones ni aun noticia siguiera de que se trataba de hacerlas. Con esos decretos se recibió también el Manifiesto de Fernando VII, dado en Valencia a 4 de mayo de 1814, en que decía que el recuerdo de sus leales vasallos había sido su único consuelo durante los seis años que estuvo preso en Bayona y que, si era grande su satisfacción al hallarse de nuevo en medio de los españoles, mayores eran sus dolores al considerar los alborotos que se habían suscitado, durante su ausencia, en algunas provincias de América.

Mientras llegaba este manifiesto otro alboroto, como decía el Rey, había ocurrido en San Salvador: un nuevo movimiento revolucionario, semejante al de 1811, en el que tomaron parte D. Manuel José Arce, D. Juan Manuel Rodríguez y otras personas: el resultado fue que se redujo a prisión a los conspiradores: Arce y Rodríguez permanecieron en ella por cinco años.

CAPÍTULO II: Confirmase el restablecimiento de la Alcaldía Mayor 1814 a 1817

D. José Santiago Milla que, como se ha dicho, llegó a España cuando ya estaban disueltas las Cortes de Cádiz, no pudo entonces promover los encargos que la provincia de Honduras fio a su cuidado. Pero hizo llegar a conocimiento del Rey su misión; y en cumplimiento de la resolución soberana que se le comunicó el 7 de julio de 1814, puso en manos del Ministro de Estado y del Despacho Universal de Indias, la Instrucción original que llevaba, en la cual se pedía, en primer lugar, que se agregaran al Gobierno de Comayagua, capital de

Honduras, como estaban antes, los dos puertos de Trujillo y Omoa, situados al Norte y en el Territorio de esta provincia, que por una medida antipolítica se habían agregado a Guatemala.

El señor Milla tenía que empezar de nuevo, pues todas las resoluciones de las Cortes habían sido anuladas. Su representación, fecha 26 de agosto, fue pasada a informe de la Contaduría del Consejo de las Indias; y la Contaduría en 16 de diciembre de 1815, expuso que en otros tiempos fueron parte de la provincia de Honduras los establecimientos del norte, por lo que parecía conveniente acceder a las instancias de sus habitantes.

El 12 de enero de este año, a las cinco y media de la tarde, falleció el Padre Cura D. Juan Francisco Márquez, Alcalde Mayor, en comisión, de Tegucigalpa. Estando enfermo el Alcalde 1°., depositó el Ayuntamiento la vara de Alcalde Mayor provisionalmente en el Alcalde 2°. D. Manuel Antonio Vásquez, conforme a las leyes de Indias y a la cédula de 1768 en que se erigió Tegucigalpa en Real Villa. En 15 de febrero se practicaron las elecciones de Ayuntamiento de la Villa conforme lo estaba en 1808, a virtud de Real cédula de Fernando VII, y recayó la de Alcalde 1°. en D. Joaquín Espinosa, quien quedó encargado de la Alcaldía Mayor.

El Gobernador de Comayagua D. Juan Antonio de Tornos, al tener noticia de la muerte de Márquez, nombró Alcalde Mayor interino al Capitán de Dragones de Nueva Segovia, D. Francisco Gardela en las cuatro causas: de justicia, policía, hacienda y guerra. El Ayuntamiento de Tegucigalpa no quiso reconocer a Gardela, porque el nombramiento era de la competencia del Capitán General del Reino. Tornos dio explicaciones por medio del Escribano D. Joaquín Lindo, manifestando que el nombramiento a favor de Gardela sólo se contraía a los ramos de Real Hacienda.

En 28 de agosto el Capitán General dirigió al Alcalde 1°, encargado de la Alcaldía Mayor de Tegucigalpa, un oficio que le ordenaba recoger todos los ejemplares que hubiera en el distrito de su mando, de dos impresos titulados "Instrucciones para la Constitución fundamental de la monarquía española y su gobierno" y "Apuntes instructivos que al señor D. Antonio Larrazábal, Diputado a las Cortes extraordinarias de la Nación española dieron por el Cabildo de la ciudad de Guatemala, sus Regidores D. José de Isasi, D. Sebastián

Melón, D. Miguel González y D. Juan Antonio de Aqueche." El Rey estaba convencido de que la expresada Instrucción, en la que se veían copiadas a la letra muchas proposiciones de la Asamblea Nacional de Francia, había sido la que había encendido en estos países la tea de la discordia y ocasionado la revolución en algunas provincias, por los principios sediciosos que contenía. D. José María Peinado, como autor de ella sería privado del Gobierno e Intendencia de San Salvador a que lo había promovido la Regencia; y todos los que firmaron la primera parte de ella, en donde estaba su mayor veneno, quedarían en incapacidad de obtener empleos en América, excepto los Regidores nombrados que, aunque firmaron, fueron de voto contrario. No consta que se haya recogido ejemplar alguno.

Bustamante, con carta de 3 de marzo de 1816, remitió al Rey unos documentos de los que resultaba que la Junta Superior de Real Hacienda, en virtud de la Real orden de 28 de abril de 1807, había acordado unánimemente el restablecimiento de la Alcaldía Mayor de Tegucigalpa, como estaba en el año en que se suprimió; y en consecuencia él había nombrado Alcalde Mayor interino al Teniente Coronel D. Simón Gutiérrez, europeo, libre de conexiones, activo, eficaz y de buenas luces. Este nombramiento había sido hecho el 9 de septiembre de 1815, y Gutiérrez tomó posesión de su cargo el 2 de diciembre.

Bustamante dio cuenta además al Rey, de un extracto del expediente que se seguía desde el año de 1806 sobre trasladar la capital de Comayagua la Villa de Tegucigalpa, y pedía que se despachara este asunto de preferencia y que entretanto se aprobara el restablecimiento de la Alcaldía Mayor.

El Gobernador Intendente de Comayagua había hecho presente, con documentos, en 6 de noviembre de 1815, la imposibilidad de que la Real Hacienda se reintegrara de la cantidad que suplía para la dotación de la Alcaldía Mayor como igualmente de otras nuevas deudas a favor de aquella.

En sesión del Consejo de 26 de noviembre de 1817 el Rey tuvo a bien aprobar la erección de Alcalde Mayor de Tegucigalpa con independencia de la Intendencia y Gobierno de Comayagua, menos en la parte militar, en la que debería estar sujeta y con las mismas facultades y atribuciones que tenía al tiempo de su extinción y entendiéndose éstas en asuntos de Real Hacienda y en lo que no alcanzaran por su propio oficio en calidad de Subdelegado del Intendente.

Ordenó que se buscaran arbitrios para que la Real Hacienda se reintegrase del suplemento que desde 1812 se venía haciendo a la Alcaldía Mayor, y determinó como debía pagarse la asignación a aquel empleo; y en cuanto a la traslación de la capital, de Comayagua a Tegucigalpa, mandó que se acabara de instruir a la mayor brevedad el expediente formado sobre el asunto en los términos pedidos por el Tribunal Mayor, el Fiscal y el Asesor General, simplificando los trámites y formalidades, debiendo penetrarse el Presidente de las ventajas o perjuicios que la prontitud o detención pudiera ocasionar.

El Gobernador Intendente Tornos hizo una visita a la provincia en 1815 y dio cuenta de ella al Rey con fecha 20 de febrero de 1816. En su informe habla de todos los ramos, especialmente de las minas y del estado en que se encontraban los indios xicaques y payas y los medios de reducirlos.

Dice que la provincia está situada entre los 13° y 15°de latitud norte y su extensión extraordinaria sólo contenía una población que ascendería a cien mil almas. Los partidos en que estaba dividida eran ocho: Gracias a Dios, Sensenti, Tencoa, Olancho San Pedro Sula, Yoro, Olanchito y Tegucigalpa. La Intendencia no entendía en el nombramiento de Receptor: el de Trujillo tenía en Comayagua tienda abierta de géneros ingleses, y el Superintendente ni lo había mudado ni había dictado contra él providencia alguna. El mal servicio del correo en dicho puerto había sido causa de que se ordenara que toda carta dirigida a él se remitiera por Guatemala. El Obispado estaba dividido en 39 curatos, inclusos en este número las dos capellanías reales de los puertos de Omoa y de Trujillo. En este último había una porción de pueblos de negros caribes que, en el día, no bajaban de ocho y el número de estos negros podía ascender de nueve a diez mil almas, aumentándose prodigiosamente por la poligamia: si no se mandaba su más pronta internación y división era de esperar que en breve se hicieran dueños de nuestra costa del norte, por sí solos o unidos con los zambos. Había que formar poblaciones en las montañas de payas y xicaques situadas entre Omoa y Trujillo, para evitar el daño que causaban pasando a la costa con ganado y dinero, plata y oro en pasta al comercio inglés clandestino con el establecimiento de Walis: de esto había dado conocimiento en 21 de septiembre de 1815 al Ministerio Universal de Indias con remisión de un plano que abrazaba nuestra costa desde Trujillo al indicado Walis. El Sargento mayor veterano del Escuadrón de Dragones de Yoro hacía dos años estaba separado de su cuerpo, mandando el puerto de Trujillo. De la compañía del Real Cuerpo de Artillería de Comayagua se daban destacamentos a la capital de Guatemala, a los puertos de Trujillo y Omoa y a otros puntos. De la plata que se obtenía en la Casa de Rescates de Tegucigalpa, gran parte salía para Walis y Jamaica, lo que era inevitable por haber tantos puntos abiertos y sin menor resguardo que conducían a nuestra costa del norte.

Este informe se hallaba sometido a dictamen en el Consejo en 1819, con el de la visita del Coronel D. Ramón de Anguiano, acerca de la cual se habían tomado algunos acuerdos en 1813.

CAPÍTULO III: Barcos insurgentes en el Sur 1817 a 1819

Con motivo de lo representado ante el Rey, en documentos, por D. Antonio Dacosta, de nación portugués, sobre la causa que se le siguió en Trujillo acerca del comiso de un buque denominado Centurión, de su propiedad, y otras incidencias, se advirtió que uno de los perjuicios irrogados al peticionario tenía su origen en las circunstancias de dicho puerto. El Rey, visto lo referido en su Consejo de las Indias con lo que sobre ello informó la Contaduría General y expuso el Fiscal, en consulta de 6 de julio de 1816, tuvo a bien resolver que se llevara a efecto lo determinado sobre aquel punto en tiempo de las Cortes, y que el puerto de Trujillo, colocado entre los límites de la provincia de Honduras, quedara sujeto como estaba antes al Gobernador Político Militar Intendente de Comayagua. Esta resolución se comunicó al funcionario indicado en 19 de septiembre de dicho año.

Estaba resuelto, pues, uno de los puntos de la representación de Milla. Faltaba el relativo a Omoa. Al respecto hay un dictamen de D. José de Aycinena, de 1° de mayo de 1818. En él dice que separados aquellos puertos desde 1782,con el objeto de que el Capitán General cuidara de los pobladores traídos de Canarias y Galicia a la antigua ciudad destruida de Trujillo, cuando se recuperó este establecimiento por D. Matías de Gálvez de los ingleses, o desde 1803, año de la disputa suscitada entre el Gobernador de Comayagua y el Capitán General, era tiempo suficiente y sobrado para ver el resultado de esta medida y para que el Presidente de Guatemala hubiese planteado la nueva población y corregidos los abusos que se decía haber. Si se había logrado, se estaba en el caso de hacer la devolución de aquellos puertos a Comayagua por haberse cumplido las condiciones de la Real orden en que se hizo el encargo interinamente; y s no se había conseguido, como por desgracia había sucedido, la experiencia de tantos años debía desengañar de que el medio de poner al cuidado del Capitán General los puertos exclusivamente no fue suficiente; fuera de que el pretexto de cuidar de los pobladores sólo podría obrar respecto de Trujillo en donde se situaron, puerto que, en Real cédula de 19 de septiembre de 1816, se había mandado que se sujetase al Gobierno de Comayagua, pero no respecto a Omoa, de que ahora únicamente se trataba y a donde jamás se pensó en llevar nuevos pobladores.

El dictamen del Consejo, de 31 de julio del mismo año, estuvo de acuerdo con el del señor Anguiano. En consecuencia el puerto de Omoa fue devuelto a la jurisdicción de la provincia de Comayagua.

A D. Simón Gutiérrez sucedió en la Alcaldía Mayor de Tegucigalpa el licenciado D. Narciso Mallol, a quien nombró el Rey por título de 25 de abril de 1816. De Quezaltenango, en donde servía igual empleo, pasó Mallol a Tegucigalpa, y tomó posesión de su cargo el 6 de diciembre de 1817.

El 28 de marzo de 1818 sucedió en la Presidencia del Rein0 a Bustamante y Guerra el Teniente General D. Carlos de Urrutia y Montoya. Este remitió a Mallol la Real cédula en que se confirmó el restablecimiento de la Alcaldía Mayor; fue recibida en diciembre siguiente. El Ayuntamiento de Tegucigalpa solicitó en 23 de abril de 1819, que no se hiciese novedad en el estado actual y que se esperase el resultado de las últimas providencias de 4 de junio de 1817 en que la Junta Superior de Real Hacienda consultó al Rey sobre que se extinguiese la Intendencia de Comayagua, reduciéndola a mero gobierno militar situado en la inmediación del puerto de Trujillo, y que asimismo se instara en súplica a S. M. sobre que confirmara la absoluta independencia de Tegucigalpa en todo. Mallol, en 30 del mismo, elevó otra exposición apoyando la del Ayuntamiento.

Entretanto en la costa sur habían ocurrido sucesos alarmantes. El 27 de marzo, al frente de Sonsonate, había sido hecho prisionero el bergantín Nuestra Señora de Guadalupe, llamado también El Gallardo, por una fragata pirata y otras cuantas velas que se advirtieron y que se decían eran procedentes de Buenos Aires. El 3 de abril la vigía del cerro de Conchauga había visto fondear una fragata al frente del de la parte de Maguigue. El 3 a la madrugada, una fragata de porte alto, un bergantín, una cañonera grande y lanchas armadas habían apresado en el Realejo los bergantines San Antonio y Neptuno y las goletas Sofía y Loreto, del comercio nicaragüense. Poco después entró al Golfo de Fonseca una lancha grande de enemigos, en solicitud de hacer aguada: en ella venían como veinticinco hombres entre negros e ingleses y uno que los dirigía y les servía de intérprete; todos con sus fusiles y un par de cañoncitos pedreros. Después de poner a bordo su aguada se retiraron al puerto de Conchagua, sondeando con frecuencia la hondura, buscando las corrientes de la isla del Tigre, de la costa del partido de Nacaome, y por ellas se dirigieron al barco que estaba fondeado entre el medio de la vigía del Cerro y Conchagüita.

Habíase hecho cargo de la Gobernación e Intendencia de Comayagua D. José Gregorio Tinoco de Contreras, Caballero de la Real y Militar orden de San Hermenegildo, condecorado con la Cruz de Zaragoza y del Segundo Ejército, Coronel de los Reales Ejércitos, Comandante General de las Armas de la Segunda Brigada de Milicias Provinciales y Subinspector de ella; y a él dieron noticia de aquellos sucesos, como Comandante militar de Honduras, los Tenientes de Nacaome y Choluteca. El 13 dio orden al Comandante accidental de Tegucigalpa D. Francisco San Martín, de que hiciera salir inmediatamente 25hombres al mando del Subteniente D. Juan Antonio Inestroza para que fuera a Choluteca a ponerse a las órdenes del Teniente D. Justo José Herrera; y ordenó también que saliese para Nacaome igual número a las órdenes del Subteniente Lardizábal, y encargó la defensa de la costa al Teniente—Coronel D. Andrés Brito, quien salió de Comayagua el 18 con cien hombres. A la vez Tinoco dirigió proclamas. En una de ellas decía que por la costa del norte o los puertos de ella y toda la del sur en los del Realejo, Choluteca, Nacaome y Guascorán era por donde los piratas intentaban hacer desembarcos para talar esta provincia, que creían con equivocación sin fuerzas bastantes para defenderse. En la otra decía que toda la América había sufrido catástrofes lamentables que lloraría la posteridad, y que sólo Guatemala, Lima y Cuba, en medio de las insurgencias y revoluciones, habían mantenido su inalterable lealtad y tranquilidad, la que trataban de perturbar unas gavillas de hombres criminales y desmoralizados; y esperaba de todos que sabrían hacer la más vigorosa defensa. También el Teniente Herrera dirigió una ardiente proclama al vecindario de Choluteca. Se colocaron vigías y se preparó la defensa lo mejor posible; pero el 8 de mayo se habían dejado de presentar en el Golfo de Fonseca los piratas o insurgentes que se habían estado avistando. Regresaron por ello las fuerzas de Choluteca y se dejaron las de Nacaome, a solicitud del Teniente D. Manuel Lucas Sierra, quien hablaba de la mala disposición en que estaban muchos sujetos de las provincias inmediatas por la infección del diabólico espíritu de partido, y sabía de una carta de los insurgentes en que anunciaban volver en enero sin más objeto que el de venir a quitar el yugo del Rey de España.

El 4 de Julio se avistaron en las cercanías de la bocana del Realejo tres buques, que se presumía eran enemigos, de los que andaban en aquellas costas. En la hacienda las Hormigas, jurisdicción de Choluteca, se oyeron cañonazos el 10 de Julio hacia la parte del Realejo, punto a que estaba próxima. Tinoco dio las órdenes conducentes a los respectivos Capitanes de voluntarios de Choluteca y Nacaome acerca de las disposiciones que debían tomar.

Después de esto no se volvió a hablar de la presencia de buques enemigos en el Golfo de Fonseca y su vecindad.

El 13 de diciembre declaró la Audiencia que todos los procesados por la conspiración de Belén estaban comprendidos en el indulto concedido por el Rey en 12 de mayo de 1815. El mismo indulto comprendió a los revolucionarios de San Salvador.

CAPÍTULO IV: Buques insurgentes en Trujillo y Omoa. 1820

El 21 de abril de 1820 se presentó frente a Trujillo una escuadrilla compuesta de dos bergantines, cuatro goletas, cuatro pailebotes, un falucho y una balandra, arbolando todos una bandera de dos fajas azules y una blanca en el medio y en ésta un escudo. Uno de los bergantines, como a las cuatro de la tarde, echó al agua un bote que se dirigió a desembarcadero, con bandera blanca, conduciendo a un oficial.

A recibir a este, al saltar a tierra, salieron un sargento y diez soldados, por orden del Comandante del puerto, Teniente—Coronel D. José María Palomar. Vendado el oficial, fue conducido a la casa más inmediata del desembarcadero, en donde esperaba el Comandante; y al llegar entregó a este los pliegos que traía: uno de ellos era la intimación que Aury, jefe de la escuadrilla, le hacía de entregar la plaza, dentro del perentorio término de una hora; los otros eran una proclama y una carta firmada por un tal Mérida, que se llamaba diputado por Caracas.

Palomar despidió al emisario, respondiéndole de palabra que consultaría con su oficiales; y habiéndolos convocado a consejo de guerra, todos concordaron en que se despreciaran las proposiciones de Aury sin darle contestación alguna, pues que no era propio de las armas de S. M. entrar en convenio con un hombre que no tenía más representación que la que se quería suponer, y que debían esperar que hiciera uso de las fuerzas con que amenazaba.

Palomar había dispuesto la defensa desde que se le avisó de la aproximación de la escuadrilla por el lado de barlovento, a las seis de la mañana, y se había oído un cañonazo que parecía ser señal de reunión. A la derecha, hasta la boca de la ría de Guaymoto, a una legua de la ciudad, había cinco puestos avanzados con sus parapetos de fagina, y a la izquierda había siete que se extendían hasta el Campamento, a igual distancia cada uno de ellos cubierto con diez individuos de tropa de la guarnición. Al toque de generala, habían acudido las tropas y el vecindario, encargándose este de una trinchera provisional mandada formar al este de la batería de San José en una loma que dominaba el desembarcadero, calle de la playa, calzada, avenidas del río Negro y parte del pueblo, en la que se montaron una culebrina de a 12 y dos obuses de a 8.

La gente del puerto se mantuvo en expectación, pero ni en el resto del día ni en la noche hizo el enemigo movimiento alguno.

El 22, a la cinco y media de la mañana, se arboló en el puerto el pabellón español, afirmándolo con un cañonazo con bala. En seguida lo hace el enemigo con una bandera blanca; a los pocos momentos reitera segundo cañonazo, y observando que nada se le contestaba, tira el tercero arbolando el pabellón insurgente y empieza a maniobrar, desfilando los buques sobre su izquierda con dirección a la ría de Guaymoreto. Reunidos aquí, con las lanchas al agua, reconocen la trinchera que guardaba este puesto, rompen contra ella el fuego de bala y metralla y logran allanarla y hacer que la tropa que la guarnecía se retirase al camino cubierto, en donde se sostuvo, despreciando el horroroso fuego que a quema ropa le hacían el falucho y los dos bergantines que había destacado el enemigo para proteger el desembarco que intentaba verificar por este punto.

Al advertir esto el Teniente caribe Nicolás Montero, Comandante de la avanzada, se adelanta y parapetado con su gente en los escombros de la propia trinchera, hace una descarga cerrada de fusilería a la tropa que del falucho se empezaba a embarcar en las lanchas, y en seguida con un fuego graneado contiene por dos ocasiones la tentativa del enemigo. Este carga entonces con mayor empeño con dichos buques y otras dos goletas que vinieron en su auxilio, logrando con su vivo fuego de metralla hacer que las tropas del puerto se replegaran de la primera y segunda avanzada hasta la tercera trinchera; y quedando por lo invasores esta parte de la costa, hacen por aquel punto el desembarco, echando en tierra como cuatrocientos hombres y quince caballos.

Empiezan a avanzar formados en columna, protegidos en su marcha por el fuego de los buques, lo que les facilitó continuar sin mayor obstáculo hasta la cuarta trinchera: allí fueron recibidos por las avanzadas que habían venido retirándose y la tropa que de la plaza había mandado Palomar para su refuerzo. El enemigo no pudo resistir a estas fuerzas y se retiró, teniendo algunos muertos y heridos.

Observado esto, los buques se aproximan para batir esta trinchera y con su vivo fuego de metralla obligan a los defensores de la plaza a desamparar aquel punto, del que salen a ponerse a cubierto en la quinta trinchera: en este movimiento perdieron los del puerto al Teniente de caribes Pedro María y tuvieron dos soldados heridos.

A la quinta trinchera sólo avanzó la vanguardia del enemigo en número de diez a doce caballos y como treinta de infantería: inmediatamente fueron rechazados y se retiraron a todo escape a reunirse con el total de sus fuerzas, que se habían situado en el tercer puesto, desde donde ya no se atrevieron a adelantarse.

Luego la mayor parte de los buques empieza a desfilar sobre las baterías de la plaza, haciéndoles fuego en toda la línea, el que es recibido con serenidad: estas rompieron el de su artillería desde las nueve y media de la mañana y lo sostuvieron incesantemente hasta las dos de la tarde, hora en que los buques se alejaron del cañón de las baterías y en que cesó el fuego de una y otra parte.

Habiendo observado Palomar, a este tiempo, desde el fuerte de donde dirigía las operaciones, que un destacamento de tropa enemiga intentaba introducirse por el monte, ordenó que saliera una avanzada para reconocer la falda de Capiro y avenidas del caribal: esta avanzada se encontró con el destacamento, que venía franqueándose camino; a los pocos tiros tuvo que retirarse al punto de partida. Viendo el enemigo frustrado su intento, renovó el fuego a la media hora con mayor empeño y le fue correspondido por las baterías del puerto. Y conociendo por fin los invasores que eran vanos sus esfuerzos, se retiraron del todo como a las cuatro de la tarde, yendo a incorporarse con los demás buques que sostenían la tropa desembarcada, sin hacer otro movimiento en el resto del día.

Palomar, al anochecer, pasó en persona a reforzar las avanzadas de la derecha y demás puestos de la costa por si intentaba el enemigo hacer otro esfuerzo por otro punto; pero no hizo más, durante la noche que reparar las averías de los buques.

A la madrugada del 23 los invasores se reembarcaron sigilosamente, dejando en la plaza sus caballos, algunos morrales de galleta y frascos de aguardiente. Los buques se dieron a la vela al amanecer, y desplegándose en línea por mitad de la bahía salieron de ella remontando la punta de Castilla, a cuya vigía tiraba cada uno de ellos al paso una descarga de fusilería, sin causar daño alguno todo el resto de este día y del siguiente 24 permanecieron a la vista del puerto, dando bordadas de una parte a otra, desapareciendo al fin por la noche, sin saberse el rumbo que tomaron. En la acción habían perdido cuarenta hombres entre muertos heridos y sufrieron la avería de cuatro buques. El 23 por la tarde, se cantó en la capilla real un Te Deun por la victoria obtenida y el 29 se celebraron exequias por los fallecidos. Al siguiente día se celebró una misa en acción de gracias, con asistencia de las corporaciones.

El Comandante interino del puerto de Omoa, D. Eusebio Menéndez, participó a Tinoco de Contreras que el 25 se había presentado en aquellas aguas una flotilla al mando del insurgente Aury. En aquel día y el siguiente hizo esfuerzos por desembarcar sus tropas, pero fueron enteramente burlados por los fuegos del castillo.

Tinoco de Contreras salió de Comayagua el 8 de mayo a proteger a Omoa, seguido de la compañía de milicianos de esta ciudad, de las dos de Gracias y de otra del batallón de Olancho. A su paso por San Pedro Sula se le incorporaron muchos voluntarios. Pero nada tuvo que hacer en Omoa, porque si bien Aury insistió en sus tentativas de desembarco por varios días, se persuadió por fin de que eran inútiles y, dándose a la vela, desapareció del puerto.

Se ignora si la expedición de Aury a Trujillo y Omoa obedecía a los planes del Libertador Bolívar o era independiente de ellos.

El Obispo Rodríguez del Barranco murió en Guatemala el 13 de mayo, y quedó de Gobernador y Provisor de la Diócesis el Presbítero D. José Nicolás Irías.

CAPÍTULO V: Fernando VII jura la Constitución 1820

Por un barco particular llegado a Omoa, procedente de la Habana, supo el Presidente Urrutia que el Rey, en decreto de 6 de marzo de este año, expedido en Madrid, mandó al Consejo convocar las Cortes y en otro del 7 declaró haberse decidido a jurar la Constitución de 1812, conforme a la voluntad general del pueblo.

Se esperaban los decretos para el restablecimiento del sistema constitucional; y mientras llegaban, recomendaba Urrutia a las autoridades de Comayagua y Tegucigalpa que se procurara sin estrépito que no se alterara el orden y que, al ponerse en planta los establecimientos constitucionales, no por entregarse al arreglo interior se olvidaran de los enemigos exteriores, pues por todas las costas se habían presentado enemigos y eran preciso recordar la resistencia que se les hizo en Trujillo y Omoa, que honraría eternamente a los defensores de ambos puertos.

El Rey, en efecto, ante la revolución que inició Riego el 1°. enero, se decidió a jurar la Constitución que había abrogado y mandó convocar las Cortes ordinarias para los años de 1820 y 1821.

La Constitución se recibió en Tegucigalpa el 8 de julio con el acuerdo de 26 de junio anterior, en que Urrutia había mandado jurarla en el Reino de Guatemala, a lo que debía procederse en las capitales, ciudades, villas y pueblos donde hubiera cabildo, conforme al decreto de las Cortes de 18 de marzo de 1812.

El Alcalde Mayor, licenciado Mallol, la hizo jurar en Tegucigalpa el 13 de julio. En Choluteca se juró el 6 de agosto, en Nacaome el 13, en Aguanqueterique y Guascorán el 20 y en Yuscarán el 8 de octubre. No hay constancia de las fechas en que se haya jurado en Comayagua ni en las demás poblaciones de su dependencia ni en las otras de la provincia de Tegucigalpa. Pero consta que el Ayuntamiento de Comayagua, a iniciativa de su Alférez Real D. Juan Lindo, acordó fabricar, en memoria del suceso, una columna de veintidós varas de altura, de la que envió al Rey un diseño en colores con carta de 21 de noviembre de 1820, que se conservan en el Archivo de Indias de Sevilla. La columna fue construida frente a la iglesia de la Merced, y aún subsiste.

D. Juan Lindo no se contentó con esto, pues en el mismo año, a sus expensas, se fabricó la fachada de la Casa Consistorial de Comayagua "con el objeto —dice la nota dirigida al monarca— de que las elecciones se celebraran con la mayor ostentación". También existe el diseño de esta fachada, en colores, en el Archivo de Sevilla.

El decreto de convocatoria a Cortes era del 22 de marzo y se recibió con la instrucción sobre elecciones de Diputados.

Mientras podían llegar a las Cortes los Diputados que eligieran las provincias de Ultramar, se acudiría a su falta por medio de suplentes, acordado por el Consejo de Regencia en 8de septiembre de 1810 para las Cortes generales y extraordinarias. El número de estos suplentes sería el de treinta individuos, de los que dos serían por la Capitanía General de Guatemala.

Con el objeto de facilitar la elección de Diputados a Cortes para las de 1820 y 1821, se formarían juntas preparatorias en las capitales de provincia que se determinaron: una de esas juntas se reuniría en Guatemala, capital de la provincia de este nombre.

En representación de las provincias que componían la Capitanía General de Guatemala debían asistir a las Cortes diez Diputados: uno de ellos sería por los partidos de Comayagua, celebrándose la junta en Comayagua. Deberían nombrarse, además, tres suplentes: uno por Guatemala, otro por Comayagua, y otro por Chiapas.

Debiendo abrirse las Cortes de 1821 el 1°. de marzo, no era posible que se guardaran en las elecciones los intervalos que establecía la Constitución entre las juntas de parroquia, de partido y de provincia. Por ello se celebrarían por aquella sola vez las primeras el domingo inmediato siguiente al anterior que hubiera pasado después de recibida la convocación, pues en este daría aviso a los vecinos por los medios en uso el que presidiera al Ayuntamiento de cada pueblo. Las juntas de partido y de provincia se celebrarían en los domingos siguientes con el intermedio de tiempo que, atendida la distancia de los pueblos y la fragosidad de los caminos, se juzgara necesario en la actual estación de lluvias para que los vecinos, pudieran concurrir sin embarazo. El día del aviso a los vecinos, el Ayuntamiento designaría las personas que deberían presidir las juntas de parroquia, y celebradas que fueran estas juntas, el que presidiera el Ayuntamiento daría parte al Jefe Político de la provincia, de haberse ejecutado.

La elección de Diputados provinciales se haría por los electores de partido al otro día de haber nombrado los Diputados de Cortes, por el mismo orden con que éstos se nombrarían.

La Diputación provincial de Guatemala compondríase de siete individuos, a más del Presidente e Intendente: para formarla se elegirían uno en aquella capital, otro en Ciudad Real, otro en Comayagua, otro en San Salvador, otro en Copán, otro en Chiquimula y otro en San Miguel y San Vicente. Y al mismo tiempo y en la misma forma se elegirían tres Suplentes: uno por Guatemala, otro por Ciudad Real y otro por Comayagua.

Las Cortes se declararon instaladas el 6 de julio y el Rey las abrió el 9, fecha en que prestó el juramento que la Constitución mandaba. Diputados suplentes para representar a la Capitanía General de Guatemala habían sido nombrados D. Juan Nepomuceno de San Juan y D. José Sacasa. Este comunicó al Ayuntamiento de Tegucigalpa que algunos de los suplentes pidieron desde el principio de las sesiones, que se aumentase la insignificante representación supletoria que tenían en las Cortes las provincias de Ultramar, pero que no se admitió discusión sobre las proposiciones: él quiso protestar de palabra, pero se le obligo a callar; quiso protestar por escrito, y se le impidió; quiso dejar su asiento y salirse del salón y se le impidió también. Levantada la sesión no volvió desde aquel día, ni se trató de obligarlo a concurrir. Hubiera presentado una exposición a las Cortes, pero temiendo el mal éxito de la que presentó sobre lo mismo el Diputado suplente por Lima D. Antonio Xavier de Moya, permaneció en inacción hasta que se le obligara a obrar o se le diesen instrucciones por los pueblos que representaba.

Tinoco de Contreras ordenó a Tegucigalpa, Gracias, Choluteca, Olancho, Olanchito, Yoro, San Pedro, Santa Bárbara y Trujillo que le remitieran copias de actas de la elección de electores: Mallol contestó que, aunque había pedido la independencia del Gobierno Político, haría que se cumpliera lo ordenado.

El 5 de noviembre se procedió en Comayagua a la elección del Diputado a Cortés; y resultó electo el licenciado D. Juan Esteban Milla, residente en Madrid. Fue elegido suplente D. Dionisio de Herrera.

Luego el pueblo, los ciudadanos y el Síndico reclamaron el cumplimiento del artículo 325 de la Constitución para que se instalase Diputación provincial, en vez de elegir un Diputado de provincia. Los electores se resistieron, pero obligados por un auto muy fuerte del Gobernador Tinoco, practicaron la elección el 6, y salieron electos los Diputados siguientes: por Comayagua, el señor Chantre D. José Nicolás Irías; por Tegucigalpa D. José Serra, por Gracias D. Jerónimo Zelaya, por Choluteca D. Justo J. Herrera, por Olancho el señor Coronel D. José María Zelaya; por Yoro, por Olanchito y Trujillo D. Santiago Gotay y por Tencoa D. José Francisco Zelaya. Fueron electos suplentes: por Comayagua Licenciado D. Pedro Nolasco

Arriaga, por Tegucigalpa D. Miguel Eusebio Bustamante y por Gracias el P. Cura D. Miguel Antonio Pineda.

Esta Diputación fue desconocida por Tegucigalpa porque la erección de Honduras en provincia nueva correspondía a las atribuciones de las Cortes y los electores no tenían facultades para la elección que habían hecho.

El Capitán General mandó disolver la Diputación provincial de Comayagua por ser contraria a la Constitución. La Diputación y el Ayuntamiento elevaron representaciones a las Cortes para que se confirmara la creación de la junta y se abolieron los decretos que sujetaban la provincia de Comayagua a la Diputación de Guatemala.

CAPÍTULO VI: Preliminares de la Independencia 1820 a 1821

Desde 1817 hallábase preso en Tegucigalpa D. José Francisco de la Paz y Villafranca, como autor de pasquines o carteles de carácter subversivo: en ellos se hablaba de un Rey de España en cuyo nombre el Consejo de Regencia de la provincia de León y Reinos de Indias se dirigía a un Alcalde Mayor llamado D. Manuel, dándole órdenes. Se siguió contra él un dilatado proceso que aún no estaba concluido el 20 de septiembre de 1820, y en esta fecha el procesado amaneció ahorcado en la prisión. El texto de los carteles dejaba entender que Villafranca era un loco, y esto alegó su defensor. No obstante, se le trató con el rigor con que se hubiera tratado a un cuerdo, y acaso a ello se deba una muerte así, rara por extremo en aquellos tiempos.

El 12 de octubre se recibió en Tegucigalpa el decreto de 28 de mayo, en que mandaba el Rey que se observara en todos los dominios españoles el decreto de las Cortes de 8 de septiembre de 1813, que abolió la pena de azotes en todo el territorio de la Monarquía española, extendiendo la prohibición a los párrocos que usaban de este castigo para corregir a los indios, y a las casas y establecimientos públicos de corrección y escuelas.

Y el 7 de diciembre se recibió la Real cédula de 11 de marzo, en que se declaró que desde esta fecha regía y se hallaba en toda su fuerza y vigor cuanto ella comprendía y especialmente en lo relativo a la seguridad personal de los súbditos y a la libertad de imprenta. A este fin se restablecerían inmediatamente en todas las provincias de la Península y de Ultramar las juntas de censura que existían en 1814, con los individuos que entonces las componían, mientras se confirmaban por las Cortes o se hacían nuevos nombramientos.

A favor de esta Real cédula, apareció en Guatemala un periódico intitulado el Editor Constitucional, fundado por el doctor Pedro Molina, en el que escribían entre otros D. José Francisco Barrundia, D. José Beteta y D. Juan Montúfar, y en que se trataba de hacer propaganda a las doctrinas revolucionarias en favor de la Independencia: este periódico representaba un partido. Inmediatamente apareció enfrentándose a este periódico y a este partido otro a cuya cabeza figuraba D. José Cecilio del Valle, quien fundó El Amigo de la Patria, periódico que no era, como se creyó, opositor a la Independencia sino al espíritu de familia, aristocrático u oligárquico que, si bien quería la Independencia y la libertad, era para gobernar más a sus anchas y gozar mejor la explotación de sus privilegios y monopolios[31]. Dióse el nombre de Cacos a los del partido en que figuraba Molina, y el de Gazistas a los del partido españolista en que Valle figuraba.

El 19 de enero de 1821 el Alcalde Mayor, licenciado Mallol, escribía al Capitán General Urrutia que D. Dionisio de Herrera, en menos de un año que hacía de haberse avecindado en Tegucigalpa, se había empleado únicamente en mover partidos contra la autoridad, porque su espíritu sólo caminaba al plan de independencia absoluta; y le atribuía estar íntimamente ligado con el Escribano D. Joaquín Lindo, a quien según expresaba se debían los males de la provincia de Comayagua como a aquellos de la provincia de Tegucigalpa.

El 6 de febrero volvió a escribir Mallol, diciendo que el estado de la provincia era tranquilo, pues no había más que cuatro díscolos a quienes podía ponerse en orden por medio de la fuerza, lo que él sin embargo no había querido hacer. A la vez pedía licencia, por hallarse gravemente enfermo, para ir a la capital.

¿Quién era D. Dionisio de Herrera, que así empezaba a distinguirse por su afán en favor de la Independencia? Había de ser uno de sus próceres. Era primo hermano de D. José Cecilio del Valle.

---

[31] Virgilio Rodríguez Beteta: Ideologías de la Independencia.

Nació en Tegucigalpa en 1783; era hijo de D. Juan Jacinto Herrera y de Doña Paula Díaz del Valle, e hizo sus estudios en la Universidad de Guatemala. Para ser admitido a ellos hubo de presentar su información de limpieza de sangre, la que, a virtud de pedimiento que presentó su señora madre el 31de julio de 1794, se siguió por el Alcalde Ordinaria de primer voto de Tegucigalpa, D. Mariano Urmeneta. En la información se acreditó que D. Dionisio procedía de legítimo matrimonio, contraído ante la Iglesia: que sus padres eran tenidos y reputados en la provincia como españoles de la primera distinción, limpios de toda mala raza de mulato, zambo, judío y hereje: que entre los de su familia no hubo ninguno castigado por el Santo Oficio; y que muchos de sus ascendientes tuvieron empleos honoríficos así en lo secular como en lo eclesiástico.

Recibido de Abogado en 1820, el señor Herrera regresó a Tegucigalpa y el 7 de agosto fue nombrado Secretario del Ayuntamiento de la Villa; y en noviembre se le eligió, como se ha visto, Diputado Suplente a Cortes por Comayagua. Desde el puesto de Secretario del Ayuntamiento empezó a cooperar con vigor al movimiento que se operaba en Guatemala por los amigos de la Independencia: era uno de los díscolos a que se refería Mallol y a quienes no se atrevió a tocar, lo que revela que la situación no era tranquila, como lo decía.

Desde el 13 de julio de 1820 se había reinstalado en Guatemala la Diputación Provincial. A moción de uno de sus vocales, el doctor don Simeón Cañas, se había estrechado a Urrutia para que delegase los mandos político y militar en D. Gabino Gaínza, Subinspector General del ejército. Urrutia, que no estaba por la Independencia, se había resistido a hacer la delegación: la hizo al fin, y Gaínza entró al mando el 9 de marzo de 1821.

El 6 de este mes había fallecido el licenciado Mallol, a causa de la enfermedad que adolecía, y se hizo cargo de la Alcaldía Mayor el Regidor 1°. y Alcalde en depósito de vara[32].

---

[32] Para más detalles en cuanto a los años 1817 a 1821, véase mi obra La Provincia de Tegucigalpa bajo el gobierno de Mallol (edición de 1904;) en cuanto al Alcalde Mayor D. Nicolás del Busto y Bustamante., 1761a 1766. Véase mi estudio Una página de Historia (edición 1906;) y en cuanto al Gobernador Anguiano. Véase la página 46 de mi estudio Las Islas del Cisne (edición 1926).

Las representaciones de Comayagua respecto a la Diputación Provincial tuvieron el mejor éxito. El 25 de julio, D. Joaquín Fernández Lindo, Escribano Público Mayor de Gobierno y Secretario de la Excelentísima Diputación Provincial de Honduras, remitió al Ayuntamiento de Tegucigalpa certificación de que en aquella fecha y a las once del día, se había publicado en aquel Ayuntamiento la Real orden de 14 de mayo, que declaró que debía haber Diputación Provincial en aquella provincia de Comayagua, comprensiva de toda la demarcación de su distrito.

Entretanto, se habían reunido las Cortes en España, en las que había tomado asiento el licenciado D. Juan Esteban Milla, Diputado por Comayagua.

El doctor D. José Mariano Méndez, Diputado por la provincia de Sonsonate, presentóles una Memoria del estado político y eclesiástico de la Capitanía General de Guatemala y proyecto de división en ocho provincias para otras tantas Diputaciones Provinciales, Jefes Políticos, Intendentes y Obispos. En la sesión del 17 de mayo de 1821 se mandaron pasar los tres ejemplares de la Memoria, que fueron recibidos con aprecio, respectivamente a las comisiones de Diputaciones Provinciales, eclesiásticas y de hacienda.

El señor Méndez describía todas las provincias. De la de Comayagua se expresaba así: "Comayagua de Honduras, Intendencia de este nombre, con los partidos de Comayagua y Tegucigalpa, y las nueve Subdelegaciones de Gracias a Dios, San Pedro Sula, Tencoa, Yoro, Olanchito, Olancho viejo, Tegucigalpa, Choluteca y Trujillo. Tiene 35 curatos en 145 pueblos y 231 valles, y de habitantes 93.501 por el censo de 1791. Su extensión de ancho y largo es más que la de León, con seis puertos en sus costas del norte, que son Omoa, Puerto Caballos, Puerto Sal, Triunfo de la Cruz, Trujillo y Cartago[33], a 130 leguas del río del Golfo, en tierras de indios bravos, con las islas de Roatán y la Guanaja a 18 leguas de Trujillo, con la extensión de 45 a 50 millas de largo, y de ancho de 6 a 10: varias veces ha sido tomada esta isla por los ingleses, y la última fue reconquistada en 1797. Por el sur tiene en la ensenada de Conchagua los ríos de Nacaome y de Choluteca, navegables desde el mar hasta lo interior de algunos

---

[33] Caratasca

164

pueblos. En su capital reside el Gobernador Intendente, el Obispo que tiene catedral con un corto número de canónigos y un colegio seminario, sin más estudios que latinidad y moral, por lo que su clero es muy escaso." Y proponía que hubiera en esta provincia Diputación Provincial, Jefe Político y Universidad de segunda enseñanza, debiendo quedar las de estudios mayores en Guatemala y en León.

La división del Reino se haría en las ocho provincias de Cartago, León de Nicaragua, Comayagua de Honduras, San Salvador, Villa de Santa Ana, Guatemala, Quezaltenango y Ciudad Real de Chiapa.

En cuanto a la población decía:

"En todo este reino dividido en las ocho provincias, que se refieren, no ha hecho el comercio de negros de Africa como en otros puntos de América, y así se conocen muy pocos esclavos, que no llegarán a 200, contando algunos particulares y lo de los ingenios de San Jerónimo y Palencia, de los Padres de Santo Domingo, pues lo que se hallaban en el puerto de Omoa pertenecientes a la Real Hacienda se les declaró libres en la Cortes ordinarias y extraordinarias de 1812, y de negros caribes venidos de las islas de Roatán y San Vicente en el año de 1797 con otras familias del Guárico y Santo Domingo al puerto de Trujillo de Comayagua, todos son libres y se han aumentado ascendiendo su número de 4 a 5,000",

Sobre la iniciativa del Diputado Méndez no pudo haber resolución, porque mientras estaba en estudio de las comisiones, se precipitaban los acontecimientos en favor de la Independencia. Poco después de haberse hecho cargo Gaínza del Gobierno Superior, tuvo noticia del grito lanzado en Iguala por Augustín de Iturbide, en combinación con el General D. Vicente Guerrero. Quiso Gaínza desfigurar esta nueva, pero fue imposible; y, como dice Marure, "ella acabó de dar en Guatemala la última mano al gran proyecto de emancipación: todos los hombres que tenían influencia en los negocios convinieron unánimes en la necesidad de proclamarla: el pueblo también estaba acorde en este sentimiento, y sólo había diferencias en cuanto a los medios de ejecución."

La obra, pues, por la cual habían luchado los patriotas desde 1811, iba a verse por fin realizada.

LIBRO II: ÉPOCA INDEPENDIENTE

PRIMERA PARTE: La independencia de España 1821 a 1822

CAPÍTULO PRIMERO: Proclamación de la Independencia 1821

La noticia de que los Ayuntamientos constitucionales de Ciudad Real, Comitán y Tuxtla habían proclamado y jurado la Independencia exaltó los ánimos en la Capital del Reino; y a los siete días de aquella proclamación, esto es, el 15 de septiembre de 1821, en el Palacio de los Capitanes Generales de Guatemala, que en ese momento cambió su nombre por el de Palacio Nacional, se hizo la declaración de que la Independencia del Gobierno español era la voluntad general del pueblo de Guatemala sin perjuicio de lo que determinara acerca de ella el Congreso que debía formarse con representantes de las Provincias que constituían el Reino, a cuyas elecciones se mandó convocar para que ese cuerpo se reuniese el 1°. de marzo de 1822.

Tal declaración se hizo por una junta presidida por el Gobernador y Capitán General D. Gabino Gaínza y formada por los individuos de la Diputación Provincial, los del Ayuntamiento y otras autoridades y oído el clamor de ¡VIVA LA INDEPENDENCIA! que repetía de continuo el pueblo, que se veía reunido en las calles, plazas, patio, corredores y antesala de aquel edificio.

D. José del Valle escribió el Acta en que se hizo constar la inmortal declaración. En ella se acordó, entre otros puntos, que las autoridades establecidas siguieran ejerciendo sus atribuciones con arreglo a la Constitución, decretos y leyes hasta que el Congreso determinara lo justo y benéfico, y que Gaínza continuara con el Gobierno Superior Político y Militar, asistido de una junta provisional consultiva. Esta se formaría con los individuos de la Diputación Provincial y los señores D. José del Valle por la provincia de Comayagua, D. Miguel Larreinaga por la de León, el Marqués de Aycinena por Quezaltenango el doctor D. José Valdés por Sololá y Chimaltenango, el doctor D. Ángel María Candina por Sonsonate y el licenciado D. Antonio Robles por Ciudad Real. Los individuos del nuevo Gobierno prestaron el juramento acordado.

D. José Gregorio Tinoco de Contreras, Gobernador Intendente, Comandante General y Jefe Político Superior de la provincia de Comayagua, recibió el 28 de septiembre a las ocho de la mañana el Acta de Independencia firmada en Guatemala y un manifiesto de

Gaínza relativo a ella. Inmediatamente reunió a la Diputación Provincial, al Ayuntamiento y a todas las corporaciones eclesiásticas, seculares y de hacienda en la sala capitular del Ayuntamiento. Y después de discutir sobre el Acta y el manifiesto y el Acta de Ciudad Real, a presencia del pueblo que ocupaba la galería, se acordó jurar y se juró la independencia de la provincia de Comayagua con la precisa condición de que debía quedar sujeta únicamente al Gobierno Supremo que se estableciera en la capital de México, en todos sus ramos: político, militar, de hacienda y eclesiástico. Seguiría rigiendo la Constitución española y continuarían en sus cargos las autoridades existentes.

En la tarde del mismo día 28 de recibieron en la Villa de Tegucigalpa los pliegos que contenían el Acta de Guatemala. Funcionaba como Alcalde Mayor de Provincia el Alcalde 1°. D. Tomás Midence, por muerte del licenciado D. Narciso Mallol. Reunidos el Ayuntamiento y otras autoridades en unión de varios vecinos, se dio lectura a los pliegos y se acordó jurar y juró la independencia comprometiéndose todos a reconocer el Gobierno que se organizara en Guatemala y a "contribuir a la independencia por cuantos medios fueran a su alcance hasta sacrificar sus vidas y haciendas." El acta fue redactada por D. Dionisio de Herrera. En el mismo sentido que Tegucigalpa se pronunciaron los Llanos de Santa Rosa, Gracias, Omoa, Trujillo, Santa Bárbara, Choluteca y otros partidos.

Tinoco previno al Ayuntamiento de Tegucigalpa no obedecer a ninguna autoridad de Guatemala. Tegucigalpa que, en los últimos días del Gobierno colonial, había quedado sujeta a Comayagua en lo militar, contestó que obedecería a las autoridades de Guatemala y Comayagua en todo aquello que estuviese conforme con las atribuciones de cada una y que no fuesen contrarias a las leyes que acababa de jurar. Esta respuesta desagradó a Tinoco.

CAPÍTULO II: Decrétase la anexión a México 1821 a 1822

Gaínza había participado a Iturbide la proclamación de la independencia en Guatemala. Iturbide le contestó el 19 de octubre objetando el artículo 2°. del Acta del 15 de septiembre, relativo a la convocatoria del Congreso soberano bajo el sistema representativo, a razón de un Diputado por cada quince mil almas; y manifestándole que el interés de Guatemala y México era tan idéntico e indivisible que no podían erigirse en naciones separadas e independientes sin aventurar su seguridad y existencia: que había que adoptar los principios de la monarquía moderada; y que, sin la pretensión de someter a los pueblos a su voluntad que no era otra que su felicidad y bienestar, había hecho marchar ya y en breve tocaría en la frontera de Guatemala una división numerosa y bien disciplinada que evitaría la violencia.

Tinoco, secundando las miras de Iturbide, excitaba a Tegucigalpa a sostener las providencias y resoluciones del Gobierno de Comayagua, en la inteligencia de que, si no era éste reconocido, se vería en el doloroso caso de proceder, conforme a sus instrucciones, a dictar las medidas necesarias para obtener la obediencia.

El Ayuntamiento de Tegucigalpa no se intimidó con las amenazas; se puso en armas para defenderse; nombró Comandante General de la plaza a D. Francisco Aguirre; se organizaron compañías de voluntarios, la primera de las cuales fue nombrado Teniente Francisco Morazán, que luego había de desempeñar importantísimo papel en la política del país; y se dio cuenta de todo a Gaínza.

La disidencia de Comayagua no causó impresión en Guatemala al saberse la actitud de Tegucigalpa.

Gaínza se dirigió a Tinoco, diciéndole que sólo al Congreso formado por Diputados elegidos por los pueblos correspondía decidir si debían ser o no provincias de Nueva España. Tinoco se afirmó en su plan, logró atraerse a Omoa y Trujillo y procuraba dominar toda la provincia. Pero sus medidas irritaron a Juticalpa, y ésta se pronunció por Guatemala.

El conflicto con ésta hizo que se comisionase a Tinoco para pasar a México a informar de todo a Iturbide. Conservaría entretanto su empleo de Capitán General y podría dividir los poderes que ejercía. En esta virtud el 21 de noviembre nombró Jefe Político a D. Juan Lindo, y dos días después Intendente al Canónigo D. José Nicolás Irías. Pero no pudo efectuar su viaje por lo pronto.

Decidida Comayagua a sostener por las armas su sistema, la Junta Consultiva dispuso enviar auxilios en favor de Tegucigalpa, y se pusieron en marcha para esta Villa, el Sargento Mayor D.J osé Justo Milla con los escuadrones de San Salvador, San Vicente y San Miguel, y DD. Rafael Montufar, con doscientos hombres de Chiquimula, para los Llanos de Santa Rosa. Al mismo tiempo se envió a Tegucigalpa de Comandante al Coronel D. Simón Gutiérrez.

La Junta Consultiva, por otra parte, aprobó el plan de organización de la Provincia de Tegucigalpa, redactado por D. Dionisio de Herrera, que le sometió el Ayuntamiento. Conforme a él tendría el Gobierno Político y de Hacienda el Coronel Gutiérrez, interinamente.

El 28 de noviembre dio cuenta Gaínza a la Junta Consultiva, del oficio de Iturbide del 19 de octubre. La Junta, que debió reservar al Congreso la resolución sobre las pretensiones de Iturbide, manteniendo el criterio con que se había hablado a Tinoco, se adelantó a contestar que exploraría el voto de las provincias. Y mandó imprimir el oficio para que todos los Ayuntamiento en cabildo abierto oyesen en el plazo de un mes el sentir de los pueblos. Este procedimiento regular fue aconsejado por el Marqués de Aycicena.

Entretanto el puerto de Omoa había vuelto a unirse a la causa de Guatemala. Y los esfuerzos de Tegucigalpa en favor de ella habían sido de tal entidad que la Junta Consultiva, por acuerdo de 11 de diciembre, le confirió el título de Ciudad y a su Ayuntamiento el de patriótico.

Milla ingresó con sus fuerzas el 16 de diciembre, y el 18 llegó el Coronel Gutiérrez, quien inmediatamente tomó posesión de la Comandancia de Armas y del Gobierno Político e Intendencia.

El Gobernador de Comayagua D. Juan Lindo, a favor de la circular de la Junta Consultiva acerca de la anexión a México, trató de una inteligencia con Tegucigalpa. El Ayuntamiento le contestó que la mayoría de la nación decidiría de quién había de depender Tegucigalpa: si de México o de Guatemala: que lo que no quería era depender de Comayagua.

El 23 de diciembre se celebró en Tegucigalpa el cabildo abierto. Tegucigalpa votó en el sentido de aceptar lo que decidiera la Junta Consultiva atendido el conjunto de circunstancias en que se hallaban las provincias. Los pueblos que permanecían fieles a la obediencia del

Gobierno de Comayagua se habían adelantado a expresar su voluntad, poniendo al margen de una circular que Lindo les dirigió el 2 de diciembre esta razón, firmada de los Alcaldes y Regidores: «Este pueblo se unió en su juramento de independencia al Imperio Mexicano, en el cual reconocerá por soberano a Fernando VII o a alguno de su familia». Pero el puerto de Trujillo volvió en enero de 1822 a la causa de Guatemala, a empeños de Tegucigalpa.

Contra esta provincia y para someter los pueblos que habían seguido su sistema, pidió el Gobernador Lindo auxilio a la Junta Provincial de León; pero no lo obtuvo.

Vencido el plazo para explorar la voluntad de los pueblos sobre la anexión a México, se hizo el escrutinio y regulación de los votos. Veintitrés Ayuntamiento votaron en el sentido de que sólo en Congreso general podía acordar la unión: ciento cuatro votaron que la querían simplemente; once que la consentían con pactos o condiciones y treinta y dos que descansaban en lo que resolviese el Gobierno de Guatemala. Muchos Ayuntamiento no tuvieron tiempo de emitir su opinión y no fueron pocos los que nunca recibieron la circular.

No obstante, en la sesión del 5 de enero, la Junta Consultiva, sin atender las indicaciones de Valle ni las reclamaciones de los Vocales Rivera, Calderón y Alvarado, declaró la incorporación a México sin más condiciones que las que expresaba Iturbide, reducidas a la observancia del plan de Iguala y del tratado de Córdoba.

El plan de Iguala firmado por Iturbide el 24 de febrero de 1821 establecía: que Nueva España era independiente: que su religión sería la católica y su gobierno sería una monarquía constitucional, que regiría como Emperador Fernando II o alguno de su familia u otro individuo de casa reinante que aceptase el Congreso. Entretanto habría una Junta gubernativa o Regencia, y este Gobierno sería sostenido por el Ejército de la Tres Garantías. El Teniente General D. Juan de O'Donojú, nombrado Virrey de México, desembarcó en Veracruz a fines de julio, y en presencia de las circunstancias conferenció en Córdoba con Iturbide: el 24 suscribieron allí los dos jefes un convenio por el cual se aceptaba el plan de Iguala, modificándolo en el sentido de dejar a las Cortes que habían de reunirse en México la facultad de elegir un Emperador, aunque la persona elegida no perteneciese a ninguna de las dinastías reinantes en Europa. Tras este convenio había entrado Iturbide a México el 27 de septiembre; y presidida por él se organizó la Regencia.

Tales eran los pactos fundamentales que obligaban desde el 5 de enero de 1822 a las provincias que formaban lo que se llamó Reino de Guatemala, exceptuando la de San Salvador que desconoció lo resuelto.

Gaínza, por acuerdo de 22 de enero, declaró a Tegucigalpa independiente de Comayagua en lo político, militar y de hacienda.

Entretanto continuaba el malestar entre ambas provincias. Deseoso de que se le pusiera fin, el Gobierno de Comayagua invitó a una entrevista al Comandante Gutiérrez para la celebración de un tratado. Gutiérrez, de acuerdo con los patriotas, se retrajo de asistir a la entrevista y dio cuenta a Gaínza. Este le contestó que de aquel paso podía esperarse la conciliación, y que la entrevista con Tinoco podía celebrarse en un punto medio, acordándose las seguridades recíprocas.

Habiéndose separado San Salvador de Guatemala, recibió el Sargento Mayor Milla orden del Intendente occidental de la primera de las dos provincias para que las tropas de ellas regresasen. Milla pretendió permanecer en Tegucigalpa hasta el resultado de la entrevista, pero esta nunca se celebró y reiterada la orden directamente a los oficiales, las fuerzas marcharon el 11 de febrero. Milla partió después para Guatemala.

El 3 de febrero y en virtud de nombramiento de Gaínza conferido el 23 de enero, había entrado a ejercer el mando político de la Provincia de Tegucigalpa D. Dionisio de Herrera.

La Junta Provisional Consultiva se disolvió el 21 de febrero, fecha en que Gaínza, por virtud de la incorporación a México, recibió de la Regencia el nombramiento de Jefe interino de las Provincias Centro—Americanas.

Las autoridades que, bajo la Regencia, ejercían el poder en estos momentos en Honduras eran: en Comayagua, en lo político D. Juan Lindo; en lo militar D. José Gregorio Tinoco de Contreras; y en lo de hacienda, D. José Nicolás Irías. En Tegucigalpa: en lo político, D. Dionisio de Herrera; en lo militar D. Simón Gutiérrez; y en lo de hacienda, Don José María Rojas. Tegucigalpa era subalterna inmediata de Guatemala.

SEGUNDA PARTE: Honduras durante la anexión a México 1822 a 1823

CAPÍTULO I: Coronación de Agustín I 1822

Al comunicarle Gaínza al Comandante Gutiérrez que el Gobierno de Nueva España le había conferido el mando interino de la Provincia, le manifestaba también que venía a sus órdenes la división que, al mando del Brigadier Vicente Filisola, se había destinado a este reino, de la que había dispuesto que llegara alguna fuerza a la capital. El principal objeto de esta División era el de afianzar la paz y unión de estas provincias, y si alguna de ellas fuera alterada por el genio de la discordia y por el de la ambición, ocurriría allí con aquella fuerza protectora para desvanecer todo recelo con respecto a los que intentaran perturbar su quietud. Debían cesar los motivos de desconfianza y los mutuos recelos que alarmaron al Gobierno provisional de Guatemala y al de Comayagua, y no dudaba de que este recibiera órdenes del Excelentísimo señor Generalísimo Almirante para que se retiraran las tropas y para que se respetara el territorio unido a Guatemala. En tal concepto daba orden el Comandante de la División de los Llanos para que se retirara con ella, y Gutiérrez podía mandar retirar las que se acantonaron en Tegucigalpa, que disfrutarían de los haberes correspondientes hasta restituirse a sus hogares. Respecto a la entrevista con Tinoco le decían que, si no entraba éste por las propuestas racionales que no dudaba le haría, sería conveniente que cuanto antes fuera a San Miguel donde estimaba necesaria su residencia.

Gutiérrez contestó que, con la orden para retirar las tropas, creía que las provincias se tranquilizarían sin necesidad de entrevista, la que por otra parte era imposible, ya que Tinoco manifestaba que no entraría en avenimiento alguno que no tuviese por principio el que se sometiesen a su obediencia todos los pueblos de Honduras adheridos a Guatemala. Manifestaba saber que el Gobierno había designado para sucederle como jefe en el mando de las armas de Tegucigalpa al Sargento Mayor José Garri, y que ni su salud achacosa ni otras consideraciones legales que ya tenía anunciadas le permitían pasar por entonces al destino de San Miguel. Refiriéndose a las elecciones de Diputados al Congreso de México, dijo que todos los pueblos adictos a Tegucigalpa las habían practicado y aunque a todos los había invitado Tinoco, ellos habían enviado sus electores a esta cabecera, excepto el pueblo de Guascorán que había sido violentado por el comisionado D. Francisco Izaguirre.

Las elecciones a que se refiere Gutiérrez se habían practicado en las dos provincias el 10 de marzo. Resultaron electos: por Comayagua, los señores D. Joaquín Lindo, D. Juan Lindo, D. Cayetano Bosque y D. Jacinto Rubí; y por Tegucigalpa, los señores Presbítero don Francisco Márquez, D. Próspero Herrera y D. José Cecilio del Valle.

Gutiérrez con noticia de que venía de Guatemala una conducta de platas a la Casa de Rescates de Tegucigalpa, envió a su encuentro una fuerza de 150 hombres al mando del Teniente Miguel Acero, quien debía dar un largo rodeo para evitar un encuentro con las fuerzas de Comayagua. El Ayudante Francisco Morazán fue enviado a Gracias a preparar el transporte de la conducta, que había llegado a los Llanos. Al pasar por el valle de Comayagua, aunque iba en calidad de comerciante, fue capturado en unión de sus criados por una avanzada que las autoridades comayagüenses habían colocado allí para sorprender el convoy, y se le puso en capilla; pero a los tres días logró recobrar su libertad, y cumplido su encargo regresó por el mismo valle. Cuando la conducta de platas pasaba por territorio de San Miguel, se acababa de librar el combate de la Concepción de Ramírez en que las fuerzas de aquella ciudad habían derrotado a «los fanáticos republicanos de San Vicente»; y el Comandante de Julio Gómez desarmó a los 150 hombres enviados por Gutiérrez; y quiso exigir veinticinco mil pesos en calidad de préstamo, oponiéndose a la salida de Acero mientras no cesaran las amenazas de las fuerzas de San Vicente, y trató de justificar su procedimiento diciendo que Tegucigalpa, al recibir la conducta, abrazaría el partido republicano. El Ayuntamiento de San Miguel, sin hacer acusación alguna, se dirigió al de Tegucigalpa, reduciendo la solicitud de préstamo a ocho mil pesos y pidió que se le dejaran los dos cañones que acompañaron la conducta. Esta quedó retenida, en San Miguel, probablemente en virtud de órdenes del Capitán General Gaínza[34].

---

[34] Véase nota de 17 de mayo de 1822 del Ayuntamiento de Tegucigalpa al de San Miguel: Rev. del Arch. y Bib. Nac. tomo IV, páginas 395 a 397.

Entretanto había salido D. Juan Lindo para México a ocupar su asiento de Diputado, y quedó en su lugar como Gobernador Político Superior D. Juan Garrigó, habiendo tomado posesión de su destino el 29 de marzo.

El 19 de abril salió Tinoco, dejando en el mando de las armas a D. Francisco José de Gómez.

En Tegucigalpa también hubo cambios. Gaínza nombró a Gutiérrez Comandante de Omoa y a Cáscara Comandante de Trujillo. Luego cambió los nombramientos, confiriendo a Gutiérrez el mando de Trujillo y a Cáscara el de Omoa. La Comandancia de Armas de Tegucigalpa sería servida interinamente por el jefe u oficial de más graduación. El 2 de mayo fue designado por el Ayuntamiento el Capitán D. Francisco Aguirre.

El 18 de mayo hubo en Tegucigalpa un levantamiento encabezado por Justo Centeno contra los empleados españoles por suponérseles inteligencias secretas con Acero y el Comandante de San Miguel. La fuerza acuartelada apoyaba el levantamiento. Se quería separar del mando de las armas al Comandante Aguirre y de la Casa de Rescates al Ministro Rojas. El grupo reunido frente al Cabildo pedía a gritos «que subiera el ciudadano León Rosa a hacerse cargo de la Comandancia.» Las conmociones duraron hasta el 21, en que corrió la noticia de que llegaban fuerzas de Comayagua a atacar a Tegucigalpa. A favor de ella logró el Jefe Político D. Dionisio de Herrera, en unión del Ayuntamiento, que los sublevados depusieran las armas. Centeno fue reducido a prisión, pero el ciudadano Rosa se encargó de la Comandancia. Fue esta la primera asonada que obtuvo el cambio de un funcionario público.

Filisola, que se había quedado con su División en Chiapas, para proteger desde allí los pronunciamientos de las demás provincias de Guatemala, fue llamado por Gaínza con motivo del desastre sufrido por Arzú, enviado a someter a San Salvador. Pero a este tiempo ya tenía órdenes de la Regencia para pasar a Guatemala a sustituir en el mando a Gaínza, a quien se tenía por sospechoso y se llamaba a México. Filisola entró a Guatemala el 12 de junio con 600 hombres y el 22comunicó a Honduras haber tomado posesión del mando interino de estas provincias. El Ayuntamiento de Tegucigalpa manifestó la mejor disposición hacia el nuevo Gobernador y Capitán General.

Cuando esto ocurría, ya la Regencia había concluido. Las Cortes de España habían rechazado el tratado de Córdoba, y el Congreso de México, que se había inaugurado el 24 de febrero, eligió el 19de mayo bajo las amenazas de un populacho desenfrenado y la presión de un pronunciamiento militar. Emperador constitucional del Imperio Mexicano a D. Agustín de Iturbide. Iturbide, General en Jefe del Ejército de las Tres Garantías, se coronó solemnemente el 21 de junio con el nombre de Agustín I.

El Ayuntamiento de Tegucigalpa dijo a Filisola el 9 de julio que había celebrado la noticia con solemnidad y grandes demostraciones de regocijo, y el 23 se dirigió a Iturbide manifestándole que Tegucigalpa no quiso la unión a México mientras creyó que reinaría la familia de Borbón; pero que ahora, al verlo exaltado al trono del Imperio, había prestado el homenaje y juramento correspondientes, y acreditaría su lealtad y respeto hasta con la última gota de su sangre. El 28 de agosto fue la jura pública del Imperio y se celebró con grandes fiestas la independencia de España.

Pero la Regerícia había acordado que se abriese un donativo y préstamo voluntario para subvenir a las necesidades del Estado, y al respecto había dicho poco antes el Ayuntamiento a Filisola que, a pesar del entusiasmo por el Imperio, tal disposición no tendría efecto por la miseria general en que se hallaba Tegucigalpa y los minerales, con motivo de haberse retenido en San Miguel la conducta de platas procedente de Guatemala so pretexto de que se daría el grito republicano.

El Diputado D. José Cecilio del Valle había salido de Guatemala el 7 de mayo y llegó a México el 28 de julio. Se incorporó al Congreso el 3 de agosto y el 5 se le nombró individuo de la Comisión de Constitución. El 24 se le nombró Vice—Presidente de la Asamblea; pero sus triunfos en ella oponiéndose a iniciativas despóticas del Poder Ejecutivo fueron delitos ante este y dos días después, con otros Diputados, militares y paisanos, fue preso y recluso como reo de Estado en el Convento de Santo Domingo.

CAPÍTULO II: Caída del Imperio 1823

El Diputado D. Juan Lindo había comunicado el 25 de junio de 1822 a las autoridades de Honduras que su Majestad Imperial le había conferido el Gobierno Político Superior e Intendencia de esta Provincia. En julio se puso en camino para Comayagua, en donde el 12 de octubre tomó posesión de sus cargos.

Inmediatamente propuso al Ayuntamiento de Tegucigalpa un juramento de unión con el de Comayagua, que debía celebrarse ante él, en Rancho Grande, en manos de sus respectivos Curas. El Ayuntamiento le contestó que no se consideraba con facultades para dar ese paso, el que creía arriesgado por las sospechas que pudiera infundir a los pueblos de que se les quería someter al Gobierno de aquella ciudad. Lindo continuó en su empeño de organizar la provincia de Honduras, atrayendo a Tegucigalpa, y el 17 se dirigió de nuevo al Ayuntamiento. Este se mantuvo firme en la idea de que no podía dar un paso que no cabía en la esfera de sus atribuciones.

El 30 dictó Lindo una orden para la apertura de escuelas de primeras letras, a las que deberían asistir los niños desde la edad de cinco años hasta la de catorce sin distinción de clases, pues no las había.

El Ayuntamiento de Tegucigalpa dispuso en seguida abrir en esta ciudad una escuela de primeras letras, en la que se enseñaría lectura, escritura, los primeros principios de la Aritmética y los rudimentos de la religión católica, y se darían lecciones de ortografía, de urbanidad y buena crianza, de la Constitución de España por el momento, y de la que rigiera en lo sucesivo.

La Constitución del Imperio, que se esperaba, no había de dictarse. El Emperador después del ultraje que había hecho a la soberanía nacional con la prisión de Valle y otros Diputados, cometió un atentado Mayor: disolvió el Congreso por decreto de 31 de octubre y se declaró monarca absoluto.

Filisola recibió orden de someter a San Salvador. Ocupó Santa Ana en noviembre y para engrosar sus fuerzas pidió tropas a Honduras. Lindo las hizo reclutar y marchar sin tardanza.

Filisola se situó en la hacienda de Mapilapa, a cuatro leguas de San Salvador, y allí publicó el decreto imperial de 4 de noviembre que dividió las provincias de Oriente, como se llamaba a las de Guatemala, en tres Comandancias Generales, independientes entre sí: las de Chiapas, la de Guatemala y la de León. A la primera se agregaban las Alcaldías Mayores de Totonicapán y Quezaltenango, dándosele por cabecera Ciudad Real y siendo el Comandante don Miguel González Saravia. A la segunda se agregaban la Intendencia de San Salvador y Omoa, teniendo por capital Nueva Guatemala y siendo su Comandante el Brigadier Filisola. Y comprendería la tercera el puerto de Trujillo, las Intendencias de Comayagua y Nicaragua y la provincia de Costa Rica, teniendo León por capital y siendo su Comandante el Brigadier D. Manuel Rincón. Filisola anunció la llegada de Rincón para diciembre. El decreto indicaba también lo que debía hacerse sobre gobierno político y administración de justicia; pero no había de llevarse a efecto.

Filisola no pudo entrar a San Salvador hasta el 9 de febrero de 1823, y el día siguiente hizo levantar un acta de reconocimiento y obediencia al Imperio. Pero el 6 de diciembre había estallado el movimiento de Casa Mata. El 22 de febrero el preso D. José del Valle fue nombrado por Iturbide Secretario de Estado y del Despacho de Relaciones Exteriores. Debía presentarse en Zapaluta a recibir instrucciones. Valle se negó a aceptar el nombramiento; pero Iturbide insistió de tal modo en que lo aceptara que hubo de entrar a ejercerlo. La labor de Valle se redujo a procurar que la tremenda crisis que amenazaba el Imperio se resolviera honrosa y benéficamente; y así evito Iturbide la guerra civil, abdicó la corona el 20 de marzo y salió del país, habiéndose embarcado en Veracruz con su familia en el bergantín Rawlins, que lo condujo a Italia. Es una gloria para Honduras que uno de sus representantes haya tenido tan decisivo influjo en el feliz desenlace de tan graves acontecimientos.

El Congreso se reinstaló, y a virtud de las representaciones de Valle, que evidenciaban la nulidad del acta de anexión, acabó por reconocer que Centro América era independiente de México.

Filisola recibió en San Salvador la noticia del plan de Casa Mata contra el Imperio. Pasó en el acto a Guatemala y allí expidió el 29 de marzo un decreto en que ordenaba que, con arreglo al Acta del 15 de septiembre de 1821se reunieran a la mayor brevedad en aquella capital todos los Diputados de las provincias que hasta el 5 de enero de 1822 se mantuvieron unidas y adictas al Gobierno Independiente. Y se invitaría a las provincias de Comayagua, Chiapas, Quezaltenango, León y Costa Rica a que enviasen sus Representantes si querían adherirse, por ser comunes e idénticos sus intereses. El primer objeto de esta Asamblea sería, además del que expresaba el artículo 2°. del Acta de Independencia, el de examinar el pacto de unión a México y adoptar el partido que conviniera a las provincias. Entretanto no se haría innovación en el Gobierno, regiría la Constitución española bajo el actual sistema y estaría en vigor el arancel de aduanas decretado por la Junta Consultiva el 13 de febrero de 1822 y no el del Imperio.

TERCERA PARTE: Honduras en la Federación 1823 a 1839

CAPÍTULO I: Organización Federal 1823 a 1825

La convocatoria al Congreso fue aceptada, aunque Comayagua se reservó la libertad de reconocer de nuevo a Iturbide como legítimo Emperador, caso de que volviera a ocupar el trono imperial.

El 24 de junio se instaló el Congreso bajo la presidencia del Presbítero D. José Matías Delgado, con 41 representantes de las provincias que formaron el Reino de Guatemala, excepto Chiapas. Por Honduras sólo hubo un representante: D. Francisco Aguirre. Los demás llegaron muy después a Guatemala.

El 1°.de junio se declaró que las Provincias Unidas del Centro de América eran libres e independientes de la antigua España, de México y de cualquier otra potencia, y por tanto eran y formaban nación soberana. Redactó esta Acta D. José Francisco Córdova, Diputado Por Santa Ana.

El Congreso se denominó luego Asamblea Constituyente.

Para el ejercicio del Poder Ejecutivo se creó un triunvirato: fueron nombrados D. Manuel José Arce, D. Pedro Molina y D. Juan Vicente Villacorta. Ausente el primero, fue nombrado D. Antonio Rivera Cabezas. Entraron a sus funciones el 10 de julio.

Nombrado Filisola Jefe Político Superior de Guatemala, no aceptó y dispuso regresar a México, para donde salió el 3 de agosto con su División. En Chiapas influyó para que esta provincia permaneciera unida a México.

Los representantes de Honduras, Nicaragua y Costa Rica, que no habían llegado a Guatemala por la permanencia allí de Filisola, ingresaron a aquella ciudad a fines de septiembre y el 1°. de octubre ratificaron la declaratoria de independencia absoluta hecha el 1°. de julio.

La asonada del Capitán de granaderos Rafael Ariza y Torres dio origen a un cambio en el Ejecutivo. Fueron nombrados Valle, Arce y O'Horan: pero ausentes los dos primeros, se les sustituyó con D. José Santiago Milla y D. Juan Vicente Villacorta.

Una comisión de la que formaba parte el Diputado por Tegucigalpa D. Francisco Antonio Márquez presentó a la Asamblea las bases de la Constitución: en ella se adoptó la forma de gobierno popular, representativo, federal[35]. De modo que las antiguas provincias del Reino serían Estados.

El Diputado Márquez llevaba instrucciones para que se formara un Estado de la provincia de Tegucigalpa, agregándose a ésta el partido de Segovia, el de Olancho y el puerto de Trujillo, con Olanchito. Reconociendo que esto era imposible, celebró un convenio con los Diputados por Comayagua, conforme al cual se constituiría en la Federación un Estado de las dos provincias de Honduras; la Legislatura se reuniría alternativamente en Comayagua y Tegucigalpa, y para la primera reunión decidía la suerte. Este plan fue aceptado por sus comitentes.

De regreso en Guatemala D. José del Valle, tomó el 5de febrero de 1824 posesión de su puesto en el Poder Ejecutivo.

El 11 fue desconocido Lindo en el gobierno de Comayagua, y luego el Ejecutivo Nacional lo declaró suspenso en su cargo: en su lugar quedó el Alcalde 1°. D. Severino Quiñonez. Comandante de las Armas de aquella provincia fue nombrado luego D. Remigio Díaz; y Jefe Superior Político e Intendente, D. Juan José del mismo apellido, quien tomó posesión el 13 de abril.

La Asamblea dictó el 5 de mayo un decreto para que en todos los que habían de ser Estados se procediera a elegir y unir sus Congresos constituyentes y a nombrar los Jefes y Vice—Jefes que debieran ejercer provisionalmente el Poder Ejecutivo. Practicadas las Elecciones, se convino en Comayagua en que el Congreso se reuniera en Cedros. La reunión se efectuó el 9 de agosto, y el día siguiente se decretó la traslación a Tegucigalpa por haberlo decidido así la suerte. En Tegucigalpa abrió sus sesiones el 16 de septiembre; y hecho el escrutinio de votos para Jefe del Estado, y no habiendo mayoría absoluta, nombró para tal cargo a D. Dionisio de Herrera y para Vice—Jefe a D. José Justo Milla. Herrera entró inmediatamente a sus funciones y así quedaron unidas por fin, formando un solo todas las dos provincias.

El 23 de mayo se había presentado a la Asamblea Nacional Constituyente el proyecto de Constitución Federal. El Diputado

---

[35] Márquez había estudiado en Tegucigalpa, antes de salir para Guatemala, la Constitución de los Estados Unidos de América y la de Colombia.

Márquez fue uno de sus redactores. El 22 de noviembre fue firmada la Constitución: los representantes de Honduras que la firmaron fueron: D. José Nicolás Irías, como Vice—Presidente de la Asamblea; D. Juan Miguel Fiallos, D. Miguel Antonio Pineda, D. Juan Estaban Milla, D. José Jerónimo Zelaya, D. José Francisco Zelaya, D. Joaquín Lindo, D. Pío José Castellón, D. Francisco Antonio Márquez, D. Próspero de Herrera y D. Francisco Aguirre.

Firmaron el Ejecútese en la misma fecha D. Manuel Antonio de la Cerda como Presidente del triunvirato, D. José del Valle y D. Tomás O'Horán.

El Congreso Constituyente hondureño, que había empezado sus labores en Tegucigalpa, dispuso por decreto de 22 de enero de 1825 trasladarse a Comayagua, en donde se reinstaló el 15 de febrero; y allí juró el 20 la Constitución de la República y mandó jurarla en las demás poblaciones del Estado.

La Asamblea Constituyente de Centro—América había cerrado sus sesiones el 23 de enero.

CAPÍTULO II: Organización del Estado 1825 a 1827

El 6 de febrero se instaló en Guatemala el primer Congreso Federal.

Una de sus primeras medidas fue un decreto en que declaró que las Asambleas de los Estados no tenían facultad de examinar las resoluciones y providencias emanadas de las autoridades federales.

El 21 de abril declaró electo Presidente de la República al General D. Manuel José Arce, defraudando la voluntad popular que se había manifestado en favor de D. José Cecilio del Valle. Este fue nombrado Vice—Presidente, pero no aceptó. No habiendo aceptado en su lugar don José Francisco Barrundia, fue nombrado D. Mariano de Beltranena.

El Congreso Constituyente de Honduras adoptó el nombre de Asamblea y empezó a dictar leyes y disposiciones para la organización del Estado, sobre hacienda y policía; y llamó a Comayagua al Jefe Herrera, quien se había quedado en Tegucigalpa, a pesar del cambio de residencia de aquel Cuerpo. Herrera obedeció, y el 28 de julio prestó ante la Asamblea el juramento constitucional.

La Asamblea dividió el territorio del Estado en siete Departamentos: el de Comayagua, el de Tegucigalpa, el de Gracias, el de Santa Bárbara, el de Yoro, el de Olancho y el de Choluteca. Declaró la elección de Presidente de la Corte Superior de Justicia y por no haber habido en las juntas Mayoría absoluta de votos, hizo el nombramiento de los demás Magistrados, Fiscal y suplentes. Mandó proceder a la elección de Diputados para la primera Asamblea ordinaria. Estableció un Consejo Representativo que se compondría de cuatro individuos, debiendo haber dos suplentes. Decretó el escudo de Honduras. Dictó el presupuesto de gasto, que importaba $ 79,294.00; y el 11 de diciembre emitió la Constitución. Esta fue firmada por el Vice—Presidente D. Manuel Jacinto Doblado, Diputado por Yoro y por los Diputados D. José María del Campo por Nacaome; D. José Rosa de Izaguirre por Santa Bárbara, D. Ángel Francisco de Valle por Cantarranas; D. José María Donaire por Gracias y D. Miguel Rafael Valladares por Tegucigalpa. En la misma fecha le puso el Ejecútese D. Dionisio de Herrera, Jefe del Estado y autorizó el acto el Secretario General del Gobierno, D. Francisco Morazán. El Jefe del Estado prestó el juramento debido. El día siguiente cerró6 sus sesiones la Asamblea.

El 1°. de marzo de 1826 abrió sus sesiones el segundo Congreso Federal, y el 5 de abril se instaló en Comayagua la primera Asamblea Ordinaria del Estado. Ante ella leyó Herrera un importante mensaje sobre los actos realizados en el Gobierno y sobre las necesidades de Honduras. Herrera se había empeñado en atender el desarrollo e incremento de los grandes intereses de la administración y para hacer arraigar las instituciones republicanas, mandó por un decreto abrir tertulias patrióticas, en las que se dedicaría un rato a la lectura y explicación de las Constituciones de la República y del Estado.

La Asamblea se le tornó hostil y mandó practicar elecciones declarando que tan sólo era Jefe provisional. Herrera renunció, pero no hubo número en la Asamblea para conocer de su renuncia, y así le tocó seguir en el poder para encontrarse primero con movimientos revolucionarios que hubo de sofocar y luego con un atentado que puso en peligro su vida. Los descontentos, para desprestigiarlo, lanzaron la especie de que, con los francmasones, caminaba a destruir la religión. Herrera demostró la falsedad de tales imputaciones; pero luego entró en choque con el Gobierno Federal por no haber aceptado, como tampoco lo aceptó la Asamblea, el decreto de 10 de octubre de 1826 en que se convocaba un Congreso extraordinario para Cojutepeque, y Honduras fue invadido por tropas federales.

Comayagua fue sitiada por el Coronel José Justo Milla, que poco antes había renunciado la Vice—Jefatura del Estado; el sitio comenzó el 7 de abril de 1827 y concluyó el 9 de mayo. Una traición facilitó a los sitiadores la entrada a la plaza. El señor Herrera fue preso y enviado a Guatemala, en donde el Presidente Arce le dio por cárcel su propia habitación.

CAPÍTULO III: Expedición a Guatemala 1827 a 1829

Milla ejerció de hecho el mando de Honduras y luego de convocar a elecciones, encargó el Ejecutivo a D. Cleto Bendaña. La Asamblea, por decreto de 13 de septiembre, declaró electos Jefe y Vice—Jefe del Estado a D. José Jerónimo Zelaya y a D. Miguel Eusebio Bustamante. Autorizado Zelaya para prestar la promesa constitucional ante la Municipalidad del primer pueblo a que llegara, la prestó a fines de octubre ante la de Santa Bárbara. Sólo en este departamento fue reconocido. Mientras tanto, el Vice—Jefe Bustamante actuaba en Comayagua. Terminó la autoridad de ambos como consecuencia de la derrota que el 11 de noviembre infligió a Milla en el cerro de la Trinidad D. Francisco Morazán con las fuerzas que organizó en Choluteca, formadas de hondureños, nicaragüenses y salvadoreños.

Morazán pasó a Comayagua y se hizo cargo del Poder Ejecutivo como Consejero, por falta de Jefe y Vice—Jefe; y en 18 de junio de 1828 dictó en Guascorán un decreto por el que depositó la Jefatura en D. Diego Vijil. Había organizado una División respetable para ir en auxilio de El Salvador, ocupado también por fuerzas federales. Con ella obtuvo el 6 de julio la victoria de Gualcho sobre las fuerzas de Domínguez, y a esta siguieron las de San Antonio, de San Miguelito y de Las Charcas, habiendo concluido por ocupar Guatemala el 13 de abril de 1829 Morazán obtuvo del Arzobispo Casaus que nombrara Provisor y Gobernador de la Diócesis al Presbítero D. Francisco Antonio Márquez, en lugar del Canónigo D. José Nicolás Irías, que estaba fuera de la ley por su participación en los movimientos revolucionarios contra el Jefe Herrera.

El señor Vijil entretanto había logrado reorganizar el Estado; y la Asamblea, con quien marchaba de acuerdo, había dictado leyes radicales: entre ellas, la que suprimió el fuero eclesiástico, la que declaró extinguidas las comunidades religiosas en Honduras, la que declaró que no podían tener ejecución las bulas, breves, decretos o cualquier resolución que dimanara de la Santa Sede sin el pase del Presidente de la República y del Jefe del Estado, y la que estableció el matrimonio civil.

El 5 de marzo de 1829 habían sido elegidos por la Asamblea ordinaria el General Morazán, Jefe del Estado, y el señor Vijil Vice— Jefe, pues no había resultado mayoría absoluta en las elecciones. El señor Vijil había continuado en el poder por la ausencia de aquel.

Concluida la campaña de Guatemala y habiéndose alzado en armas el departamento de Olancho, Morazán emprendió su regreso a Honduras, y el 2 de diciembre tomó posesión de la Jefatura del Estado.

CAPÍTULO IV: Pacificación de Honduras 1829 a 1833

Morazán depositó la Jefatura el 24 de diciembre en el Consejero D. Juan Angel Arias y marchó a combatir a los facciosos de Olancho. A principios de enero de 1830 ocupó Juticalpa, y el 21 del mismo mes hizo capitular a los rebeldes en el paraje denominado las Vueltas del Ocote. El 19 de febrero, por medio del Coronel D. José María Gutiérrez, lograba pacificar Opoteca.

Vuelto a Tegucigalpa, se hizo cargo de nuevo del mando el 22 de abril. Se dedicó a reorganizar los diferentes servicios públicos, consagró especial atención a las escuelas de primeras letras y estableció en Tegucigalpa la primera imprenta, la que hizo venir de Guatemala y en la que el 25 de mayo de aquel año empezó a publicarse el periódico oficial con el nombre de Gaceta del Gobierno.

Caídas las autoridades federales y del Estadlo de Guatemala, que habían hecho la guerra a Honduras y El Salvador, se practicaron elecciones de autoridades federales. El Congreso de la Nación, por decreto de 22 de junio de 1830, declaró Presidente de la República, popularmente electo, al ciudadano Francisco Morazán. Separóse éste el 28 de julio de la Jefatura del Estado, para ir a tomar posesión de la Presidencia de Centro América, y le sustituyó el Consejero D. José Santos del Valle mientras practicaban elecciones.

Practicadas y no habiendo mayoría de votos, la Asamblea reunida en Comayagua, declarada capital el 2 de septiembre, eligió por unanimidad a D. Joaquín Rivera. Habiendo renunciado Rivera, se declaró nombrado, por decreto de 10 de marzo de 1831, al Coronel D. José Antonio Márquez.

Por ser hermano de éste, el P. Márquez renunció la Gobernación de la Diócesis y quedó en su lugar el Presbítero D. Bruno Arriaga, de Danlí, quién ejerció el cargo hasta fines del año, habiéndole sucedido el Presbítero D. Mariano Castejón.

El 1°. de abril se convocó una Constituyente para reformar la Constitución de 1825. Instalóse el 10 de octubre, y luego se empezó a discutir el proyecto presentado por la Comisión: esta era formada por los Diputados José Trinidad Reyes, José Calixto de Valenzuela, Juan Lindo y Joaquín Rivera. Las discusiones duraron hasta el 7 de enero de 1832; pero no se pudo concluir la obra a causa de haber invadido el Estado el Coronel Vicente Domínguez.

Este se apoderó de Omoa y Trujillo y avanzó hacia Yoro. El Jefe Márquez envió contra él al Teniente—Coronel Francisco Ferrera, quien lo hizo retroceder y obtuvo las victorias de Tercales, Trujillo y la Ofrecedera. Domínguez se dirigió a Omoa y de allí a Santa Bárbara, de donde en unión del Coronel Pedro González avanzó con dirección a Comayagua. Una fuerza al mando del Coronel D). José María Gutiérrez le salió al encuentro en Jaitique el 26 de marzo y lo derrotó después de cuatro horas de combate: en él murió gloriosamente el Coronel Gutiérrez.

Casi al mismo tiempo fallecía en Comayagua el Jefe Márquez, víctima de una fiebre maligna. Cuatro días antes había depositado el poder en el Consejero D. Francisco Milla.

Este continuó la campaña contra Domínguez, quien había logrado rehacerse: las fuerzas del Gobierno lo derrotaron a principios de mayo en El Espino y Opoteca; y capturado después, fue fusilado en Comayagua. El 12 de septiembre fue recobrado por fuerzas federales el castillo de Omoa, en el que los invasores habían izado la bandera española, y su jefe Ramón Guzmán fue fusilado el 13, un día antes que Domínguez. La paz quedaba al fin asegurada.

El 5 de diciembre el Congreso de la Nación declaró Distrito Federal el Estado de Honduras. Para que este decreto pudiera ejecutarse era necesaria la reforma de la Constitución, y la reforma no se hizo.

El 31 fue declarado electo Jefe del Estado D. Joaquín Rivera, y tomó posesión de su cargo el 7 de enero de 1833.

CAPÍTULO V: Tentativas de reforma. —Ruptura del Pacto 1833 a 1839

Rivera continuó la obra de organización del Estado; arregló las rentas, fomentó la enseñanza, favoreció el desarrollo de la industria minera, extinguió mucha parte de la deuda pública, guardó con los demás Estados y el Gobierno Federal las mejores relaciones, sin dar lugar al más pequeño motivo de queja, y bajo su Gobierno se gozó de una amplia libertad de imprenta.

Agitada la opinión en favor de la reforma de la Constitución Federal, Rivera sometió a los Gobiernos de la Unión un decreto que la Asamblea hondureña emitió el 20 de febrero. En él proponía la Asamblea que se creara una Dieta compuesta de dos representantes por el Estado de Costa Rica, tres por el de Nicaragua, tres por el de Honduras, cuatro por el de El Salvador y seis por el de Guatemala. Esta Dieta sería la única autoridad federal. El plan no fue aceptado.

El 20 de abril el Congreso Federal expidió un decreto de convocatoria para una Asamblea Constituyente.

Rivera depositó el mando en el Vice—Jefe D. Francisco Ferrera el 24 de septiembre, pero con motivo de la acción de San Bernardo, librada entre fuerzas del Gobierno de El Salvador y una facción que se había internado en Honduras pidiendo asilo, volvió en enero de 1834 a sus funciones.

Ferrera, como Vice—Jefe, había decretado la apertura del puerto del Tigre, hoy Amapala.

Rivera acordó socorros a los que sufrieron con motivo de la erupción del volcán de Cosigüina ocurrida en los días 20 al 23 de enero de 1835. Y bajo su Gobierno se emitió la primera Ley Orgánica de Justicia y la Ley Agraria. No habiéndose hecho, al vencer su período, la elección de su sucesor, llamó al ejercicio de la Jefatura al Presidente del Consejo D. José María Martínez el 31 de diciembre de 1836.

Este ejerció el poder hasta el 28 de mayo de 1837, en que tomó posesión el Jefe electo D. Justo José Herrera. Invadido el país por la epidemia del cólera, el señor Herrera estableció cordones sanitarios y auxilió a las familias necesitadas en cuanto lo permitieron los pocos recursos disponibles del Erario. Sofocó las asonadas de Nacaome, Manto y Texiguat, que tuvieron su origen en la falsa especie de que la epidemia se debía al envenenamiento de las aguas por agentes del Gobierno, especie que se propalaba con el objeto de desprestigiar el régimen existente, para destruir la Federación.

El 30 de junio de 1838 puso el Ejecútese al decreto que expidió el 16 la Asamblea ordinaria, convocando una Asamblea Constituyente para reformar la Constitución de 1825.Este decreto se fundó en el de 30 de mayo dictado por el Congreso Federal en San Salvador, capital entonces de la República, en el que declaró que los Estados eran libres para constituirse del modo que tuvieran por conveniente, conservando la forma republicana, popular representativa.

Herrera se separó de su cargo por enfermedad el 3 de septiembre, y llamó a su puesto al Consejero D. José María Martínez. El 7 de octubre se instaló en Comayagua la Asamblea Constituyente y el Consejero Jefe le dirigió un Mensaje acerca de las reformas deseadas.

El 22 la Asamblea aceptó el decreto del Congreso Federal, de 18 de julio, en que convocaba a los Estados a una Convención Nacional para dar la mejor forma al pacto federativo por medio de conferencias amistosas; y el 26, creyendo llenar el voto general de los pueblos que representaba, decretó que el Estado de Honduras es libre, soberano e independiente.

No pareciéndole aún completa esta declaración, dictó el 5 de noviembre otro decreto, en el que declaró que el Estado libre y soberano de Honduras es independiente del antiguo Gobierno Federal, del de los demás Estados y de todo otro Gobierno o Potencia extranjera. A esto llamaba «recobrar sus derechos» y «reasumirlos en toda su plenitud,» lo que demuestra que no se sabía lo que era Gobierno federal.

El decreto de 5 de noviembre fue objeto de reclamaciones de parte de El Salvador. El Consejero Lino Matute, que había sucedido a Martínez el 12 de noviembre, contestó que estaba decidido a sostener la reforma.

La Asamblea Constituyente, en armonía con las declaraciones que había hecho, emitió la nueva Constitución el 11 de enero de 1839. Habiendo sucedido a Matute el 9 de este mes el Consejero D. Juan Francisco de Molina, a éste correspondió firmar el Ejecútese, que refrendó el Jefe de Sección, encargado del Despacho General, D. León Alvarado.

En esta Constitución se tuvo cuidado de pensar en el porvenir; y se dijo en su artículo 2°. que el Estado de Honduras «será uno de los federados de Centro—América cuando acuerde con los otros Estados el pacto que los deba unir.»

Esta Constitución se dictaba cuando iba a expirar el segundo período del General Morazán en la Presidencia de Centro América. Este infatigable defensor y sostenedor del régimen federal cesó en sus funciones el 1°.de febrero de 1839. Y entró a ejercerlas el Vice—Presidente D. Diego Vijil.

En este año cesó en sus funciones de Gobernador de la Diócesis el Presbítero D. Mariano Castejón, por haber vuelto a ejercerlas el Presbítero D. José Nicolás Irías, quien se había radicado en el pueblo de San José de Copán.

CUARTA PARTE: Honduras después de la Federación 1839 a 1921

CAPÍTULO I: Régimen de la Constitución de 1839
1839 a 1848

Por el tratado de alianza ofensiva y defensiva del 18de enero, celebrado entre Honduras y Nicaragua para cimentar el sistema de reformas, fuerzas hondureñas y nicaragüenses invadieron El Salvador al mando del General Francisco Ferrera: fueron derrotadas por Morazán el 6 de abril en la hacienda del Espíritu Santo.

Esta derrota causó gran conmoción en Comayagua. El señor Molina se retiró del Ejecutivo el 13; le sucedió el Consejero D. Felipe Neri Medina, quien se retiró el 15; y a éste sucedió D. Juan José Alvarado, quien permaneció en sus funciones hasta el 27, fecha en que entró D. José María Guerrero.

Guerrero procuró ajustar la paz con El Salvador. Logró que se celebrara un tratado el 5 de junio, pero Ferrera impidió su ratificación. De nada sirvieron los empeños de Guerrero quien, en inteligencias con Morazán para la paz, escribía a éste refiriéndose a Nicaragua "que era preciso sacudirse de un amigo que pesaba ya más que el enemigo." El 9 de agosto se reunió en Comayagua la primera Cámara de Representantes, como se llamaba el Poder Legislativo en la nueva Constitución. En la sesión del 10, no habiendo elección popular, nombró Presidente del Estado al ciudadano Francisco Ferrera. Este se hallaba ausente, y envió la renuncia de su cargo, que fue aceptada.

El 20 cesó en sus funciones el Consejero Guerrero, a quien sucedió el Presidente suplente D. José María Bustillo, por haber renunciado igual cargo D. Mariano Garrigó.

Por haber invadido el Estado fuerzas federales al mando de Cabañas, la Cámara suspendió sus sesiones el 24, fecha en que dictó un decreto declarando encargado de la Presidencia a D. Francisco Zelaya y Ayes. El 27 se hicieron cargo del Poder Ejecutivo los Ministros D. Mónico Bueso y D. Francisco Aguilar, quienes, al aproximarse Cabañas a la capital,se dirigieron a Juticalpa en donde dieron posesión al señor Zelaya el 21 de septiembre: las fuerzas que opusieron al invasor fueron derrotadas en Cuesta Grande Tegucigalpa y Choluteca.

Ferrera volvió a invadir El Salvador, y fue derrotado por Morazán el 24 en San Pedro Perulapán. Cabañas volvió sobre Tegucigalpa, a donde entró después de haber derrotado en La Soledad a las fuerzas del Gobierno. Este pidió auxilio a Nicaragua, y así logró sobre Cabañas la victoria del Potrero, el 30 de enero de 1840.

A este desastre para la causa federal, siguió la desgraciada expedición del General Morazán a Guatemala: éste con 800hombres tomó el 18 de marzo la plaza; pero contrasitiado por más de dos mil hombres y no esperando refuerzos de ninguna parte, rompió la línea el 19 después de 22 horas de combate, y regresó a El Salvador. Para procurarle la paz al Estado se expatrió voluntariamente, seguido del señor Vijil y 35 de sus partidarios.

En mayo se trasladó el Gobierno de Juticalpa a Comayagua; y el señor Zelaya y Ayes empezó, de acuerdo con la Cámara, a organizar el Estado de modo de borrar las huellas de la Federación. Se restableció el fuero eclesiástico, y se autorizó al Ejecutivo para la defensa del Estado contra cualquier movimiento interior o agresión exterior.

Por decreto de 6 de junio, la Cámara convocó a elecciones; y el 30 de diciembre, no apareciendo de hecho la elección de Presidente, eligió con totalidad de votos al General Francisco Ferrera. Este renunció el nombramiento; pero no aceptada la renuncia, tomó posesión de su cargo el 1°.de enero de 1841.

Ferrera procuró afirmar la obra de la separación, y al efecto se dio nueva organización al ejército, se dictó la Ley de Gobierno Político y la Ley Orgánica de Hacienda.

En 1842 el General Morazán, que se hallaba en el Perú, vino a El Salvador, y de allí fue a Costa Rica, de donde lo llamaban los enemigos de Carrillo. Depuso a éste del poder sin disparar un tiro ni derramar una gota de sangre, y se hizo cargo de la Jefatura del Estado. Deseoso de restablecer la República de Centro América, y apoyado por la Asamblea Constituyente, dedicóse a hacer los preparativos de guerra. Esto desgradó a los costarricenses, y el domingo 11 de septiembre se levantaron contra él. Reducido a los cuarteles, rompió la línea después de cuatro días de combate, y hecho prisionero en Cartago por un traidor, murió fusilado en San José el día 15, aniversario vigésimo primero de la Independencia. En su testamento legó su causa a la juventud.

Ferrera había puesto a Honduras en estado de defensa y cerrado las relaciones con Costa Rica.

Los restos del ejército de Morazán pidieron asilo a El Salvador: este Estado consultó con Honduras y Guatemala, sus aliados. Ferrera se opuso a que se concediera el asilo, pero sin éxito.

Según la nueva Constitución el período presidencial era de dos años. Ferrera fue reelegido para la Presidencia según decreto de 23 de febrero de 1843. Mientras se declaraba la elección estuvo, desde el 1°. de enero, ejerciendo el Poder Ejecutivo el Consejo de Ministros formado por los señores Juan Morales, Julián Tercero y Casto Alvarado.

En este período se habilitó como puerto, con el nombre de La Paz, el de San Lorenzo en el Golfo de Fonseca; se restableció el Colegio Tridentino de Comayagua; se mandaron observar la Novísima Recopilación, las Siete Partidas y las Ordenanzas de Minería y Militares en todos los casos no comprendidos en las leyes emanadas del Poder Legislativo de Honduras desde 1841[36]; se restableció el diezmo, y se firmó un tratado reconociendo a Tomás Lowry Robinson como Rey de los Mosquitos y tomándolo bajo la protección del Gobierno.

El 27 de julio de 1842 se había firmado en Chinandega un pacto de confederación de Honduras, Nicaragua y El Salvador. Conforme a este pacto se inauguró un Gobierno Confederal en San Vicente el 29 de marzo de 1844, bajo la autoridad de un Supremo Delegado, cargo que se confió a D. Fruto Chamorro.

En el año de 1842, hallándose vacante el Obispado de Honduras, el Gobierno trató de que nombrara el Obispo y al efecto, por medio del Ilustrísimo Sr. D. Jorge de Viteri, dirigió a la Santa Sede una terna en que figuraba el Presbítero D. José Trinidad Reyes. El Papa Gregorio XVI hizo la elección in péctore en el P. Reyes y anunció que sería preconizado en el consistorio de noviembre. La preconización no se efectuó porque el Presidente Ferrera, que ya había cambiado de impresión, hizo llegar a Roma la falsa noticia de la muerte del P.

---

[36] Para ampliación de los datos correspondientes a los años 1821 a 1841, véase mi obra Efemérides de Honduras publicada en veinte números de la Revista de la Universidad, de Tegucigalpa: tomos III al IV.

Reyes. Enviada nueva terna, fue elegido Obispo el Presbítero D. Francisco de Paula Campoy y Pérez, quien tomó posesión de su cargo el 8 de octubre de 1844. El Provisor D. José Nicolás Irías había muerto el 13 de septiembre de 1842 en San José de Copán, y pocos días antes había encargado a Campoy de su ministerio[37].

En el mismo año de 1844 se había levantado contra el Gobierno de Honduras el pueblo de Texíguat, que contaba con el apoyo de Nicaragua, y recibía dirección y aliento de D. Joaquín Rivera y de otros jefes, partidarios del sistema por el cual había muerto Morazán. Y luego entraron en guerra El Salvador y Guatemala.

Ferrera envió al Teniente—Coronel Santos Guardiola contra la facción de Texíguat, quien la combatió con extremado rigor: los rebeldes fueron vencidos en varias acciones, siendo las más importantes las de Liure y El Corpus. En estas circunstancias, el Supremo Delegado pidió a Nicaragua un contingentes de mil hombre para llevar adelante las operaciones contra Guatemala y llegar a una paz honrosa. Esta fuerza debía pasar por territorio hondureño. Ferrera prohibió el pase, queriendo impedir hostilidades del Gobierno que había protegido la facción de Texíguat; pero luego permitió que las fuerzas pasaran en columnas de doscientos hombres, de manera que, mientras una no hubiera entrado en El Salvador, no pudiera entrar a Honduras otra, procedente de Nicaragua. Las fuerzas nicaragüenses, contra lo dispuesto por Ferrera, entraron a Honduras de orden del Supremo Delegado: las fuerzas hondureñas las batieron en Choluteca el 19 de agosto.

Cabañas y Barrios se levantaron en San Miguel contra el General Malespín, Presidente de El Salvador, y no habiendo obtenido éxito, se refugiaron en Nicaragua. Este Estado, con motivo de la acción de Choluteca, invadió Honduras con más de mil hombres que puso a las órdenes de Cabañas, Rivera y otros. Los invasores atacaron a las fuerzas de Honduras, situadas en Nacaome a las órdenes de Ferrera, Morales y Guardiola el 24 de octubre, y fueron derrotados.

Malespín firmó la paz con Guatemala contra la actitud del Supremo Delegado, y luego hostilizó a éste. Pidió a Nicaragua la

---

[37] Véase mi folleto Rectificaciones históricas en defensa de la biografía del presbítero doctor D. José Trinidad Reyes que escribió el doctor D. Ramón Rosa: Tegucigalpa,1906.

entrega de Cabañas y Barrios, o su expulsión y como se negara Nicaragua, se alió con Honduras para hacerle la guerra. Mientras las fuerzas aliadas invadían Nicaragua, Rivera invadió Honduras por Danlí.

Ferrera, que había depositado el poder en el Consejo de Ministros en octubre, volvió a su ejercicio a fines de noviembre. Terminado su período presidencial el 31 de diciembre, le sucedió D. Coronado Chaves, quien tomó posesión el 12 de enero de 1845.

El 4 de este mes entraba a Comayagua D. Joaquín Rivera, quien había sido derrotado en Danlí el 20 de diciembre y capturado a los tres días. El Consejo de Guerra a que fue sometido lo condenó a muerte en unió de sus compañeros Calixto Landa y Francisco Martínez: la sentencia se ejecutó el 6 de febrero. Como Francisco Morazán, cayeron en defensa de la República de Centro América.

Las fuerzas hondureñas y salvadoreñas que entraron a Nicaragua sitiaron la ciudad de León y la tomaron el 24 de enero. Pero el día anterior Barrios y Cabañas habían logrado salir de ella y trasladarse luego a El Salvador, en donde el primero de logró hacer creer la noticia de que Malespín, Presidente del Estado y General en Jefe de las fuerzas aliadas, había sido derrotado. El Vice—Presidente D. Joaquín Eufrasio Guzmán desconoció a Malespín el 2 de febrero, y su pronunciamiento contó con el apoyo y simpatías de todo el pueblo.

Chaves hizo la guerra a El Salvador, deseoso de restaurar en la Presidencia de aquel Estado al General Malespín. Fuerzas salvadoreñas invadieron el territorio de Honduras; pero fueron derrotadas: las unas en Comayagua, las otras en Sensenti. En este último punto se firmó la paz.

El Gobierno confederal había concluido de derecho el 29 de marzo de 1845, fecha en que el Supremo Delegado cerró su Despacho por falta de sucesor.

El 14 de diciembre de este año los jóvenes Bachilleres Máximo Soto, Alejandro Flores, Miguel Rovelo, Yanuario Girón y Pedro Chirinos fundaron en Tegucigalpa, bajo la dirección del Presbítero D. José Trinidad Reyes, a quien nombraron Rector, una academia de estudios con el nombre de Sociedad del genio emprendedor y del buen gusto. La Cámara de Representantes, por decreto de 10 de marzo de 1846 que sancionó Chávez el 19, declaró su protección a aquel establecimiento, al que dio por nombre Academia Literaria de Tegucigalpa. Tal establecimiento fue el germen de la actual Universidad Central de la República.

Chávez terminó su período el 1°. de enero de 1847.

No habiendo habido elección popular para Presidente, la Cámara eligió a Ferrera para suceder a Chávez; pero Ferrera renunció. En su lugar fue elegido el 13 de enero D. Juan Lindo, quien tomó posesión el 12 de febrero. Ejercieron entre tanto el Poder Ejecutivo los señores D. Castro Alvarado, D. Francisco Ferrera y D. Santos Guardiola, que formaban el Consejo de Ministros.

Graves dificultades hicieron comprender a Honduras, El Salvador y Nicaragua la necesidad de reconstituir el Gobierno confederal, y así lo reconocieron por tratados. En estos se convino que se reuniera una Dieta Nacional en Nacaome con tal objeto. La Dieta se reunió el 6 de julio; y el 7 de octubre se firmó un convenio sobre Gobierno Provisional y otro sobre convocatoria de una Asamblea Constituyente que se reuniría en Tegucigalpa.

Lindo entretanto se preocupaba por la instrucción pública, y por decreto de 13 de septiembre creó el Claustro de la Academia Literaria y para la instalación de ésta señaló el 19 de dicho mes. En decretos anteriores le había asignado fondos; y por otro había reglamentado la enseñanza, y extendido el plan de estudios, abriendo las carreras de leyes y medicina.

Lindo obtuvo que se convocara una Asamblea Constituyente de Honduras que se instaló el 11 de diciembre de 1847; y ésta dictó la Constitución de 4 de febrero de 1848. En ellas se declaró que el estado de Honduras era uno de los confederados de Centro América en virtud de la aceptación que libremente había hecho del pacto de Nacaome: se establecieron dos Cámaras, se extendió el período presidencial a cuatro años, se creó un Vice—Presidente, y se dejó al Presidente el ejercicio de la Comandancia General de las Armas, que antes correspondía al Ministro de la Guerra. El artículo 9°. contiene esta significativa disposición: «Desde el año de 1860 en adelante ningún hondureño será ciudadano si no sabe leer, escribir y contar.» Desgraciadamente aún no se ha podido hacer que desaparezca el analfabetismo.

Lindo había dado comisión al licenciado D. Tadeo Lima para que redactase los proyectos de Códigos Penal y Civil. El comisionado dio cuenta con el primero el 30 de octubre de 1847 y con el segundo el 3 de marzo de 1848. El Penal fue dirigido a la Constituyente, pero esta no tuvo tiempo para ocuparse en su estudio. Los dos proyectos quedaron para pasarse al Cuerpo Legislativo: el Gobierno se mostró muy satisfecho de ellos; pero nunca llegaron a ser ley.

Conforme a la nueva Constitución. Lindo fue elegido Presidente del Estado por cuatro años, y Vice—Presidente D. Felipe Bustillo. Lindo tomó posesión el 16 de julio de 1848.

CAPÍTULO II: Régimen de la Constitución de 1848/ 1848 a 1865

La presencia del General Ferrera en Honduras no era grata al Presidente Lindo, y éste puso en juego maquinaciones que dieran por resultado la salida de aquel. Depositó el poder en el Vice—Presidente Bustillo, y se dirigió a Gracias. El 21 de noviembre se pronunció en Tegucigalpa el General D. Santos Guardiola. En el acta de pronunciamiento se dispuso prender a los ex—Presidentes Ferrera y Chavez. El Vice—Presidente se dirigió a los llanos de Santa Rosa, y Guardiola entró a Comayagua y trasladó el armamento a Tegucigalpa. Lindo entonces reasumió el poder: dijo que la revolución de Guardiola no era más que el ejercicio del derecho de petición y ofreció que se reuniría un Congreso y empeñarse en dejar satisfechas las aspiraciones de los revolucionarios. Una Asamblea se reunió en La Paz y otra en Cedros en seguida: ésta conoció de las acusaciones del acta de Tegucigalpa, las que quedaron reducidas casi a nada. Lo que Lindo quería se había obtenido: Ferrera y Chávez, huyendo de la persecución de Guardiola, fueron a refugiarse a El Salvador.

En 1849 hubo dificultades por las reclamaciones del Cónsul inglés Federico Chatfield. Este vino a Amapala a bordo de la fragata Gorgon, y ocupó la isla. Por otra parte, el Capitán del vapor Plumper ocupó la fortaleza de Trujillo, porque el Comandante de este puerto se negó a pagarle el importe de varios reclamos de súbditos británicos. Lindo prohibió toda relación con los puntos ocupados por los ingleses y puso la Isla del Tigre por dieciocho meses bajo la protección de los Estados

Unidos de América. La intervención del Ministro de este país en Centro—América, Mr. E. G. Squier, produjo la inmediata devolución de los territorios ocupados.

Lindo, con motivo de la actitud de Chatfield quien quería, en nombre de Inglaterra, apoderarse de la Mosquitia, trató de que se estableciera un Gobierno Nacional. Envió al efecto Nicaragua a D. Felipe Jáuregui y éste con D. Gregorio Juárez, comisionado nicaragüense, y D. Agustín Morales, comisionado salvadoreño, firmaron en León el pacto de 8 de noviembre de 1849.

Las relaciones entre Honduras y Guatemala se enfriaron con motivo de que al declararse libre ésta del pacto federal por decreto de 21 de marzo de 1847. Lindo reconoció la nueva situación "dejando, al verificarlo, intactos y subsistentes los compromisos y deberes en que el Gobierno de Guatemala se hallaba constituido respecto de los otros de Centro América en cuanto al restablecimiento de un Gobierno General." Lindo envió a San José de Costa Rica a Jáuregui para que allá celebrara un convenio con D. Manuel F. Pavón, plenipotenciario guatemalteco, sobre las relaciones con Guatemala y otro con el Cónsul Chatfield sobre los reclamos ingleses. Jáuregui, en vez de cumplir su encargo, celebró con Chatfield un tratado sobre que Honduras se declarase República soberana, siguiendo el ejemplo de Guatemala.

Lindo no aprobó el tratado e hizo prender a Jáuregui a su paso por Corinto; pero Guardiola, que deseaba la aprobación, se pronunció contra Lindo en Tegucigalpa el 12 de febrero de 1850. Proclamó Jefe del nuevo Poder Ejecutivo a D. Miguel Eusebio Bustamante y marchó a occidente; el 22 del mismo mes tomó Gracias después de un recio combate, y en seguida contramarchó y se dirigió al sur, donde Lindo se hallaba con una respetable fuerza.

El Presidente de El Salvador D. Doroteo Vasconcelos, que aspiraba a realizar la unión de Centro América, procuró evitar que la guerra civil continuara en Honduras. Al efecto envió de mediador a D. Victoriano Castellanos, y éste logró que se celebrara en Pespire el 25 de marzo un convenio de paz, conforme al cual Guardiola se retiraría a El Salvador y Jáuregui sería juzgado por su conducta en Costa Rica y mientras no lo fuese no podría volver a Honduras.

Resuelta por Vasconcelos la campaña unionista sobre Guatemala, el Presidente Lindo dictó un decreto sobre nacionalidad el 14 de septiembre de 1850, y el 6 de enero de 1851 dictó otro en Ocotepeque, en que acordó el auxilio que El Salvador le pedía. A fines de enero marchaban las fuerzas a unirse al ejército de Vasconcelos para expedicionar contra el Presidente Rafael Carrera. El ejército aliado sucumbió el 2 de febrero en la acción de La Arada.

El 4 de agosto estalló en León un movimiento revolucionario acaudillado por el General Trinidad Muñoz y apoyado por el Obispo Viteri. Don Laureano Pineda, que era el Jefe desconocido, se refugió en Honduras y le pidió auxilio a Lindo. Este se lo otorgó: el ejército hondureño entró a Nicaragua y, en unión de las fuerzas de Granada, venció a Muñoz en León el 10 de noviembre, quedando Pineda restablecido en el poder.

Uno de los principales cuidados de Lindo en su Gobierno fue la Hacienda. Autorizado por la Legislatura desarrolló un plan que perfeccionó la ley de 9 de septiembre de 1848. A favor de ese plan amortizó de 1848 a 1851, de la deuda creada desde 1839, la cantidad de $ 206,471.50. El Presupuesto general de gastos para el año económico de 1852 calculaba el producto de las rentas en $ 126,247.00

El período presidencial de Lindo concluyó el 1°.de febrero de 1852. Hallándose ausente el General D. Trinidad Cabañas elegido para sucederle, entró al poder el Senador D. Francisco Gómez.

Cabañas tomó posesión de Presidencia el 1°. de marzo. Tocole ejercer el poder en condiciones bien difíciles. Sus ideas y trabajos unionistas lo mantuvieron en perpetua guerra. Comenzó por reunir una Asamblea Constituyente de Centro—América, en la que estuvieron representados El Salvador, Honduras y Nicaragua. La Asamblea dictó el Estatuto Provisorio de 13 de octubre, y nombró Presidente provisorio a Cabañas: éste renunció, y no habiéndosele admitido la renuncia, la hizo por segunda vez y se le aceptó entonces por 13 votos contra 11. En su lugar se nombró al licenciado D. Francisco Castellón; pero hallándose este ausente, tomó posesión de la Presidencia el Vice—Presidente D. Pedro Molina el 3 de noviembre. La Asamblea se disolvió el 10 del mismo. Este esfuerzo en favor de la unión no pasó adelante: El Salvador y Nicaragua declararon insubsistentes los pactos.

Carrera, pretextando perseguir rebeldes, hizo que algunas partidas de tropa se introdujeran a Honduras. Estas cometieron excesos en los pueblos y valles de Copán. Cabañas levantó fuerzas y se situó en el departamento de Gracias, listo para defenderse de una nueva invasión. Carrera promovió arreglos de paz, pero luego se rompieron las negociaciones. Cabañas invadió y tomó Chiquimula, pero tuvo que retroceder. Carrera invadió en seguida: sus tropas entraron a Santa Rosa y otras tomaron Omoa por capitulación; pero no se atrevieron a penetrar al interior, y retrocedieron. Las de Omoa se llevaron, contra lo convenido en la capitulación, varias piezas de las más pesadas de la artillería del castillo.

No obstante el estado de guerra creado por las agresiones de Guatemala, Cabañas hacía cuanto era posible por el bien del país: protegía la instrucción pública, favorecía la agricultura y procuraba facilidades a la industria minera. En 23 de junio de 1853 firmó con Mr. E. Geo Squier la primera contrata para la construcción del ferrocarril interoceánico de Honduras.

Todo el año de 1854 estuvo inquietado Cabañas, por la frontera occidental, por fuerzas de Carrera, auxiliares de Guardiola que aspiraba a la Presidencia. Pero, aunque a última hora Guardiola contaba con la protección de un respetable ejército a las órdenes de Cerna, no pudieron los invasores hacer más que incursiones rápidas por los pueblos fronterizos.

Mientras Cabañas atendía a la defensa por aquel lado, otorgaba auxilio en Nicaragua a los democráticos contra los legitimistas, porque D. Fruto Chamorro, Jefe de estos, había hecho causa común con Carrera contra Honduras.

Persuadido luego de que el país tenía necesidad de extender sus relaciones, acreditó la primera Legación ante el Gobierno de El Salvador: no había querido hacerlo antes por los intereses de la unión: viéndose solo tuvo que seguir aquel camino. Estableció también en los Estados Unidos de América una Legación a cargo de D. José Francisco Barrundia.

En 1855 fue nombrado Obispo de Honduras el Presbítero D. Hipólito Casiano Flores, por muerte del Obispo Campoy y Pérez, ocurrida en 1851. El Obispo Flores falleció del cólera en 1857.

Carrera no cejaba en su empeño de derrocar el Gobierno del General Cabañas, y en 1855 dio un numeroso ejército al General D. Juan López. Con este vinieron los Generales D. Joaquín Solares y D. Leandro Godoy. Después de la acción de Santa Rosa y la de Gracias dada el 6 de julio, los invasores penetraron al interior. La fuerza que entró a Siguatepeque, al mando de José María Medina, fue derrotada por Álvarez. Cabañas marchó hacia Masaguara en seguimiento del enemigo, y allí fue sorprendida su tropa por el grueso del ejército invasor el 6 de octubre. De nada sirvió el arrojo personal del Jefe que a las pocas horas, hubo de dejar el campo y encaminarse a la frontera de El Salvador. De allí pasó a Nicaragua a solicitar auxilios del Gobierno de D. Patricio Rivas; pero este estaba dominado por el aventurero William Walker, y en vano invocó Cabañas el cumplimiento del tratado en virtud del cual auxilió el Presidente Lindo al Director D. Laureano Pineda, para recobrar el poder.

Pero su viaje no fue inútil, porque le sirvió para penetrar la verdadera política de Walker; y regresando inmediatamente a El Salvador, la descubrió en un manifiesto a los centroamericanos, y fue así el primero en dar la voz de alarma contra el que meditaba destruir la nacionalidad centroamericana y establecer aquí la esclavitud. Al salir de León protestó que no tomaría las armas contra el Gobierno de Honduras mientras la planta de un solo filibustero hollase el territorio de Centro—América.

El General López, después de la victoria de Masaguara, entró a Comayagua, y llamó al ejercicio del Poder Ejecutivo el Vice—Presidente D. José Santiago Bueso, quien se hizo cargo de sus funciones el 18 de octubre. El 8 de noviembre se separó de ellas por enfermedad, depositando el poder en D. Francisco Aguilar, Senador por el departamento de Comayagua.

Practicadas las elecciones para las autoridades supremas que debían funcionar en el período de 1856 a 1859, y no resultando electo ningún ciudadano por mayoría absoluta de votos, la Asamblea General eligió el 14 de febrero, Presidente al General D. Santos Guardiola y Vice—Presidente a D. José María Lazo.

Guardiola tomó posesión de la Presidencia el 17 de febrero.

El 18 de julio celebró con Guatemala y El Salvador un tratado por el cual se comprometió a enviar fuerzas en auxilio de Nicaragua contra los filibusteros acaudillados por William Walker. En consecuencia D. Juan López salió con 600 hombres a situarse a Nacaome. 300 de ellos pasaron a Nicaragua en noviembre, al mando del General D. Florencio Xatruch. Walker fue expulsado del territorio centroamericano por el esfuerzo de los Gobiernos aliados. Corresponde al de Costa Rica la gloria de haber sido el primero en acudir en auxilio de Nicaragua.

El Presidente Guardiola reconoció en el poder la necesidad de la unión para el mantenimiento de la paz. Hizo reproducir en la Gaceta Oficial de Honduras un discurso que el Presidente del Poder Legislativo de El Salvador, General D. Trinidad Cabañas, dirigió el 1°. de mayo de 1858 al Presidente de aquella República D. Miguel Santín, al cerrarse las sesiones extraordinarias de aquel Cuerpo. Y con esta ocasión dijo la Gaceta: "Se hace sentir siempre imperiosamente la necesidad de otro vínculo como es el de la buena inteligencia diplomática entre naciones del todo extrañas y la unión nacional de aquellas que el destino ha colocado sobre un mismo suelo con unas mismas necesidades e intereses, como sucede a las diversas secciones de la América Central". Pero no se pasó de esta declaración.

En 1860 apareció en la costa norte de Honduras el aventurero Walker, deseoso de llevar adelante sus propósitos de dominación en Centro América. Fuerzas hondureñas con la cooperación del buque inglés Icarus, al mando de Mr. Nowel Salmón, capturaron al invasor, a quien se fusiló en Trujillo el 12de septiembre.

Al devolver a Honduras Inglaterra, por interés de la empresa del ferrocarril interoceánico, las Islas de la Bahía y la Mosquitia, de que se había apoderado en 1839, Guardiola permitió en el tratado respectivo la libertad de cultos en aquellas regiones. Esto produjo la guerra llamada de los Padres, que fue debelada. Se asegura que la verdadera causa de esta guerra fue la negativa de Guardiola a recomendar al Presbítero D. Miguel del Cid, a la Santa Sede para Obispo de Honduras. Del Cid fulminó excomunión contra el Presidente; pero la conducta de este fue aprobada por el Vaticano.

El Obispo electo fue Fr. Juan Félix de Jesús Zepeda y Zepeda, en Julio de 1861.

Guardiola fue reelegido para un nuevo período de Gobierno, que empezó el 7 de febrero de 1860. Vice—Presidente fue elegido D. Victoriano Castellanos. Los enemigos de la reelección gozaron de absoluta libertad de imprenta. El General Guardiola fue asesinado por personas de su misma Guardia de Honor, al amanecer del 11 de enero de 1862.

Por la muerte de Guardiola, se hizo cargo de la Presidencia el mismo día el Senador D. Francisco Montes; pero el 5 de febrero la entregó al Senador D. José María Medina, quien hizo fusilar a los asesinos.

El Vice—Presidente Castellanos se hallaba en Suchitoto, y, al saber la muerte de Guardiola, regresó a Honduras entrando por Guarita, en donde se posesionó de la suprema autoridad el 4 de febrero, y de allí pasó a Santa Rosa. Temíase que se alterara la paz por la actitud de Medina; pero este se allanó a reconocer la autoridad del Vice—Presidente. El Poder Legislativo abrió sus sesiones en Santa Rosa el 4 de mayo y por iniciativa del nuevo Gobernante, dictó una ley que prohibía a los Senadores, Diputados y Magistrados obtener empleos de nombramiento del Poder Ejecutivo y a los empleados de este ser Senadores, Diputados y Magistrados; y otra ley que estableció penas contra el agio y el peculado.

El 25 de marzo había suscrito Castellanos un tratado de alianza ofensiva y defensiva con el Presidente de El Salvador D. Gerardo Barrios. Este decía de aquel a D. Máximo Jerez el 4 de junio: "El señor Castellanos se halla unido conmigo no sólo por opiniones sino también por relaciones tan íntimas que lo he considerado como padre, porque a él debí mi primera educación". No obstante todo esto, Castellanos se negó a aceptar el proyecto de unión de Honduras, El Salvador y Nicaragua que surgió de la conferencia que en San Miguel tuvieron Barrios y Jerez en el mes de julio y respecto al que, aunque se había manifestado favorable el Presidente de Nicaragua D. Tomás Martínez, a última hora había modificado sus ideas.

El señor Castellanos enfermó gravemente y hallándose en Comayagua depositó el poder el 4 de diciembre en el Senador Montes. Falleció el 11.

Luego sobrevino la guerra con Guatemala y Nicaragua. Medina, apoyado por las fuerzas guatemaltecas, organizó el 21 de junio de 1863, en Santa Rosa de Copán, un nuevo Gobierno, que acabó por derribar al de Montes.

El 31 de diciembre depositó Medina el Poder Ejecutivo en el Senador D. Francisco Inestroza; y elegido Presidente constitucional en una base de 20.482 sufragios, de los que obtuvo 13,056, tomó posesión el 15 de febrero de 1864 en la ciudad de Gracias, a donde se había trasladado el Gobierno desde noviembre anterior.

La Asamblea expidió entonces un decreto por el que nombró una comisión compuesta de los señores licenciados D. Inocente Bonilla, D. Valentín Durón, D. Pío Tranquilino Ariza y D. Martín Uclés para la formación de los códigos del Estado, teniendo presentes los de la República de El Salvador. La comisión cumplió su encargo; pero no se emitieron los códigos.

El 8 de diciembre se levantó contra el Gobierno la facción de Olancho, acaudillada por los Coroneles Francisco Zavala y Bernabé Antúnez. La guerra fue desastrosa. En apoyo de los rebeldes el General Carrera, Presidente de Guatemala, escribía al General D. Florencio Xatruch, en carta de febrero de 1865: "Invada Ud. aunque sea con quince hombres, y yo haré lo demás". El General Xatruch, aunque deseaba la caída del General Medina, no se decidió a ser faccioso, y su negativa y la muerte de Carrera, ocurrida en abril, habían de conducir la facción a un completo fracaso.

El 15 de mayo depositó Medina el poder en el Senador Consejero D. Cresencio Gómez para ponerse al frente de las fuerzas que iban a expedicionar contra la facción. Medina dijo en un Manifiesto: «Las leyes de la guerra son terribles, pero necesarias para salvar a la Nación y devolver a las gentes de orden el alivio de la paz. Yo abrigo una feliz confianza en que pronto desaparecerán esas pequeñas facciones. Lo creo así porque quiero, puedo y se cómo debo destruirlas.» La facción era terrible: pero más lo fueron los procedimientos de Medina. Como 500 personas hicieron perecer ahorcadas en los árboles de los bosques de Olancho; 200 fueron fusilados y más de 600familias fueron recogidas y trasladadas a diferentes regiones de Honduras. Morazán había pacificado Olancho con una capitulación en 1830. Pero aquí no hay puntos de comparación con la conducta de Morazán. Guardiola fue terrible pacificando Texíguat en 1844, y esta pacificación parece benigna en presencia de la de Medina en 1865.

Medina, de regreso de su expedición, en la que había llegado hasta Salamá, se hizo cargo del Poder Ejecutivo el 1°. de septiembre, después de haber hecho una gira por Gracias. Habiendo logrado que la Asamblea Legislativa convocara una Constituyente, ésta dictó la Constitución del 28 de septiembre. En ella se llamó República a Honduras, por primera vez; se suprimieron las dos Cámaras, adoptándose el sistema unicamarista; se estableció que el período presidencial sería de cuatro años sin reelección sucesiva, y se declaró que la Constitución no obstaba para que Honduras concurriera a la formación de un Gobierno Nacional con las otras naciones de Centro América o a la de un pacto federativo si aquel no pudiera tener efecto.

El mismo día 28 de septiembre la Asamblea Constituyente eligió a Medina Presidente provisional. Medina llamó al Ejecutivo al Designado señor Gómez el 2 de octubre, y el 1°.de febrero de 1866 volvió a su ejercicio en calidad de Presidente constitucional elegido por el voto del pueblo.

CAPÍTULO III: Régimen de la Constitución de 1865/1865 a 1880

El 26 de mayo de 1866 dictó Medina en Gracias un decreto por el cual otorgó plenos poderes a D. Víctor Herrán, Ministro de Honduras en París, y a D. Carlos Gutiérrez, Ministro en Londres, para que conjuntamente contrataran la construcción, por cuenta del Gobierno, del ferrocarril interoceánico de Honduras, que no había podido realizarse conforme a la contrata firmada en tiempo de la Administración del General Cabañas. Esta empresa dejó unas pocas millas del General Cabañas. Esta empresa dejó unas pocas millas del ferrocarril (desde Puerto Cortés hasta la Pimienta) y una enorme deuda al país.

En este año se dictaron varias leyes: la que designa los atributos del pabellón de la República; la de Enseñanza primaria; la de Policía rural; a de Inmigración; la de Gobernadores; la de Hacienda; la de Justicia y otras. Contra la dictada en tiempo de Castellanos, se dictó otra en que se facultó al Poder Ejecutivo para ocupar en destinos de su nombramiento a los Diputados al Congreso después de haber este recesado, pero exceptuado el cargo de Ministros del despacho.

Del 27 de abril al 21 de noviembre de 1867 ejerció el Poder Ejecutivo, por depósito, el General D. Juan López, como Diputado y primer Designado.

El 21 de febrero de 1868 se creó por decreto legislativo una orden ecuestre para premiar el mérito contraído por importantes servicios civiles, militares o religiosos, con el nombre de Orden de Santa Rosa y de la Civilización de Honduras. Pronto cayó en descrédito la orden por haberse concedido a muchas personas indignas.

En mayo ejerció el Poder Ejecutivo el Consejo de Ministros formado por D. José M. Aguirre y D. Elías Cacho.

El 10 de agosto ocurrió en Juticalpa la insurrección promovida por Serapio Romero(a) Cinchonero; pero a los pocos días se restableció completamente el orden por la eficaz actividad de los agentes del Gobierno.

A pesar de estar prohibida la reelección del Presidente, Medina quiso ser reelegido, y el Congreso, con vista de las actas de varias Municipalidades, convocó una Constituyente, la que se instaló el 8 de agosto de 1869. Esta el 13 reformó el artículo respectivo [el 33] así: "El término presidencial será de cuatro años, comenzando el 1°. de febrero del año de la renovación". Era, pues, una reforma sólo en beneficio del Presidente que la promovía. En la misma fecha declaró la Asamblea que, en presencia de las actas populares que, en la generalidad de los pueblos, proclamaban a Medina Presidente para el próximo período, él estaba electo. Se prescindió así el sufragio popular. La Asamblea recesó el 19.

El 5 de septiembre depositó Medina la Presidencia en el Diputado—Designado D. Francisco Cruz, habiendo vuelto a su ejercicio el 14 de enero de 1870. El 2 de febrero inauguró su Gobierno para el nuevo período constitucional.

El 10 del mismo puso el Ejecútese al decreto del Congreso que mandó circular en la República la moneda de níkel que el Gobierno tenía en su poder, procedente de la contrata celebrada por los Ministros Herran y Gutiérrez con los banqueros Dreyfus, Scheller y Compañía, de París, relativa al empréstito suplementario de cincuenta millones de francos para asegurar la pronta ejecución del camino de hierro de Puerto Cortés a la Bahía de Fonseca. La moneda de níkel pronto quedó depreciada, y dejó de recibirse en el mercado.

Medina en 1871 hizo la guerra al Presidente de El Salvador, licenciado D. Francisco Dueñas. Durante ella quedó el Ejecutivo a cargo del Diputado—Designado D. Inocente Rodríguez. Mientras las fuerzas de Medina avanzaban sobre El Salvador, el General D. Florencio Xatruch con 300 hondureños y 700 vicentinos que le dio de auxilio el Presidente Dueñas, pasó el Guascorán, entró a Nacaome donde el ejército lo proclamó Presidente el 26 de marzo, pasó a Tegucigalpa, continuó hacia Támara seguido por más de 500 voluntarios, que, a la mañana siguiente, lo abandonaron en aquella aldea; llegó a Comayagua, y enseguida se situó en Intibucá. El movimiento de Xatruch fracasó por la victoria decisiva que las armas de Honduras, al mando de los Generales D. Juan López y D. Santiago González, alcanzaron en Santa Ana el 10 de abril sobre las fuerzas de Dueñas. El General Miranda, jefe del auxilio dado a Xatruch, en vez de cumplir las órdenes recibidas, fue a rendir las armas al General González, quien había organizado un nuevo Gobierno.

Después de esta guerra, Medina, por el general descontento, creyó conveniente un plebiscito para que se dijera si se quería que continuase o no en la Presidencia, en el resto de su período. El resultado del plebiscito fue el que deseaba, y de este modo se puso en práctica en Centro—América una farsa parecida a la que algunos años antes, había hecho representar en Francia Napoleón III.

Una gran conmoción hubo luego, causada por los indios de Curarén y varios pueblos del departamento de Choluteca, contra los cuales las tropas del Gobierno nunca alcanzaban un éxito decisivo. Los disturbios duraron hasta que se logró una inteligencia con los jefes de los rebeldes: una amnistía los comprendió a todos.

El Presidente González entró en choque con Medina, y dio auxilios al licenciado Céleo Arias para que subiera al poder en Honduras. Este inauguró su Gobierno como Presidente provisorio en Candelaria el 12 de mayo de 1872.

Las fuerzas salvadoreñas que en su apoyo invadieron por Nacaome tomaron Tegucigalpa y Comayagua. Las que entraron por Candelaria, al mando del mismo Presidente González, ocuparon la ciudad de Gracias que, a su aproximación, había evacuado Medina. A esta ciudad llegó también con sus fuerzas el General D. Miguel García Granados, jefe de la revolución liberal que triunfó en Guatemala el 30 de junio de 1871 de aquella República. Allí fijaron los tres Presidentes García Granados, González y Arias las bases de unión y alianza de los tres Gobiernos. El primer regresó a Guatemala sin haber tenido exigencia alguna; el segundo tuvo exigencias indebidas a que se resistió Arias, y volvió a El Salvador. Pero dejaron fuerzas para auxiliar a Arias: las de Guatemala al mando de Solares y las de El Salvador al mando de Espinosa.

Medina, evitando un encuentro con este, trató de recobrar Comayagua, y la atacó el 27 de mayo; pero fue rechazado después de veinte horas de combate. Dirigióse a Trujillo, en donde se embarcó en la goleta española Rosario para reaparecer en Omoa el 13de junio.

Arias entró a Comayagua, y el 19 participó a los Presidentes de Centro América y Gobiernos extranjeros que la guerra de El Salvador y Guatemala, aliados, y la revolución armada que le levantó a la vez en el interior hicieron desaparecer el Gobierno de Medina, quien, violando la Constitución, había prorrogado y reasumido en su persona el poder supremo.

Medina ocupó Santa Cruz de Yojoa, y habiendo avanzado sobre Santa Bárbara fue derrotado el 26 de julio por los Generales Solares y Espinosa. Después de esta derrota ya no tenía que esperar y huyó hacia Omoa. Allí encontró que el General Juan Antonio Medina, uno de los jefes enviados contra él, había tomado el castillo y se había proclamado Presidente. Pero el segundo de este jefe, Brigadier Longino Sánchez, hizo fracasar el nuevo movimiento revolucionario desconociéndolo; y capturó al ex—Presidente D. José María Medina y a otras personas, menos al autor del movimiento que logró escaparse. Los prisioneros fueron conducidos a Comayagua, a donde llegaron el 9 de agosto.

El 16, creyéndose asegurada la paz, emprendieron su regreso los ejércitos auxiliares.

En marzo de 1873, Arias mandó elegir Diputados a una Asamblea Constituyente; pero ésta no pudo reunirse por haberlo impedido la invasión del 9 de junio, de guatemaltecos y salvadoreños que se proponían derrocar los Gobiernos de sus respectivos países, tomando a Honduras por base de sus operaciones. Venían de Limón, al mando de Enrique Palacios, protegidos por el General D. Tomás Guardia, Presidente de Costa Rica y a bordo del vapor General Sherman, al que le cambiaron el nombre por el de Coronel Ariza.

Después de tocar en Utila, donde los Ministros de Medina D. Manuel Colindres y D. Rafael Padilla se declararon en ejercicio del Poder Ejecutivo conforme al artículo 30 de la Constitución, se presentaron en Trujillo, puerto que tomaron por defección del Comandante de la plaza.

Arias, por decreto de 17 de junio, asumió la dictadura, y por orden especial autorizó omnímodamente a los Comandantes de los departamentos de occidente y sur para que proveyeran a la defensa y seguridad de sus pueblos, delegándoles al efecto, en lo militar, las facultades de la dictadura que había asumido.

Los invasores lograron que el 28 se pronunciara el Teniente— Coronel Betancourt en el Castillo de Omoa contra el General D. Mariano Alvarez, Comandante del puerto; pero el General Stréber recobró la fortaleza el 2 de julio, antes de que llegara el Sherman, llamado por Betancourt.

El 15, al aproximarse a Trujillo tropas del Gobierno, los invasores desocuparon la plaza y fueron a Puerto Cortés que tomaron sin resistencia, adelantándose el General Miranda con el grueso de las fuerzas hasta San Pedro Sula. El Shernian fue a colocarse frente a Omoa, fuera del alcance de los cañones del castillo; hizo algunos disparos sin éxito y luego intimó rendición a lo que no se le contestó. El barco desapareció de allí, y los jefes de la expedición trataron de corromper al Comandante de Artillería del castillo, Antonio Kopetsky. Sorprendió Stréber la intriga y se valió de ella para dar una severa lección al enemigo. El 7 de agosto, cuando los emisarios de este iban a recibir la fortaleza, cayeron prisioneros y las fuerzas que desembarcó el Sherman fueron derrotados.

Palacios llamó a Miranda, pero este no pudo acudir a Omoa por la aproximación del General Solares, enviado por Guatemala con 600 hombres. El 9, al amanecer, lo atacó este jefe en Chamelecón y lo derrotó. Los invasores huyeron por el ferrocarril y se situaron en Puerto Cortés.

Estos, por medio de Sir Lambton Loraine, Comandante del buque de guerra inglés Niobe, trataron de que el Comandante de la plaza de

Omoa la rindiera por cierta suma, a favor de Palacios. Rechazaba la proposición, el marino inglés bombardeó el castillo el 19, durante 14 horas, y a favor del bombardeo, desembarcó Palacios con sus fuerzas; pero a pesar de los estragos de las granadas y bombas del Niobe, fue rechazado.

La campaña se prolongó hasta octubre. Los invasores se fugaron de Puerto Cortés el 22. El Sherman pretendió recobrar Utila, pero le fue imposible. Doce días después fue capturado en alta mar por el vapor Wyoning, de los Estados Unidos de América, por haber hecho uso de papeles ilegales y haber navegado bajo la bandera de Honduras sin que hubiera cambiado su nacionalidad, que era la americana.

Entretanto había habido varios levantamientos en el interior contra Arias; y en La Paz el General Espinoza, enviado en su auxilio por El Salvador, derrotó una columna de invasores que, por Potrerillos, habían logrado penetrar al mando de José María Barahona.

Concluida la campaña en el norte, Arias llamó a Solares a Comayagua para expresarle su gratitud; pero este jefe no correspondió a la invitación. La caída de aquel estaba resuelta por el Presidente de El Salvador y por el General Justo Rufino Barrios, que había sucedido a García Granados de la Presidencia de Guatemala.

Desde el 16 de julio de 1873, D. Ponciano Leiva había firmado en Santa Cruz de Yojoa con Alejandro Cousin, representante de González, un convenio por el que Leiva se comprometía a hacerse cargo de la Presidencia de Honduras, debiendo marchar de acuerdo con El Salvador y Guatemala, comprometiéndose González a auxiliarlo a procurar la cooperación de Guatemala en igual sentido.

Obtenida esta, se excitó a Arias para que se separase del poder, depositándolo en persona de confianza. La última excitativa fue hecha de Chingo el 1°. de noviembre, después de las conferencias que allí tuvieron González y Barrios con Leiva. Arias no accedió, y las tropas salvadoreñas y guatemaltecas que habían venido en su auxilio recibieron orden de avanzar sobre Comayagua. Leiva, por su parte, organizó su Gobierno en Choluteca el 23 de noviembre y el 8 de diciembre declaró nulos los actos del Gobierno de Arias.

Arias logró que el 14 se reuniera la Constituyente que había convocado, denunció ante ella la conducta de Leiva y renunció el poder. Leiva fue declarado faccioso, y la renuncia no fue admitida. El 23 la Asamblea dictó la Constitución, la que Arias mandó promulgar el 25.

Las fuerzas guatemaltecas al mando de Solares, las salvadoreñas al de Espinosa y las de Leiva al del General D. Juan López, pusieron sitio a Comayagua el 6 de enero de 1874. Arias se defendió vigorosamente pero hubo de capitular el 13. Leiva lo hizo prender, y por decreto de 1°. de mayo, dictado por la Convención Nacional, reunida el 20 de abril, se le desterró por cinco años, y fue conducido a El Salvador.

El ex—Presidente Medina fue extraído de su prisión, y habiendo reconocido al nuevo gobernante, quedó libre.

La Convención Nacional declaró en vigor la Constitución de 1865, y el 29 de abril nombró a Leiva Presidente de la República. Elegido Leiva por el voto popular, tomó posesión de la Presidencia constitucionalmente el 2 de febrero de 1875.

El acuerdo en que marchaban Leiva y González desagradó a Barrios. Este se preparó para invadir El Salvador, e incitó a Medina a levantarse contra Leiva, ofreciéndole su apoyo. Medina, olvidando sus deberes de la gratitud, se levantó en Gracias contra el Gobierno el 16 de diciembre de 1875. El 15 de enero de 1876, después de seis días de combate, derrotó en La Esperanza a las fuerzas de Leiva, lo que le facilitó la entrada a Comayagua.

Leiva había salido de esta ciudad después de depositar, el 13 de enero, el poder en el Diputado—Designado D. José María Zelaya. En Yoro lo reasumió por decreto de 3 de febrero.

Entretanto el General don Enrique Gutiérrez se hallaba en Guascorán con los Generales Pablo Nuila y Domingo Vásquez, y allí se incorporó a sus fuerzas un auxilio de 400 hombres que, al mando del Coronel Fernando Figueroa, enviaba a Leiva el Gobierno salvadoreño. Estos con un total de 800 hombres, avanzaban hacia Comayagua. Las fuerzas de Medina que, en número igual, salieron a su encuentro por Lamaní, comandadas por los Generales Juan Antonio Medina y José María Barahona, los encontraron el 22 en El Naranjo, y a las tres horas de combate fueron derrotadas. Leiva restauró así su autoridad, y volvió a Comayagua.

El jefe rebelde retrocedió de La Paz a Gracias, y envió comisionados para la cesación de hostilidades; pero los hizo volver de Yamaranguila al saber que, por la frontera, se aproximaba una división guatemalteca. El 17 de febrero Barrios había celebrado en Chingo un convenio con D. Andrés Valle, quien había sucedido a González en la Presidencia de El Salvador. En este convenio se estipuló que el doctor D. Marco Aurelio Soto, con el carácter de pacificador y al mando de diez mil hombres, salvadoreños y guatemaltecos, vendría a Honduras a combatir a Medina y a Leiva y llamar después a una elección popular. Barrios faltaba así a sus compromisos con Medina, y este reclamó contra el convenio; pero como Valle no lo cumplió a consecuencia de la victoria de El Naranjo, Barrios dijo a Medina el 14 de marzo que no hiciera caso: que ya estaba en guerra con el Salvador o más bien con su común enemigo el mariscal González, que era el Vice—Presidente y Comandante General del Ejército de aquella República: y que su plan era acabar con Leiva primero y en seguida entrar con San Miguel a El Salvador. Y así se explica la llegada a Gracias de 6.000 hombres al mando del General Solares.

Llamado Figueroa por el Gobierno salvadoreño, Leiva salió para Tegucigalpa; de aquí se dirigió a El Paraíso, pasando por Güinope, y luego se detuvo en una montaña entre El Paraíso y la frontera de Nicaragua, esperando ser atacado por una fuerza que Solares había destacado de Tegucigalpa en su persecución. Esta fuerza llegó hasta Yuscarán, y de allí se regresó. El General Solares pudo acabar con Leiva, pero con la fuerza que volvió de Yuscarán emprendió la marcha para San Miguel: esto prueba que la mira principal de sus operaciones era entrar al territorio salvadoreño, con lo que Barrios había hecho un nuevo engaño a Medina.

Leiva, libre de persecución, ocupó Danlí, y en seguida Juticalpa.

Mientras tanto las armas guatemaltecas habían triunfado en Chalchuapa el 18 de abril y en Pasaquina el 19, después de tres días de combate, sobre las fuerzas del Gobierno de Valle; y a favor de estas victorias se organizó en El Salvador el 1°. de mayo un nuevo Gobierno con el doctor Rafael Zaldívar a la cabeza. El 25 de abril se había adherido Medina al tratado de paz celebrado entre El Salvador y Guatemala.

Medina siguió pidiendo auxilios a Barrios, y éste dijo que Zaldívar se los daría. Zaldívar hizo otra cosa: envió de comisionado a D. Cruz Lozano a tratar de la paz. Este pasó a Cedros, a donde pronto llegó Leiva y en donde se celebró el 8de junio un tratado por el cual Leiva y Medina convinieron en que se hiciera cargo del Poder Ejecutivo el licenciado D. Marcelino Mejía.

Este, en Tegucigalpa, depositó el mando el 13, en el licenciado D. Crescencio Gómez, quien se dirigió a Comayagua inmediatamente, y estuvo ejerciéndolo hasta el de 12 agosto, en que dictó un decreto transfiriéndoselo al General Medina.

Medina se hallaba en Erandique, y allí dictó el 21 un decreto en que lo resignó en el doctor D. Marco Aurelio Soto.

Cuando esto ocurrió, se habían publicado proclamas en que se llamaba a Soto a la Presidencia de la República y había llegado comisiones a Guatemala a ofrecerle tan elevado puesto.

El doctor Soto aceptó el llamamiento de sus conciudadanos, y seguido de varios amigos se dirigió al puerto de Amapala, en donde el 27 de agosto inauguró su Gobierno provisional. La existencia en Caja, en ese día, era de 18 reales.

El país se encontraba en completa anarquía. En el departamento de Choluteca estaba el General Barahona con más de 800 hombres a su órdenes y apoyado por las fuerzas del Gobierno de Nicaragua, que se hallaban en la frontera esperando el ataque de la falange de emigrados nicaragüenses que en Nacaome se aprestaba a invadir aquella República. Tegucigalpa estaba en poder de las fuerzas del General Medina, que el 4 de septiembre, como para despedirse, hicieron un motín que causó varias víctimas. En Comayagua se había pronunciado Salvador Cruz el 30 de agosto. En Gracias e Intibucá habían fuerzas dispuestas aún a sostener al General Medina. Yoro y Trujillo estaban a merced de jefes militares que los oprimían. En Olancho se habían pronunciado los Generales García y Cruz y otros jefes secundarios. Y los restos del Gobierno de Leiva se hallaban diseminados en actitud hostil por Santa Bárbara y otras regiones del país. Puede decirse que todos los hondureños estaban en armas, los unos contra los otros.

El doctor Soto se había propuesto establecer su Gobierno por medios pacíficos, sin disparar un tiro, sin derramar una gota de sangre.

Pudo haber traído consigo ejércitos de Guatemala y El Salvador, por sus relaciones de amistad con los Presidentes Barrios y Zaldívar, quienes se los ofrecieron; pero no aceptó el ofrecimiento; y antes bien mandó embarcar inmediatamente para el puerto de La Unión la fuerza salvadoreña que encontró en Amapala. El doctor Soto quería establecer con su Gobierno la paz y restablecer el principio de que es a los hondureños a quienes toca decidir de su suerte como hijos de una República independiente.

Por medios diplomáticos, el doctor Soto se atrajo al General Barahona. Este disolvió sus fuerzas, y dejando ya en paz el departamento de Choluteca, el Presidente Soto se dirigió a Tegucigalpa y después a la capital.

Poco a poco fueron sometiéndose los demás jefes en armas. El país entró en orden. A nadie se persiguió. A nadie se le quitó la más pequeña cantidad por empréstito forzoso o voluntario. En Amapala se había dictado el decreto que mandó renumerar todo servicio; decreto importantísimo porque, tiempo atrás, los correos eran obligados a servir gratis y a la fuerza, y los víveres, los ganados y toda clase de propiedades eran la presa de las tropas del Gobierno y de las facciones.

La pacificación del país se hizo por la discreción y por la prudencia.

Al empezar a firmarse el espíritu de paz, el doctor Soto comenzó la obra de organización y de progreso que tanto lustre dio a su Administración.

Creó la Hacienda Pública con recursos suficientes para pagar el presupuesto de los gastos de la Nación y para facilitar el desarrollo de la cultura y la riqueza: de $260.000.00 que producían las rentas en 1875 aproximadamente, había hecho subir su producto en 1878 a cerca de setecientos mil pesos. Consolidó la deuda pública y creó los medios de amortizarla. Suprimió los diezmos; extinguió el fuero eclesiástico; secularizó los cementerios y los bienes de fundación piadosa, como cofradías, archicofradías etc. cediendo tales bienes en favor de los hospitales mandados crear en cada cabecera departamental y en Amapala, San Pedro Sula y Tegucigalpa. Estableció la libertada de enseñanza y la instrucción primaria bajo el principio de obligatoria, laica y gratuita. Protegió el cultivo del café, liberándolo de impuestos y dando auxilios para las plantaciones. Dictó la Ley de Agricultura extendiendo sus privilegios a los empresarios de potreros de repasto lo mismo que a los cultivadores de cocos y a los de plátanos, debiéndose a lo último la industria bananera, que ha convertido a la costa norte en un emporio de riqueza. Organizó el servicio de correos, incorporando a Honduras en la Unión Postal Universal, y creó el de telégrafos. Estableció el servicio militar obligatorio, fundado en el principio de la igualdad democrática en la contribución de sangre. Abrió una Exposición Nacional, que dio a conocer los productos naturales e industriales de Honduras y las capacidades de sus laboriosos hijos. Favoreció la industria minera. Y mientras cuidaba de fomentar vigorosamente el progreso en el interior del país, cultivaba las más amistosas y cordiales relaciones con los Gobiernos de Centro América y con las naciones extranjeras.

El doctor Soto convocó un Congreso Extraordinario que se reunió el 27 de mayo de 1877. Este Congreso lo declaró electo popularmente Presidente de la República por haber obtenido 16,603 sufragios en una base de 206.35; nombró Magistrados de las Cortes Supremas de Justicia de Comayagua y Tegucigalpa; facultó ampliamente al Poder Ejecutivo para el sostenimiento del orden público y la reorganización del país en todos los ramos de la Administración; declaró vigente la Constitución Política de 1865 en todo lo que no se opusiera a las leyes que de este Congreso emanaran; facultó al Poder Ejecutivo para convocar a elecciones dé representantes a una Asamblea Constituyente que emitiera la Carta Fundamental en armonía con las necesidades e intereses del país; y aprobó la conducta administrativa del doctor Soto en el período discrecional que acababa de terminar.

En el mes de julio de este año tuvo aviso el doctor Soto de que se había intentado un asalto al cuartel de Santa Rosa de Copán, en donde existía considerable número de armas y enseres de guerra. Pronto se descubrió que había un plan de rebelión y que el jefe era el ex— Presidente D. José María Medina, en connivencia con los formaban el resto de su partido personal y con algunos revolucionarios del exterior. El Comandante General de los departamentos de Gracias y Copán, que era el Juez legítimo de la causa, recibió orden de seguirla con arreglo a la ley.

El General Medina escribió a Barrios el 31 de agosto respecto a un proyectado viaje a Europa que le había insinuado el doctor Zaldívar. Barrios le contestó el 10 de octubre, hablándole de que procuraría que su asunto fuera arreglado en términos satisfactorios e indicándole que en el mes entrante celebraría una conferencia en la frontera con el doctor Zaldívar, a la que lo invitaría "para mejor tratar ese asunto y obtener así la entrega de la cantidad que Zaldívar le tenía ofrecida", También le prometió recomendarlo de nuevo al doctor Soto, a quien no presumía falto de voluntad para que lo atendiera. Después el General Medina fue a Chiquimula, y el 25 de diciembre le escribía a Barrios que, a su vuelta, había sido preso.

¿Tenía este viaje relación con la conspiración descubierta? Cuando Medina se pronunció contra Leiva estaba recién llegado de otro viaje a la República de Guatemala.

El Comandante continuó la causa: en ella resultó comprometido y en connivencia con Medina el indio Calixto Vásquez, a quien, por su ferocidad, se le había dado el sobrenombre de Corta—Cabezas y quien se había alzado en las montañas de Santa María, comenzando por dar muerte al Comandante local de aquel pueblo y de algunos de sus leales compañeros.

La causa fue sometida al Consejo de Guerra reunido en Santa Rosa, el que estaba formado por el Comandante, General de División D. Emilio Delgado, Presidente, y los jueces Generales D. Eusebio Toro y D. Luis Bográn, Coroneles efectivos D. Inocente Solís, D. Belisario Villela, D. Manuel Bonilla y D. Antonio Cerro; siendo Fiscal el General D. Agustín Aguilar y Auditor de Guerra el licenciado D Justo Cáliz. A las doce de la noche del 23 de enero de 1878, el Consejo pronunció sentencia condenando a muerte al General Medina y a diez más de los procesados, y absolviendo a dos. La Comandancia General, a cargo del Presidente de la República, confirmó la sentencia en cuanto al General Medina y al General Ezequiel Marín y en cuanto a los absueltos; a dos les conmutó la pena capital con la de diez años presidio en Omoa e indultó a los siete restantes. Medina y Marín fueron ejecutados frente al cementerio de Santa Rosa el 8 de febrero. El Congreso que se reunió en Tegucigalpa el 9 de marzo de 1879 dijo en la contestación el Mensaje del Presidente de la República que "no podía menos que aprobar explícitamente la conducta del Gobierno en ese acto de justicia nacional."

Capturado después el indio Vásquez, fue fusilado en La Paz.

El doctor Soto, apoyado en el artículo 26, inciso 4°. de la Constitución de 1865 y con la autorización necesaria del Congreso, dictó el 27 de agosto de 1880 los Códigos Civil, Penal, de Procedimientos, de Comercio y Minería, cuya redacción había confiado a los doctores D. Adolfo Zúñiga y D. Carlos Alberto Uclés y licenciado D. Jerónimo Zelaya. En esta Legislación se establecieron importantes reformas como la absoluta libertad de testar, la prohibición de censos, fideicomisos y toda clase de vinculaciones y el matrimonio civil.

Entretanto recobró e hizo reconstruir la línea férrea entre Puerto Cortés y La Pimienta; abrió la Casa de Moneda y dictó la ley de acuñación, adoptando el patrón de plata; estableció escuelas de niñas y un colegio de señoritas; hizo efectiva la anexión a Honduras de las Islas de la Bahía, estableciendo allí la organización legal como en los demás departamentos; fundó la Biblioteca Nacional; organizó el Archivo; y en favor de los centroamericanos, los declaró en libertad para ejercer sus profesiones en Honduras sin más requisito que la autenticidad de sus títulos.

El Congreso de 1879 manifestó deseos de que el doctor Soto usara de la facultad que tenía concedida para convocar una Asamblea Constituyente; y en la virtud convocó a elecciones de Diputados a ella, el 5 de febrero de 1880; y el 2de agosto convocó a los Diputados electos para que se reunieran el 1°. septiembre. Esta Asamblea dictó la Constitución el 1°.de noviembre. En ella se estableció el Habeas Corpus, la libertad del esclavo que pisara el territorio de Honduras, la libertad de cultos, la de imprenta, la de profesiones, oficios e industrias y de asociación, de enseñanzas, de navegación y comercio; la igualdad como base de los impuestos; y el reconocimiento de otros derechos com10 la inviolabilidad de la vida humana y de la propiedad, del domicilio y de la correspondencia.

El 30 de octubre la Asamblea declaró a Tegucigalpa capital de la República.

De conformidad con la nueva Constitución fue elegido Presidente el doctor Soto para un período de cuatro años: había obtenido 24,521 votos en una base de 29,795 electores; y tomó posesión de su cargo el 1°. de febrero de 1881.

CAPÍTULO IV: Régimen de la Constitución de 1880 /1880 a 1894

En el nuevo período el doctor Soto continuó su vasta obra de organización.

Dictó el Código de Instrucción Pública, el Penal Militar, la Ordenanza Militar, la Ley de Tribunales, la de Notariado y el Código de Aduanas; creó el departamento de Colón, el que hizo examinar y reconocer por una comisión técnica hasta el cabo de Gracias a Dios; erigió en Tegucigalpa una estatua ecuestre de bronce a Francisco Morazán, una de mármol al sabio D. José Cecilio del Valle y bustos de mármol al Presbítero doctor D. José Trinidad Reyes y al General D. Trinidad Cabañas; promovió su éxito la Unión centro americana; y por cuantos medios le fue posible, procuró elevar el país y dignificarlo. Respetó la independencia del Poder Judicial; protegió las ciencias, las artes y las letras; otorgó concesiones generosas a la inmigración y siempre fue su empeño el engrandecimiento de Honduras. A este tiempo la producción de las rentas había alcanzado a más de un millón de pesos.

En desacuerdo con la política de Barrios, a última hora, y enfermo, salió de Honduras el doctor Soto con dirección a los Estados Unidos de América en mayo de 1883; y para evitar que, por su persona, hubiera guerra con Guatemala, el 27 de agosto envió de San Francisco de California su renuncia de la Presidencia.

El Poder Ejecutivo había quedado a cargo del Consejo de Ministros formado por los Generales D. Enrique Gutiérrez y D. Luis Bográn y el doctor D. Rafael Alvarado Manzano. Habiendo fallecido el General Gutiérrez el 11 de septiembre, continuaron en el Gobierno los señores Bográn y Alvarado, quienes convocaron al Congreso. Este admitió la renuncia en decreto de 19 de octubre, declarando que ella conducía al financiamiento de la paz, y mandó que el Consejo de Ministros convocara a elecciones de Presidente de la Nación.

Resultó elegido por 40,598 votos en una base de 44,098 el General D. Luis Bográn, y tomó posesión de la Presidencia el 30 de noviembre.

El 8 de marzo de 1884 dictó un decreto por el que autorizó a los Secretarios de Estado para que, durante su ausencia, continuaran despachando los negocios ordinarios pertenecientes a sus respectivas carteras: en los asuntos graves le consultarían por telégrafo o por correo. Hecho esto se dirigió a la hacienda de Mongo y en la frontera de Guatemala, en donde el 23 y el 24celebró conferencias con el General Barrios y el doctor Zaldívar: allí trataron de unión centro americana, y ofrecieron a Bográn darle oportuno aviso de lo que determinaran. De Mongo y fue a Santa Bárbara después de haber visitado a los departamentos de Copán y Gracias, y luego se dirigió a Tegucigalpa a donde llegó el 18 de mayo.

Habiendo aceptado la invitación del Presidente Barrios para asistir a la inauguración del ferrocarril de San José a Guatemala, que se verificaría el 15 de septiembre, depositó el 30 de agosto el Poder Ejecutivo en el Congreso de Ministros. De regreso en Tegucigalpa, volvió a su ejercicio el 17 de noviembre.

El 28 del mismo nombró Ministro de la Guerra a D. Ponciano Leiva, ex—Presidente de la República.

El 28 de febrero de 1885 Barrios, sin aviso previo a Bográn, dictó el decreto en que proclamó la unión de Centro América y asumió el mando militar de todos los Estados. Bográn, no obstante la sorpresa, dispuesto a coadyuvar a la grande obra, dio cuenta al Congreso, que se hallaba reunido. Este Cuerpo dictó el 7 de marzo un decreto por el cual se adhería a la revolución iniciada por el Presidente de Guatemala y facultó omnímodamente al Poder Ejecutivo para que concurriera decididamente a la reconstrucción de la Patria centro americana.

Bográn depositó el mando en el Ministro Leiva; y levantó fuerzas, las que situó en Nacaome y Choluteca para hacer frente a las fuerzas de Costa Rica, Nicaragua y El Salvador, que se oponía al movimiento encabezado por Barrios. Este invadió el territorio salvadoreño, y el 2 de abril encontró la muerte en la batalla de Chalchuapa. Tan desgraciado acontecimiento hizo fracasar el plan de la unión. La Asamblea de Guatemala, por decreto del día siguiente, revocó el de nacionalidad, y abiertas negociaciones para la paz, se firmó esta, por parte de Honduras, el 11 de abril en Namasigüe, con los representantes de El Salvador, Nicaragua y Costa Rica. Bográn volvió a la Presidencia el 27 de junio.

El Gobierno de Bográn persiguió al ex—Presidente Soto. Este envió contra él dos expediciones: la del Dorian en mayo de 1885 y la del City of México en enero de 1886: ambas partieron de los Estados Unidos. No tuvieron éxito.

El 15 de abril de 1886, por ausencia de Bográn, volvió a encargarse del Poder Ejecutivo el Ministro Leiva. Este el 3 de agosto declaró la República en estado de sitio, por haberla invadido el General D. Emilio Delgado con cuarenta hombres por la frontera de Nicaragua. Esta expedición fue también armada por el doctor Soto.

Delgado penetró al interior, derrotó en Flores, en el Valle de Comayagua, una fuerza del Gobierno; de allí pasó a Lamaní donde sostuvo un recio combate con las fuerzas que lo atacaron; luego siéndole imposible pasar al departamento de Copán en donde esperaba que se le reunirían sus amigos y partidarios, buscó la frontera de El Salvador; pero, perseguido, tuvo que batirse en Casa Nueva. Finalmente sostuvo un combate con los vecinos de San Antonio del Norte, en el que pereció uno de sus más apreciados compañeros: el licenciado D. Ramón Reyes, joven muy ilustrado, en el que se cifraban grandes esperanzas; y el día siguiente, 27 de agosto, se entregó.

Los presos fueron traídos a Comayagua. Bográn, que había regresado a Tegucigalpa y se había hecho cargo del poder el 28, acordó formar un Consejo de Guerra; y dictada la sentencia, que condenaba a muerte a todos menos a tres, mandó que sólo se aplicara la pena capital al General Delgado, al Teniente—Coronel Indalecio García, al Comandante 2°. Miguel Cortés y al Teniente Gabriel Lozano. Estos fueron pasados por las armas el 18 de octubre a las ocho de la mañana, al costado sur de la iglesia de la Caridad. El 20 se levantó el estado de sitio.

Convocado el pueblo a elecciones de Presidente por decreto legislativo de 28 de febrero de 1887, surgieron dos candidatos: el mismo General Bográn que deseaba ser reelegido, pues la Constitución lo permitía, y D. Céleo Arias. El Congreso se reunió el

16 de noviembre, y el 19 declaró a Bográn electo Presidente para el nuevo período, por haber obtenido 38,394 votos en una base de 44,499. Bográn tomó posesión el 30.

La candidatura de Arias había sido lanzada en nombre del partido liberal. Arias, por reclamo de la juventud, dio a conocer su programa, lo que hizo en un manifiesto que intituló Mis Ideas. En la campaña electoral obtuvo 5,326 votos, lo que dio esperanzas para el porvenir. Pero Arias falleció el 28 de mayo de 1890, y esto dio ocasión a que el doctor D. Policarpo Bonilla preparara sobre nuevas bases la organización del partido liberal.

Cuando se empezaban estos trabajos ocurrió la rebelión del General D. Longino Sánchez. Este era Comandante de Armas, y el 8 de noviembre se adueñó de los cuarteles de Tegucigalpa: no pudiendo sostenerse en la plaza, que había sido sitiada por numerosas fuerzas, rompió la línea el 15, y al llegar a San Antonio de Oriente, no pudiendo evitar su captura, se suicidó disparándose un tiro de revólver en el cielo de la boca.

Debelada la rebelión, en la que el doctor Bonilla y sus partidarios prestaron inmediata y eficazmente su concurso al Gobierno, dándole fuerza material y moral desde el primer momento, aquel obtuvo del General Bográn que no se aplicase la pena de muerte a ninguno de los comprometidos.

Los trabajos de organización a que se ha aludido continuaron, y el 5 de febrero de 1891 la Convención Liberal dictó en Tegucigalpa con representantes de seis departamentos la Constitución del Partido, habiendo acogido en ella las ideas fundamentales del programa de Arias. La Convención declaró al doctor Bonilla electo Jefe del Partido y candidato a la Presidencia de la República para el período que iba a empezar el 30 de noviembre. El candidato del Gobierno era D. Ponciano Leiva. Así quedó inaugurada la campaña electoral, y la lucha fue vigorosa.

En mayo fue tomado el puerto de Amapala por unos pocos emigrados, habiendo muerto en la refriega el Comandante dela plaza, General D. Santos Bardales. Pronto fue recuperado el puerto y el movimiento no pasó a más, pues era enteramente aislado. Sin embargo él sirvió de pretexto a Bográn para mantener en estado de sitio la República hasta el 15 de agosto para impedir los progresos de la propaganda por la candidatura Bonilla.

Las elecciones se practicaron el 5 de septiembre y los dos días siguientes. El Congreso se reunió en Comayagua, a donde Bográn trasladó el Gobierno, con motivo de la actitud hostil de Tegucigalpa; y el decreto de 6 de noviembre declaró electo Presidente a Leiva por haber obtenido 34,362 votos en una base de 49,662. El doctor Bonilla había obtenido más de 15,00 votos. La elección se tuvo por falsedad y el descontento que esto produjo había de traer guerra.

Leiva tomó posesión el 30, y Bográn se dirigió a Santa Bárbara. A este Gobernante se deben la conclusión de la carretera del Sur comenzada por el doctor Soto, las carreteras de Tegucigalpa a Yuscarán y de Tegucigalpa a Santa Bárbara, la reconstrucción en parte de la casa de Gobierno, la construcción de la escuela de Artes y Oficios, la reforma de varias calles de Tegucigalpa, el acueducto que provee a Tegucigalpa y Comayagüela del agua de Jutiapa y otras obras. Bográn por otra parte, organizó la Academia Científico—Literaria de Honduras; estableció la Litografía Nacional, y tributó un homenaje al pasado, creando en el Palacio la galería de retratos de los Gobernantes. De ser partidario de la unión de Centro América dio nuevas muestras concurriendo con los Gobiernos de las demás Repúblicas a la celebración del Pacto que se firmó en San Salvador el 15 de octubre de 1889.

El Gobierno de Leiva fue perturbado por frecuentes movimientos revolucionarios. Pretendió disolver el partido liberal, y los principales jefes de éste fueron perseguidos. E18de mayo de 1892 fueron expulsados del país el doctor Bonilla, los Generales D. José María Reina, D. Erasmo Velásquez, D. Dionisio Gutiérrez y D. Miguel R. Dávila y los licenciados D. Miguel Oquelí Bustillo y D. Enrique Lozano.

El Coronel Leonardo Nuila se sublevó en La Ceiba, proclamando Presidente al doctor Bonilla, y poco después salieron los partidarios de éste, de Tegucigalpa y Comayagüela, para la frontera de Nicaragua, en donde se pusieron a su cabeza los Generales Reina, Velásquez, Dávila y Laínez. Estos movimientos fueron desgraciados; el ejército de Nuila de desbandó en Quiebra—Botija, habiendo sido capturado su jefe y fusilado; y el ejército del sur sucumbió al número en Las

Anonas, primero y después en El Corpus, en donde se había fortificado el General D. Terencio Sierra.

El haberse iniciado una nueva campaña en enero de 1893, encabezada ya por el doctor Bonilla, hizo pensar a Leiva en separarse del poder. Trasladó el Gobierno a Tegucigalpa, en donde se reunió el Congreso; y por decreto de 9 de febrero depositó la Presidencia en su Ministro de Guerra el licenciado D. Rosendo Agüero. Este procuró entrar en arreglos de paz con los revolucionarios; pero la paz fue imposible. El doctor Bonilla pasó de su campamento de Güinope a Tatumbla, en donde se sostuvo treinta y un días contra las numerosas fuerzas del General D. Domingo Vásquez, nombrado por el Gobierno General en Jefe del Ejército. Luego se dieron las acciones de Tegucigalpa, Las Crucitas, Coa, Cedros, Guaimaca en donde fue herido el doctor Bonilla, y finalmente las de El Salto y Liure; todas adversas a los revolucionarios. El doctor Bonilla tuvo que volver a Nicaragua. En Tegucigalpa y Comayagüela hubo fusilamientos de presos políticos.

Terminada esta campaña, el licenciado Agüero depositó la Presidencia provisional el 18 de abril en el General Vásquez, nombrado Ministro de Gobernación

El 15 de julio envió D. Ponciano Leiva, de Santa Cruz de Yojoa, su renuncia de la Presidencia de la República: el Congreso la admitió por decreto de 7 de agosto, y convocó a elecciones. Practicadas estas, declaró al General Vásquez Presidente Constitucional en decreto de 14 de septiembre, por haber obtenido 37,114 votos en una base de 39,124. Vásquez tomó posesión el 15 de septiembre.

Su labor en el Gobierno fue activa. Creó los departamentos de Valle y de Cortés; estableció Tegucigalpa una Escuela de Cabos y Sargentos; reglamentó la venta de bananos en la costa norte para proteger a los productores; hizo reformar la ley de contrabando y defraudaciones fiscales; hizo decretar una prima en favor de los cultivadores de café, cacao y hule; declaró el de La Ceiba puerto mayor; reglamentó la siembra del tabaco; sancionó el decreto en que se mandó a erigir una estatua de bronce en Tegucigalpa al doctor D.

Ramón Rosa, eminente estadista y literato[38]y otra de igual clase en Comayagua al benemérito patriota D. León Alvarado, y, entre otras varias leyes importantes, sancionó la del trabajo obligatorio.

El 30 de octubre, en previsión de nuevas agresiones revolucionarias procedentes de Nicaragua, de donde habrían venido las anteriores, se hizo autorizar por el Congreso para declarar y hacer la guerra al Gobierno de dicha República en el momento mismo en que se alterase la paz de Honduras por cualquiera invasión que de allá viniera. Este decreto era innecesario, pues el Presidente contaba con facultades constitucionales para declarar la guerra en el caso de agresión exterior.

El Gobierno de Nicaragua, alarmado, concedió entonces un apoyo franco y decidido al doctor Bonilla; y este se presentó el 24 de diciembre en Los Amates, en donde organizó su Gobierno provisional. A este acto sucedió la ocupación de Choluteca y finalmente la de Tegucigalpa a donde entró el ejército vencedor el 22 de febrero de 1894. Vásquez había roto la línea de sitio el día anterior y pronto logró penetrar al territorio salvadoreño.

Por decreto de 26 de abril convocó el doctor Bonilla una Asamblea Constituyente. Esta se instaló el 11 de julio, y el 14 de octubre dictó una nueva Constitución. En ella se declaró, como en la de 1880, que Honduras es un Estado disgregado de la República de Centro América, y en consecuencia reconoce como una necesidad primordial volver a la unión con las demás secciones de la República disuelta. Se apartó de la derogada en que admitió que la unión pudiera efectuarse con uno o más Estados de la antigua Federación, mientras la otra se refería a la reconstrucción nacional de Centro América.

Respecto a la pena de muerte se estableció en la de 1880 que, mientras se establecía el régimen penitenciario, podría imponerse en los casos que designara la ley. La de 1894 declaró que la pena de muerte queda absolutamente abolida en Honduras.

Otras de las reformas consisten: en la creación de un Vice— Presidente y la de Designados: en la elección popular de los Magistrados de la Corte Suprema de Justicia que, según la anterior, se

---

[38] Veáse mi folleto Rectificaciones históricas en defensa de la Biografía del Presbitero doctor D. José Trinidad Reyes que escribió el doctor Ramón Rosa: Tegucigalpa,1906.

hacía por el Congreso: en el establecimiento del Jurado que en la actualidad, de hecho, está suprimido[39]: en la adopción del voto secreto; y en la prohibición de delegar facultades legislativas al Poder Ejecutivo. Por lo demás, la separación de la Iglesia y el Estado y cuanto es la obra fundamental de la Constitución de 1880 quedó en pie.

La Asamblea por decreto de 15 de diciembre, declaró al doctor Bonilla Presidente Constitucional por haber obtenido 42,667 votos en una base de 43,166 y al General D. Manuel Bonilla Vice—Presidente por haber obtenido 40,621 votos en una base de 43,032. El 24 de diciembre le recibió la promesa al primero, a quien había autorizado para continuar ejerciendo el poder discrecional hasta el 31 y provisionalmente durante el mes de enero, para que comenzase el período ordinario el 1°. de febrero con arreglo a la Constitución.

CAPÍTULO V: Régimen de la Constitución de 1894/ 1894 a 1904

La Asamblea Constituyente, por decreto de 27 de diciembre, facultó al Poder Ejecutivo para nombrar las comisiones de legislación que estimara convenientes para que formularan las reformas necesarias en las leyes, en consonancia con la nueva Constitución.

El 15 de abril de 1895 lo facultó extraordinaria y transitoriamente para organizar una comisión que hiciese las reformas necesarias a los Códigos Civil, de Comercio, de Minería, de Procedimientos, Penal Común, Penal Militar y Ordenanza Militar. El Ejecutivo, al recibir el trabajo practicado por la Comisión, lo pasaría al dictamen de la Corte Suprema de Justicia, y llenado este requisito podría sancionar las reformas y proceder a la impresión de los Códigos en el menor término posible.

El 13 de septiembre nombró una comisión que se dividió en comisiones especiales. Hubo algunos cambios en el personal de estas; y empezaron los trabajos de legislación.

---

[39] Esto se escribía en 1921.

El 9 de abril de 1897 dictó el Congreso Legislativo la Ley Orgánica de Tribunales que vino a derogar la que la Constituyente había dictado el 19 de julio de 1895.

El doctor Bonilla emitió los Códigos en las siguientes fechas: el Penal el 29 de julio de 1898; el de Minería, el 5 de septiembre; el de Comercio, el 15 del mismo; el Civil, el 31 de diciembre; y el de Procedimientos, el 21 de enero de 1899. No hubo tiempo para los restantes. Una de las reformas principales introducidas en el Código Civil fue la del divorcio absoluto. Temiéndose que se pudiera burlar la ley y que se causaran desórdenes que afectarían hondamente la vida social, se dispuso al respecto que «ejecutoriada la sentencia de simple divorcio y transcurridos siete años sin que haya habido reconciliación, podrá el cónyuge que hubiese obtenido aquella, pedir que se declare la disolución del vínculo matrimonial,» petición que se sustanciaría dándole el trámite de los incidentes.

El 20 de junio de 1895, habiendo invitado el doctor Bonilla a los Presidentes de Nicaragua, El Salvador, Costa Rica y Guatemala a una entrevista en el puerto de Amapala, a la que asistieron solamente el General D. José Santos Zelaya y el General D. Rafael Antonio Gutiérrez, se firmó en aquel puerto entre los dos primeros países y Honduras un tratado de unión por el que se convino en que los tres formarían una sola entidad política para el ejercicio de su soberanía transeúnte, con el nombre de República Mayor de Centro América, denominación que subsistiría hasta que Guatemala y Costa Rica aceptasen el convenio, caso en que se adoptaría el nombre de República de Centro América. En él se creó una Dieta que asumió la representación de los tres Estados y estuvo funcionando en San Salvador desde el 15 de septiembre de 1896 y en Managua desde el 15 de septiembre de 1897. El 27 de agosto de 1898 se decretó en esta última capital la Constitución de los Estados Unidos de Centro América, que creó un Consejo Provisional de Gobierno que debía convocar a elecciones de Presidente y Vice—Presidente. Este se organizó en Amapala y sucedió a la Dieta el 1°. de noviembre. Este esfuerzo en favor de la Unión fracasó por el movimiento revolucionario que el 13 estalló en San Salvador.

Entretanto el doctor Bonilla había desarrollado una importante labor gubernativa en el interior, persiguiendo el ideal de un Gobierno enérgico, no por el empleo de la fuerza sino por el cumplimiento de la ley y sin distinción de clases sociales ni colores políticos.

No obstante, una revolución se levantó contra él. Los revolucionarios, acaudillados por D. Enrique Soto, se apoderaron simultáneamente de la ciudad de La Esperanza y de Puerto Cortés el 13 de abril de 1897. El doctor Bonilla levantó fuerzas que puso al mando del General D. Terencio Sierra, y este jefe se dirigió por Comayagua a la costa norte mientras otras fuerzas expedicionaban contra los invasores de La Esperanza, que pronto fueron derrotados. Los que entraron por Puerto Cortés habían penetrado hasta Trinidad en el departamento de Santa Bárbara, y a la aproximación de Sierra retrocedieron al punto de partida. El 5 de mayo fue atacada la plaza de Puerto Cortés por tierra y por mar, y el 7 a las nueve de la noche, se arrojó de ella al enemigo, habiéndose tomado más de treinta prisioneros, dos cañones Krupp y otros muchos elementos de guerra. Los derrotados ganaron la frontera de Guatemala, y allá fueron desarmados. El Gobierno, en 7 de octubre, dictó un decreto de amnistía en favor de todos los comprometidos en este movimiento. El doctor Marco Aurelio Soto, refiriéndose a estos sucesos dijo de Enrique Soto, en Nueva York: "Como hondureño y patriota, desapruebo en absoluto su ataque contra Honduras.".

A esta campaña debió el General Sierra la proclamación de su candidatura a la Presidencia en el siguiente período. Una reunión de amigos celebrada el 14 de enero de 1898 en el Salón de Retratos del Palacio Nacional lo designó para ser recomendado al partido liberal como candidato. Hecha la proclamación y convocado el pueblo a elecciones por decreto legislativo de 2 de marzo, se practicaron éstas el 30 de octubre y los dos días siguientes. El Congreso, por decreto de 14 de enero de 1899, declaró electo Presidente al General Sierra por haber obtenido 36,756 votos en una base de 44,537 electores. Fue declarado Vice—Presidente el General D. José María Reina.

Sierra tomó posesión el 1°. de febrero y al contestar la alocución el ex—Presidente Bonilla, dijo: "Al recibir de vuestras manos un ejemplar de la Constitución, como símbolo de depósito del Poder Supremo, expreso mi firme determinación de entregarlo también a mi legítimo sucesor el 1°.de febrero de 1903".

El doctor Bonilla protegió las letras, apoyando la publicación de revistas, obras literarias e históricas; organizó comisiones que hicieron importantísimos estudios para facilitar la resolución de las cuestiones de límites pendientes con las Repúblicas vecinas, y llevó a cabo importantes mejoras materiales: cuéntese entre éstas la ampliación del edificio del Hospital General de Tegucigalpa; la construcción de un gran muro de cal y canto para dar condiciones de mayor seguridad a la Penitenciaría; la reconstrucción del puente de Guacerique, hoy sólo de piedra; la construcción del puente de Potrerillos, que es una obra gigante; la conclusión del cuartel de Tegucigalpa; la ampliación del edificio de la Tipografía Nacional y el aumento de la red telegráfica. En sólo construcciones y reconstrucciones de edificios nacionales, compra de casas y solares y en otras obras públicas invirtió $ 341,338.94[40].

Los Códigos dictados por el doctor Bonilla empezaron a regir; el 1°. de enero de 1899 los de Comercio, de Minería y Penal; y el 15 de septiembre el Civil y el de Procedimientos: a la vez que este, empezó a regir la Ley Orgánica de Tribunales. Sierra manifestó al Congreso que serían objeto de observación atenta y reflexiva para ver si correspondían a los intereses sociales y al grado de cultura del país.

Sierra dedicó especial atención al comercio, a la agricultura, a las industrias en general, a las vías de comunicación y a toda clase de obras públicas. Cuidó de dotar al ejército de buenos armamentos, del aumento de las escuelas públicas y del arreglo de los límites territoriales con Nicaragua. Dio remate a la ampliación del edificio del Hospital General comenzada en el Gobierno anterior; construyó el edificio de la Escuela de Medicina y emprendió la construcción de dos magníficas carreteras; una de Tegucigalpa a San Lorenzo que dejó casi concluida y otra de Tegucigalpa a Comayagua.

---

[40] Para apreciar la obra política y administrativa del doctor Bonilla, véase la obra Colección de escritos del doctor D. Policarpo Bonilla, recogidos y ordenados por Rómulo E. Durón. Tegucigalpa, Tipografía Nacional. La obra consta de tres tomos. Y en cuanto a los gobernantes anteriores, véase Galería de Gobernantes de Honduras: 1821 a 1903; por Rómulo E. Durón. Esta obra ha sido publicada en parte en la Revista del Archivo y de la Biblioteca Nacional de Honduras y en el Diario El Comercio de San Pedro Sula, que redactaba el ilustrado escritor D. J. Leopoldo Aguilar O., en 1925.

En 1901 falleció en Yarumela el Obispo de Honduras, doctor D. Manuel Francisco Vélez, quien, por muerte del Obispo Zepeda, ocurrida el 20 de abril de 1885, fue nombrado en mayo de 1887, habiendo venido a la Diócesis en marzo de 1888.

Sucedióle el Presbítero D. José María Martínez y Cabañas, quien trasladó la silla episcopal de Comayagua a Tegucigalpa.

El 20 de enero de 1902 se efectuó en el puerto de Corinto una conferencia de los Presidentes Iglesias de Costa Rica, Regalado de El Salvador, Sierra de Honduras y Zelaya de Nicaragua, a la que no pudo asistir Estrada Cabrera de Guatemala. De esa conferencia surgió una Convención de Paz y de Arbitraje obligatorio. Esta Convención fue ratificada por el Congreso de Honduras el 6 de febrero siguiente. En ella se estableció el principio del arbitraje obligatorio para dirimir toda dificultad o cuestión que pudiera presentarse entre las partes contratantes; comprometiéndose en consecuencia a someterlos a un Tribunal de Árbitros centroamericanos. Y para mantener la paz y la tranquilidad, se estipuló que, a solicitud del Gobierno interesado, retirarían de los lugares fronterizos a los emigrados que pudiesen perturbarlas.

El 1°. de marzo sancionó Sierra el decreto legislativo que creó el departamento de Atlántida, con La Ceiba por cabecera. Este departamento se inauguró el 15 de septiembre, y su creciente prosperidad ha justificado su creación.

Por decreto de 22 de febrero de este año el Congreso convocó a elecciones de autoridades supremas. Iniciada así la campaña electoral, surgieron tres candidaturas: la del General D. Manuel Bonilla, la del doctor D. Juan Ángel Arias y la del doctor Marco Aurelio Soto. Este se hallaba en París, y vino a Honduras. La lucha fue borrascosa.

Sierra fomentó la división entre los tres candidatos, pretendiendo continuar en la Presidencia, olvidó de su promesa de 1899. Un agente suyo, en el mes de julio, propuso en una junta de partidarios de las tres candidaturas, celebrada en el Salón de la Universidad, que se conviniera en hacer que el Congreso le prorrogara el período presidencial por un año, durante el cual procuraría que se calmaran los ánimos para que, en octubre de 1903, se practicaran las elecciones tranquilamente, esto es, para que recayeran en él. Esta proposición no fue siquiera tomada en consideración por la junta, la que se disolvió en el acto.

Las elecciones se practicaron en la época legal, y en ellas obtuvo la mayoría el General Bonilla, habiéndole seguido en votos, por su orden, el doctor Arias y el doctor Soto. Este se retiró del país el 17 de enero de 1903, al ver que se rompía el orden constitucional no habiendo el Congreso elegido Designados a la Presidencia en la primera quincena de este mes. Sierra, por falta de esta elección, de la que él tenía la culpa, depositó el poder, al vencer su período, en su propio Consejo de Ministros, que ya no tenía misión legal, pues las funciones de éste cesaban al mismo tiempo que las de aquel.

El General Bonilla se levantó en Amapala el 1°.de febrero, prestando la promesa ante el Alcalde del puerto como Presidente Constitucional, seguro como estaba de haber obtenido la mayoría de votos en los comicios. Sierra, como Comandante General de las Armas, nombrado por el Consejo de Ministros, fue a combatir al General Bonilla. Entretanto el Congreso se había disuelto por haberse retirado gran número de Diputados con motivo del golpe de Estado dado por Sierra; pero el Consejo de Ministros hizo concurrir, empleando coacción, a algunos Diputados propietarios y Diputados suplentes no incorporados anteriormente y cuyas credenciales no estaban calificadas. Al completarse el número se consideró legalmente reintegrado el Congreso y continuó sus sesiones el 13 de febrero. Este Congreso eligió al doctor Arias Presidente Constitucional el 16. Arias tomó posesión el 18.

Sorprendido Sierra por estos sucesos, anunció que, después de vencer al General Bonilla, volvería sobre Tegucigalpa a deponer al doctor Arias. Pero el resultado de la campaña fue otro. Fue derrotado Sierra en El Aceituno; a esta acción siguieron otras en diferentes puntos del país, desfavorables a su causa y después de la segunda acción de Cora y tuvo que salir al territorio de El Salvador. El General Bonilla avanzó sobre Tegucigalpa, la que ocupó el 13 de abril, e hizo prisionero al doctor Arias.

Reconocido por todo el país el General Bonilla, fue convocado el Congreso el 17 a sesiones extraordinarias. Se instaló el 3 de mayo, y el 5 declaró inconstitucional la reunión de los Diputados que celebró sesiones desde el 13 de febrero hasta el 2 de marzo. El 12 declaró electos Presidentes de la República al General Bonilla y Vice—Presidente al General D. Miguel R. Dávila por haber obtenido en las elecciones mayoría absoluta de votos. El Congreso inconstitucional, para elegir a Arias, había declarado que no había mayoría para ninguno de los candidatos, por considerar nulas 64 actas, y así formó una base de 58,539 votos, de los que reconoció 28,550 al General Bonilla, 25,118 al doctor Arias, 4,857 al doctor Soto y 14 a otros candidatos, por lo que procedió a elegir entre los tres.

El 17 de mayo ratificó el General Bonilla ante el Congreso la promesa que el 19 de febrero había prestado ante el Alcalde de Amapala.

El Congreso, por decreto de 5 de junio, facultó al Poder Ejecutivo para nombrar una comisión de jurisconsultos que hiciera el estudio de los Códigos Civil y de Procedimientos y del Proyecto de Código Penal Militar, y formulara las reformas necesarias.

El 6 ratificó el decreto de amnistía emitido el 28 de mayo, comprendiendo en ella el delito de contrabando y defraudación cometido por particulares.

Y cerró sus sesiones el 7.

En 17 de julio del General Bonilla, acordó abrir un registro de los bonos de los empréstitos de Honduras de 1867, 1869 y 1870, emitidos con el objeto de amortizar la deuda federal y de construir el ferrocarril interoceánico. El registro se haría en las agencias que se establecieran en Londres. París y Nueva York. Esta medida obedeció a un reclamo de una crecida suma hecho por los Tenedores de Bonos; pero no produjo el efecto que se deseaba.

Con los Gobiernos de Guatemala, El Salvador y Nicaragua se ajustó un tratado que tenía por principal objeto la conservación de la paz.

El 1°. enero de 1904 decía el General Bonilla al Congreso que los ciudadanos gozaban de entera libertad, no habiendo uno solo que se hallara en la prisión o extrañado del suelo de la patria por causas políticas; y manifestaba su firme propósito de procurar la conciliación de todos los hondureños. El Congreso le contestó a este respecto que el sistema de preferencias y de exclusión es siempre irritante y fecundo en funestos resultados.

Pero, al discutirse esta respuesta, se había indicado la necesidad de una política de partido, y esto alarmó al Gobierno, que se creyó amenazado. Luego se produjo una situación tan difícil que el Gobernante, considerando en peligro el orden y la paz, llegó a ofuscarse hasta el punto de hacer prender en el recinto del Congreso a varios Diputados, en la sesión del 8 de febrero. Los demás Diputados dejaron de asistir a las sesiones.

El General Bonilla dictó el 12 un decreto en que, declarando que el Congreso se había disuelto el 8 sin emitir la Ley de Presupuesto ni juzgar los actos del Poder Ejecutivo, lo que había alterado el orden constitucional, y que la tranquilidad pública se hallaba seriamente amenazada, convocó una Asamblea Constituyente y asumió todos los Poderes del Estado, los ejercería discrecionalmente, quedando suspenso el imperio de la Constitución.

La Asamblea se instaló el 1°. de junio, y por decreto del 9 aprobó los del 8, 12 y 15 de febrero dictados por el Poder Ejecutivo sobre Estado de Sitio, suspensión de la Constitución y reglamentación de las elecciones de Diputados a la misma Asamblea. El 2 de septiembre dictó la Constitución, en la que estableció la declaración de 1880 sobre reconstrucción nacional centroamericana, declaró abolida la pena de muerte, pero pudiendo aplicarse, mientras se establecía el régimen penitenciario, en los casos determinados por la ley, al parricida, al asesino, a los autores de delitos militares de carácter grave y a los de piratería; y autorizó al Congreso para delegar en el Ejecutivo la facultad de legislar; extendió el período presidencial a seis años, sin reelección inmediata; dio al Congreso la atribución de elegir los Magistrados de la Corte Suprema de Justicia; declaró como la de 1880 que ni los hondureños ni los extranjeros podrían en ningún caso reclamar al Estado indemnización alguna por daños o perjuicios que a sus personas o bienes causaran las facciones; declaró que para el primer período constitucional la misma Asamblea haría la elección de Presidente de la República y de Magistrados de la Corte Suprema; y dispuso que la Constitución empezara a regir cuando se decretaran la leyes secundarias en armonía con ella; quedando derogada, desde luego, la de 14 de octubre de 1894.

La Asamblea Constituyente, por decreto de 8 de septiembre, nombró Presidente Constitucional para el primer período al General Bonilla. Y suspendió sus sesiones el 15.

CAPÍTULO VI: Régimen de la Constitución de 1904/1904 a 1908

La Asamblea Constituyente volvió a reunirse el 1°. de enero de 1906. Ante ella dio cuenta el General Bonilla de sus actos como Gobernante desde el 31 de julio de 1903 hasta el 31 de diciembre de 1905. Entre otras cosas, manifestó que se había sometido a arbitraje, nombrándose árbitro al Rey de España, nuestra cuestión de límites con Nicaragua: que el 16 de noviembre de 1904 había nombrado la Comisión de Legislación para que se le había facultado: que el 20 de agosto de este año había firmado en el puerto de Corinto, en unión de los Presidentes de El Salvador y Nicaragua y del Delegado de Guatemala, un Manifiesto a los centroamericanos, cuyas declaraciones afianzaron la paz que parecía estar a punto de turbarse: que se habían llevado a cabo muchas obras de utilidad pública; y que había prestado a la instrucción pública atención preferente. Concluía recomendando que se decretara una amnistía e indulto general. La Asamblea aprobó sus actos y expidió en 24 de febrero el decreto recomendado.

Por decreto de 19 de enero la Asamblea facultó al Ejecutivo para que emitiera los códigos y las leyes, para que empezara a regir el 1°. de marzo, día en que tomaría posesión de la Presidencia Constitucional el General Bonilla. Este expidió, con fecha 8 de febrero, la Ley de Amparo, la de Elecciones, la de Policía, la de Extranjería, la de Inmigración y la de Tribunales y los Códigos Civil, de Procedimientos, de Instrucción Pública, Penal y Penal Militar. La Ordenanza Militar fue expedida el 13de mayo. Así quedaron reformados los códigos y leyes vigentes. El Código Civil estableció el divorcio absoluto con causa y la disolución del matrimonio por mutuo acontecimiento, a los dos años de celebrado y si los cónyuges fueren mayores de edad.

El General Bonilla prestó la promesa constitucional el 1°.de marzo ante la Asamblea Constituyente, y ésta cerró sus sesiones en la misma fecha. La nueva Constitución había entrado en vigor.

En junio hubo un conflicto con Guatemala; fuerzas gualtemaltecas invadieron Honduras; pero en una conferencia celebrada a bordo el Marblehead, barco de guerra de los Estados Unidos de América, se celebraron el 20 de julio negociaciones de paz por representantes de aquella República, de El Salvador y Honduras. En 25 de septiembre se firmó en San José de Costa Rica un tratado general de paz y amistad por plenipotenciarios de las Repúblicas centroamericanas, con excepción de Nicaragua.

El período del General Bonilla había de terminar el 1°. de febrero de 1912; pero una revolución puso fin a su Gobierno el 25 de marzo de 1907, en que entró a Tegucigalpa, con las fuerzas victoriosas, la Junta de Gobierno que un mes antes, con el apoyo de Nicaragua, se había organizado en San Marcos de Colón, formada por los señores D. Miguel Oquelí Bustillo, D. Máximo B. Rosales y D. J. Igancio Castro. La Presidencia del General Bonilla bajo el imperio de la nueva Constitución, duró poco más de un año. El 23 de diciembre de 1906 se había dictado el laudo del Rey de España en la cuestión de límites con Nicaragua, declarando que la línea divisoria hacia el Atlántico es, partiendo de Teotecacinte, la que traza el río Segovia hasta su desembocadura en el Océano, al sur del Cabo de Gracias a Dios.

La Junta de Gobierno llamó al Poder al General D. Miguel R. Dávila el 18 de abril. El General Dávila, que había sido elegido Vice—Presidente al mismo tiempo que el General Bonilla para el período de 1903 a 1907, fue reconocido en toda la República como Presidente provisional. Es verdad que el General Terencio Sierra, nombrado poco antes Comandante de Armas de Amapala, se proclamó Presidente en este puerto el 25de abril; pero los combates de Aramecina y de Pespire lo obligaron a refugiarse en Nicaragua, para donde salió el 18 de mayo.

El General Dávila, para afianzar la paz, envió plenipotenciarios a Washington a tratar con las demás Repúblicas de Centro América, por la mediación amistosa de los Presidentes de los Estados Unidos de América y de México. Poco antes había celebrado en Amapala una conferencia con los Presidentes de El Salvador y Nicaragua. En

Washington se firmaron el 20de diciembre un tratado general de paz y varias convenciones, una de las cuales creó la Corte de Justicia Centroamericana que se inauguró en Cartago.

E1 26 de octubre convocó una Asamblea Constituyente que se reunió el 1°. de enero de 1908. Esta, en decreto de 8 de febrero, declaró vigente desde el mismo día de la Constitución de 14 de octubre de 1894 que había sido suprimida por el golpe de estado de 1904. El General Dávila fue declarado electo Presidente Constitucional de la República, y tomó posesión de su cargo el 1°. de marzo de 1908.

La Asamblea adoptó las Leyes Constitutivas de 1894, haciéndoles algunas reformas; declaró que el próximo Congreso Legislativo determinaría la fecha en que comenzaría la intervención del Jurado en la justicia penal, continuando ésta entretanto bajo el régimen vigente; y ratificó el tratado y las convenciones de Washington.

CAPÍTULO VII: Restablecimiento de la Constitución de 1894 1908 a 1921

Uno de los primeros actos del General Dávila en la Presidencia Constitucional fue la creación del Ministerio de Agricultura.

Inaugurada la Corte de Justicia Centroamericana, creyó Dávila que no volvería a alterarse la paz; pero el 5 de julio invadieron por la frontera salvadoreña grupos de emigrados que ocuparon algunos puntos del sur y de occidente. Otros operaron por el norte. Estas facciones fueron debeladas en pocos días. Convencido Dávila de que estos movimientos habían sido preparados en Guatemala con el consentimiento y apoyo del Presidente de El Salvador, demandó a los Gobernantes de una y otra República ante la Corte de Cartago; pero el fallo, que se pronunció el 19 de diciembre, fue absolutorio.

Reanudadas las relaciones con aquellos Gobiernos, se llevaron adelante los trabajos de la Comisión Técnica—Mixta que estudiaba los límites entre Honduras y Guatemala.

En el ramo de la guerra, la labor del Gobierno se concretó a conservar y mejorar lo existente, así en escuelas militares como en milicias, equipo y material.

En 1910 volvió a alterarse la paz, hubo movimientos revolucionarios en favor del General Bonilla en La Ceiba el 18de julio, y el 21 y 22 del mismo en San Pedro Sula y Puerto Cortés fueron reprimidos y hechos prisioneros los principales jefes.

Más tarde, el 31 de octubre, se rebeló en Amapala el Comandante de Armas del puerto, General D. José María Valladares. Este movimiento sólo duró doce días y terminó sin derramamiento de sangre, pues las tropas abandonaron al rebelde y este, que hubo de someterse a las fuerzas del Gobierno, fue expulsado del país.

El 31 de enero de 1911 se dio cuenta al Congreso, en sesión secreta, de una copia de la Convención celebrada en Washington el 10 del mismo por los plenipotenciarios de Honduras y los Estados Unidos de América D. Juan E. Paredes y Mr. Philander C. Knox, en que se establecían bases para el arreglo de un empréstito con que se cubriría la deuda de Honduras. Con la copia se enviaba el acuerdo del Gobierno en que aprobaba dicha Convención. El Ministro decía que, para el Ejecutivo, el asunto era de resolución urgentísima porque con él se relacionaba íntimamente la paz de la República.

Nombrada una comisión para que abriera dictamen, se levantó la sesión; pero llamados los Diputados al salón de recibo del Presidente de la República, éste trató de ejercer presión sobre ellos para que la Convención se aprobara y habiéndoles manifestado la necesidad de que se dictara la resolución a la mayor brevedad, volvieron al salón de sesiones. El Congreso se declaró en sesión permanente y por fin dictó un decreto improbando la Convención por 32 votos contra 4.

Cuando esto ocurría, el General Bonilla había invadido Honduras, apoderándose de las islas de la Bahía y de Trujillo; y pronto se apoderó de La Ceiba, en donde inauguró su Gobierno provisional.

Dávila levantó fuerzas para rechazar la invasión y para combatir otros movimientos en el interior. Habiendo ofrecido su mediación amistosa el Gobierno de los Estados Unidos de América, se celebraron conferencias en Puerto Cortés a bordo del vapor americano de guerra Tacoma, entre representantes del Gobierno de Dávila y del Gobierno de Bonilla, bajo la presidencia del comisionado americano Mr. Thomas C. Dawson. Las conferencias empezaron el 21 de febrero y concluyeron el 15 de marzo. En ellas se convino que renunciarían el Presidente Dávila y el Vice—Presidente, General D. Dionisio

Gutiérrez, y que se haría cargo de la Presidencia provisionalmente el doctor D. Francisco Bertrand. El Congreso, por su parte, por decreto de 7 de marzo, nombró al doctor Bertrand, Primer Designado para el ejercicio de la Presidencia. Mientras el doctor Bertrand llegaba a Tegucigalpa a tomar posesión de su cargo, las fuerzas que tenía el Vice—Presidente bajo su mando quedaría a cargo del señor General D. Rafael López Gutiérrez.

El doctor Bertrand llegó a Tegucigalpa el 25 de marzo. El 28 presentó su renuncia de la Presidencia el General Dávila, y el Congreso, habiéndola aceptado, llamó el mismo día al doctor Bertrand para que, en su carácter de Primer Designado y previa la promesa de ley, entrara al ejercicio del Poder Ejecutivo por el tiempo que faltaba del período constitucional. El doctor Bertrand se presentó en el salón de sesiones y prestó la promesa. El General Dávila le dirigió una alocución en la que le dijo que el Congreso Legislativo le daba posesión de la primera Magistratura del Estado, explicando que una expresión de la voluntad nacional le entregaba los destinos del país. El doctor Bertrand le contestó que recibía la Presidencia de manos de la Augusta Representación Nacional y que, por consiguiente, entre los hondureños no había en aquel momento vencedores ni vencidos.

El 23 de mayo entró a Tegucigalpa el General Bonilla, jefe del movimiento revolucionario a que había puesto fin el cambio de Gobierno.

Por decreto de 24 de febrero, había convocado el Congreso a elecciones de autoridades supremas para el período que empezaría el 1°. de febrero de 1912. Fueron proclamados candidatos: a la Presidencia el General Bonilla, y a la Vice—Presidencia el doctor D. Francisco Bográn. Algunos emigrados, con el objeto inmediato de impedir las elecciones y con el fin ulterior de cambiar el personal del Gobierno existente, invadieron el 16 de octubre por la frontera salvadoreña y penetraron hasta el pueblo de Santa Lucía, en el departamento de Intibucá; pero esta tentativa fue debelada.

Las elecciones se practicaron en la época legal; y el Congreso, por decreto de 8 de enero de 1912, declaró electos al General Bonilla y al doctor Bográn. El General Bonilla tomó posesión de la Presidencia el 1°. de febrero.

Al doctor Bográn, que envió su renuncia de la Vice—Presidencia, se le había admitido el 22 de enero, por lo que se convocó a las elecciones para reponerlo. Fue elegido el doctor D. Francisco Bertrand, y el Congreso declaró su elección el 9 de enero de 1913.

En febrero de 1912 ocurrió otro movimiento revolucionario: el General D. José María Valladares invadió con varios emigrados por la frontera salvadoreña; y habiendo penetrado hasta la montaña de El Horno, entre Comayagua y Tegucigalpa, sus fuerzas fueron allí dispersadas por las del Gobierno.

Una de las preocupaciones más vivas del General Bonilla en su nueva Administración fue la de dar impulso a la instrucción primaria. También dio facilidades a la industria minera y atendió las obras públicas.

Enfermo de gravedad, falleció a los 4 y 30 minutos de la mañana del 21 de marzo de 1913.

Sucedióle en el Gobierno el Vice—Presidente doctor Bertrand, quien lo ejerció en paz y sin que se alterara la tranquilidad durante todo el resto del período.

El 28 de julio de 1915, acogiéndose a un precepto constitucional, se retiró de sus funciones para poder aceptar su candidatura a la Presidencia de la República en el período de 1916 a 1920.

Durante los seis meses restantes desempeñó el Poder Ejecutivo el doctor D. Alberto Membreño, en su carácter de Primer Designado, habiendo prestado la promesa de ley ante la Corte Suprema de Justicia, autorizada al efecto por el Congreso. Bajo el Gobierno del doctor Membreño, se practicaron las elecciones de autoridades supremas en plena libertad, sin que hubiera ocurrido un solo acto de arbitrariedad o imposición y sin que hubiera registrado una sola protesta de coacción o fraude.

Durante su Administración ninguna queja se formuló contra los funcionarios públicos. En armonía con los recursos del Estado se atendieron y mejoraron los servicios que constituyen el ramo de Fomento, Obras Públicas y Agricultura. Se organizaron dos misiones escolares: una en Olancho, radicada en Culmí, El Carbón y Pao, y otra en el litoral de la Mosquita con asiento en Canquira, Bruss Laguna y Patuca. Después de 14 años de suspensión, volvió a organizarse la Academia Científico—Literaria de Honduras, creada por el Código de Instrucción Pública: la Solemne instalación de este Centro se efectuó el 12 de octubre, aniversario del descubrimiento e América. Y a iniciativa suya, dictó el Congreso un decreto en que se habilita como puerto libre de la República, por el término de diez años, para el depósito de mercaderías, el punto en donde desemboca el río Cruta en la laguna de Caratasca, dándole al puerto el nombre de Puerto Herrera.

El Congreso, por decreto de 8 de enero de 1816, declaró electos Presidente y Vice—Presidente de la República, respectivamente, para el período de 1916 al 1920, a los doctores D. Francisco Bertrand y D. Alberto Membreño, por haber obtenido en una base de 77,832 votos, la casi total de sufragios.

El 1°. de febrero tomó posesión de la Presidencia Constitucional el doctor Bertrand; y continuó ejerciéndola sin que la paz se perturbara hasta el 19 de diciembre de 1917, en que ocurrió una invasión de emigrados por Balfate. Fuerzas enviadas de La Ceiba derrotaron a los invasores el 25 en la finca La Camelia. Este movimiento no tuvo eco en el país.

El 2 de febrero de 1916, la Diócesis de Comayagua fue elevada, por decreto pontificio, a la categoría de Provincia Eclesiástica, que constaba de la Arquidiócesis de Tegucigalpa, de la Diócesis de Santa Rosa de Copán y del Vicariato Apostólico de San Pedro Sula. En la misma fecha fue promovido a Arzobispo el Obispo Monseñor Martínez y Cabañas, y nombrado Obispo de Santa Rosa de Copán el Presbítero D. Claudio María Volio y Martínez, quien fue consagrado el 26 de mayo de 1916 y tomó posesión de su cargo el 8 de marzo de 1918. El Vicariato Apostólico de San Pedro Sula no se organizó hasta 1920. El Arzobispo Monseñor Martínez y Cabañas falleció en Tegucigalpa el 4 de junio de 1921. En enero de este año llegó Monseñor Juan Sastre a encargarse del gobierno del Vicariato de San Pedro Sula, con carácter de Regente. La Diócesis de Santa Rosa de Copán está vacante por renuncia de Monseñor Volio[41].

En noviembre de este año, Monseñor Sastre fue nombrado Administrador Apostólico del Vicariato de San Pedro Sula y el 29 de

---

[41] Al Arzobispo Monseñor Martínez y Cabañas sucedió el Excmo. y Revmo. Sr. D. Agustín Hombach, nombrado el 3 de febrero de 1923 y consagrado el 19 de mayo siguiente.

abril 1924, Vicario Apostólico del mismo con carácter episcopal, siendo consagrado el 10 de agosto de dicho año con el Titulo de Obispo de Germaniciana.

En la actualidad (1927) la administración del Obispado de Santa Rosa de Copán está encargada al Arzobispo de Tegucigalpa.

Por no alcanzar el texto más allá del año de 1921, consigno los presentes datos en esta nota para dejar completa la noticia referente a la Iglesia.

La Corte de Justicia Centroamericana que, a causa del terremoto que destruyó a Cartago, se había trasladado a San José de Costa Rica desde fines de 1911, conoció de una cuestión promovida por el Gobierno de El Salvador contra el de Nicaragua, con motivo del tratado Bryan—Chamorro. Al pronunciar su fallo, reconoció los derechos de Honduras en el Golfo de Fonseca, en armonía con la protesta de este Gobierno contra las pretensiones de El Salvador respecto a las aguas territoriales hondureñas.

Estando para terminar el plazo de los tratados que las Repúblicas centroamericanas celebraron en Washington por diez años en diciembre de 1907, el Gobierno de Costa Rica propuso a los demás de Centro América el 17 de julio de 1917, principalmente en interés de la Corte de Justicia Centro—americana, la reunión de una Conferencia de Plenipotenciarios en San José de Costa Rica para tratar de la revisión total o parcial de aquellos pactos. El Gobierno de Honduras, aprovechando la oportunidad, propuso en contestación el 31 del mismo mes, que en la conferencia se tratara primordialmente sobre la manera de fijar las bases para la unión de los cinco Estados.

La iniciativa fue bien acogida por Costa Rica, El Salvador y Guatemala. El Gobierno de Nicaragua propuso que entraran en la Federación todos los Estados de Istmo, desde Guatemala hasta Panamá inclusive, y que la conferencias, que debían verificarse después de un término prudencial de preparación, se realizaran en Washington o en Panamá, con invitación a esta última República a firmar las convenciones que se revisaran o celebraran; y sin conocer la actitud de los demás Estados respecto a la invitación a una República que no había formado parte de la Federación de Centro América y sin autorización al efecto, invitó por sí a Panamá y le anunció que le llegaría la invitación de los demás Gobiernos, lo mismo que solicitud para que la capital de aquella República fuera la sede de la Conferencia.

El Gobierno de Honduras expuso al de Nicaragua que a Panamá no le era posible, conforme al artículo 136 de su Constitución, formar parte de la entidad independiente que trataban de reconstruir, como soberanos y libres, los cinco Estados de la América Central; pero al Ministro de Nicaragua manifestó que el de Panamá había contestado, por medio del representante de Nicaragua ante él, agradecimiento que se eligiera su capital como lugar de las conferencias, acogiendo esa elección, y agradeciendo también que se le invitase a integrar la nueva entidad nacional que se proyectaba, pidiendo tan sólo un plazo razonable para contestar al respecto.

Las dificultades que creó la conducta de Nicaragua, adelantándose a invitar a Panamá y a elegir la capital de este país para las conferencias, sin esperar la opinión de los demás Gobiernos centroamericanos, dieron lugar a que el de Guatemala propusiera el 30 de septiembre que se celebrara, previamente a la Conferencia de Plenipotenciarios, una reunión de Delegados en la capital guatemalteca el 10 de febrero siguiente, para tratar de las bases y programa de la Conferencia y para que esta reunión preliminar resolviera las insinuaciones de Nicaragua. El Gobierno nicaragüense rechazó la proposición diciendo que había contraído una obligación con Panamá y que constituiría una gran falta de consecuencia y cortesía hacia aquella Nación el solo considerar .la propuesta de Guatemala para que se reuniera en esta República la Conferencia.

Mientras se daban explicaciones acerca de esto sobrevinieron los terremotos de Navidad de 1917, que destruyeron, en gran parte, la ciudad de Guatemala, y por este motivo el Gobierno guatemalteco manifestó la imposibilidad en que se encontraba para recibir a los delegados a la Conferencia preliminar.

El Gobierno de Nicaragua entonces, cambiando de conducta, se apresuró a ofrecer la ciudad de Managua para sede de la Conferencia. El Honduras se preparaba a mandar su plenipotenciario a aquella capital cuando el de Costa Rica, iniciador de la Conferencia, comunicó que no se le había invitado por Nicaragua y por esa causa no concurriría.

El Gobierno de Honduras reclamó al de Nicaragua que invitara al de Costa Rica. Sobre esto la Cancillería hondureña recibió un mensaje telegráfico de su Encargado de Negocios en Managua, de 13 de marzo de 1918, en que le comunicaba que el Gobierno de Nicaragua no trataría más sobre el asunto de unión, y por consiguiente todos los informes que había recibido sobre el particular no tenía ya ningún efecto[42].

El Gobierno de Honduras se adhirió al de los Estados Unidos de América en la guerra contra el Imperio Alemán.

El 5 de abril de 1918 se celebró en Tegucigalpa entre Plenipotenciarios de Honduras y El Salvador una convención para terminar de una manera amistosa y fraterna las diferencias existentes sobre la demarcación de límites en la frontera terrestre de ambas Repúblicas; estableciéndose que, en caso de desavenencia para el completo y definitivo trazo de la línea divisoria, se recurriría al arbitraje para establecerla. Esta convención no fue ratificada por El Salvador.

La Corte de Justicia Centroamericana se cerró al vencimiento del plazo para que fue creada.

Las cuestiones pendientes por límites con Guatemala y Nicaragua se sometieron, por vía de mediación, al Departamento de Estado de los Estados Unidos de América.

Por decreto de 4 de abril de 1919, el Congreso convocó a elecciones de autoridades supremas. El país se hallaba en estado de sitio con motivo de la situación de guerra creada con el Imperio Alemán, a pesar de que ya había comenzado las negociaciones de paz de Versalles, y a pesar de que nada justificaba dicho estado en relación con la guerra mundial. En la sesión del 8, el Congreso dictó el decreto No. 144 por el cual levantó el estado de sitio. Pero el Gobernante ejerció presión sobre algunos Diputados y logró que, contraviniéndose a la ley, se tuviera por reconsiderado en la sesión del 9 el decreto dictado y que se mantuviera en estado de sitio la República. Con tal motivo el Presidente del Congreso doctor D.

---

[42] El doctor Mariano Vásquez que, como Ministro de Relaciones Exteriores de Honduras, actuó en este movimiento unionista, del que fue promotor, público en San Salvador hace poco un importante folleto intitulado La Grande Ilusión, en el que da a conocer in extenso todo lo sucedido al respecto.

Francisco Bográn y trece Diputados más lanzaron en aquella fecha un Manifiesto de protesta. El objeto del doctor Bertrand era el de aprovechar el estado de sitio para imponer la candidatura presidencial del doctor D. Nazario Soriano, con una hermana de su esposa; no pudiendo continuar legalmente en el Poder, pretendía así que no saliera de su familia.

Habiendo surgido las candidaturas del General D. Rafael López Gutiérrez y del doctor D. Alberto Membreño, entre las cuales se dividió el país, el doctor Bertrand no vaciló en emplear la fuerza y los recursos de la Nación para combatirlas.

El estado de sitio se había de prolongar, según la reconsideración indicada, hasta el 29 de abril. Pero esto no bastaba, y en esta fecha lo prorrogó por sesenta días más el Poder Ejecutivo. De modo que había de durar hasta el 28 de junio.

Las persecuciones comenzadas durante el estado de sitio por el Gobierno continuaron después, llevándose su rigor a tal extremo que el partido del señor López Gutiérrez resolvió levantarse en armas, fraternizando con el gran número de los partidarios del doctor Membreño. Al mismo tiempo varios de los jefes se ocultaron y otros se asilaron en la Legación de los Estados Unidos.

El 18 de Julio, después de haber sido reducidos a prisión muchos partidarios de las candidaturas independientes, el doctor Bertrand decretó de nuevo el estado de sitio, considerando que había «motivos fundados para creer que se trataba de alterar el orden público con el objeto de deponer al Gobierno legalmente constituido y que existía un estado de conmoción interior en el país que hacía necesario investir al Poder Ejecutivo de facultades extraordinarias para la conservación de la paz.» El orden público ya estaba alterado por el Gobierno con los trabajos de imposición.

El General López Gutiérrez se situó en El Pedregalito, lugar próximo a la frontera de Nicaragua y en donde se libraron varias acciones, a las que sucedió la ocupación de Danlí y Yuscarán por aquel Jefe. En la Esperanza se levantó el Coronel don Vicente Tosta, quien marchó sobre Gracias, Santa Rosa de Copán, Santa Bárbara y San Pedro Sula, habiendo ganado en esta última ciudad una batalla decisiva para las armas revolucionarias. El doctor Bertrand, viéndose perdido, organizó un nuevo Gabinete, y el 9 de septiembre dictó un decreto por el que, considerando que motivos de conveniencia para la paz y tranquilidad de la República lo obligaban a abandonar el país, depositaba el Poder Ejecutivo en el Consejo de Ministros. El mismo día, en unión de su familia, salió para el puerto de Amapala, en donde se embarcó para Panamá con dirección a los Estados Unidos. En compañía de él, iba el candidato doctor D. Nazario Soriano, quien había sido elegido Primer Designado para ese año.

El Consejo de Ministros llamó al ejercicio del Poder Ejecutivo al Vice—Presidente doctor Membreño, quien se hallaba en Guatemala, y recibió de él la respuesta que dice: «Guatemala,11 de septiembre de 1919. Al licenciado salvador Aguirre, Ministro de Gobernación— Tegucigalpa. —Contestando atento mensaje de usted, fechado ayer, tengo la honra de manifestar a Consejo de Ministros que el mal estado de mi salud me impide hacerme cargo de la Presidencia de la República, vacante por la separación del doctor Francisco Bertrand, y que por esta causa me excuso de servir a la Presidencia de la República para lo cual se me excita. —Atento S.S.—Alberto Membreño.

No teniéndose noticia de la residencia del doctor Soriano, el Consejo de Ministros llamó al doctor D. Francisco Bográn, 2°. Designado a la Presidencia. Este contestó el 15 de Cuyamel, manifestando que vendría a Tegucigalpa. El 17 del mismo entró a esta plaza el General López Gutiérrez.

El doctor Bográn llegó a la capital el 29 y tomó posesión de la Presidencia el 5 de octubre.

En los últimos días de este mes practicaron las elecciones; y el Congreso, por decreto de 6 de enero de 1920, declaró electos Presidente al General D. Rafael López Gutiérrez y Vice—Presidente al doctor don José María Ochoa Velásquez, por haber obtenido la mayoría de votos en una base de 98,124. Según el escrutinio, el General López Gutiérrez obtuvo 79,068 votos, y el doctor Membreño 18,582 para Presidente; y el doctor Ochoa Velásquez 79,073 y el doctor don Antonio Madrid 18,430 para Vice—Presidente.

Los electos prestaron la promesa constitucional el 1°.de febrero.

Uno de los actos más notables del Gobierno del General D. Rafael López Gutiérrez fue el de proponer que, en la Conferencias de Plenipotenciarios centroamericanos que se convino en reunir en San

José de Costa Rica, a iniciativa del Gobierno de El Salvador, para tratar de los intereses políticos y económicos de las cinco Repúblicas, se tratase, como punto principal, de restablecer la República de Centro América. El 17 de noviembre, al embarcarse en Amapala para Costa Rica los Delegados Plenipotenciarios de Honduras a la Conferencia Centroamericana, doctores D. Carlos Alberto Uclés y D. Mariano Vásquez, les dio el General López Gutiérrez, verbalmente, como única instrucción, que trabajaran y votaran por la Unión de Centro América.

Los Delegados cumplieron, por su parte, y contaron con la fortuna de ponerse de acuerdo con los Delegados de Guatemala, El Salvador y Costa Rica, no sucediendo otro tanto desgraciadamente con los de Nicaragua. De la Conferencia surgió el Pacto de Unión Centroamericana que se firmó en San José el 19 de enero de 1921.

Firmaron el Pacto: por Costa Rica los señores D. Alejandro Alvarado Quirós y don Cleto González Víquez, por Guatemala los señores DD. Salvador Falla y D. Carlos Salazar, por Honduras los señores D. Alberto Uclés y D. Mariano Vásquez y por El Salvador D. Reyes Arrieta Rossi y D. Miguel Tomás Molina.

El Pacto fue ratificado por el Congreso Nacional de Honduras el 3 de febrero; el 23 del mismo lo ratificó la Asamblea Legislativa de El Salvador y el 6 de abril, la Asamblea Nacional de Guatemala. El Congreso de Costa Rica no lo ratificó, pues, aunque hubo mayoría, no se reunieron los dos tercios de votos que quería la Constitución.

El Pacto creaba un Consejo Federal Provisional compuesto de un Delegado por cada Estado, para preparar la organización de la Federación y su Gobierno inicial, convocar la Asamblea Constituyente y dar posesión al Consejo Federal que regiría la República.

Los actuales Presidentes de Honduras, Guatemala y El Salvador señores D. Rafael López Gutiérrez, D. Carlos Herrera y D. Jorge Meléndez, con el nombre de Jefes de Estado, continuarían en sus funciones con arreglo a la Constitución hasta terminar los períodos para que habían sido electos.

Honduras, Guatemala y El Salvador eligieron sus Delegados al Consejo Provisional: el primero de estos Estados al doctor D.

Dionisio Gutiérrez, el segundo doctor D. José Vicente Martínez y el tercero al doctor D. Francisco Martínez Suárez.

A excitativa del Gobierno de Honduras vinieron a Tegucigalpa los Delegados de Guatemala y El Salvador y el 13de junio se instaló el Consejo Federal Provisional, habiéndose designado Presidente al doctor Martínez y Secretario al doctor Martínez Suárez.

En la misma fecha el Consejo convocó a la Asamblea Nacional Constituyente para que el 20 de julio se instalara en Tegucigalpa, a fin de que se firmara la Constitución Federal el 15 de septiembre, centenario de la independencia de Centro América.

Los Diputados electos por los tres Estados que ratificaron el Pacto celebraron el 19 de julio la primera sesión preparatoria. El Directorio quedó así: Presidente el doctor D. Policarpo Bonilla, por Honduras; primer Vice—Presidente el doctor D. Manuel Delgado, por El Salvador; segundo Vice—Presidente, el doctor D. Carlos Salazar, por Guatemala; primer Secretario, el doctor D. José Matos, por Guatemala; segundo Secretario, el doctor D. Manuel Castro Ramírez, por El Salvador; primer Pro—Secretario, el doctor D. Salvador Mendieta, por Guatemala; segundo Pro—Secretario, el doctor D. Ángel: Zúñiga Huete, por Honduras.

La Asamblea se inauguró solemnemente el 20 de julio. Sus primeros actos se dirigieron a procurar que Costa Rica y Nicaragua ingresaran a la mayor brevedad, a la Federación; pero no obtuvo éxito. Confiando en el porvenir, se establecieron facilidades para que, en cualquier momento, pudieran incorporarse.

Redactada la Constitución, el Consejo Federal dictó el 1°. de septiembre un decreto en que declaraba que podía ser firmada antes del 15, reformando en esta parte el de 13 de junio. En esta virtud la Asamblea firmó el 9 de septiembre la Constitución de las Leyes Constitutivas, esto es, la de Imprenta, la de Amparo y la de Estado de Sitio. Y expidió tres importantes decretos: uno por el cual declaró que mientras el Congreso Legislativo emitía las leyes correspondientes, se aplicarían en el Distrito Federal las leyes de Honduras, y en que autorizó al Consejo Federal para que, de acuerdo con el Poder Ejecutivo de Honduras, dictara las providencias convenientes para organizar las autoridades y servicios del Distrito Federal; otro en que nombró tres Designados por cada Estado al Consejo Federal

Provisional, y otro sobre prestación de la promesa de ley por los Designados.

El Distrito Federal quedó formado por el territorio del departamento de Tegucigalpa; y la ciudad de Tegucigalpa, cabecera del departamento, quedó designada capital de la República.

El mismo día 9 la Asamblea Constituyente cerró sus sesiones.

La Constitución, que fue promulgada inmediatamente, empezaría a regir el 1°. de octubre.

En estas circunstancias llegó el 15 de septiembre de 1921.

El Consejo Federal, en la fecha del centenario, convocó a los pueblos de los tres Estados para que cada uno de estos procediera a elegir a un Delegado propietario y un Suplente al Consejo Federal y quince Diputados propietarios y quince suplentes a la Cámara de Diputados de la República.

El Distrito Federal elegiría un Diputado propietario y un suplente a dicha Cámara. Terminadas las elecciones, el Ejecutivo de cada uno de los Estados convocaría extraordinariamente la Asamblea respectiva para que eligiera a los Senadores que le correspondían: eran tres por cada Estado. Las Cámaras se reunirían el 15 de enero.

Las elecciones para Delegados y Diputados se practicaron en Honduras el último domingo de octubre y los dos días subsiguientes.

El 1°. de octubre había entrado en vigor la Constitución, y con tal motivo el Consejo Federal dictó en esa fecha un decreto en que organizaba la autoridades y servicios del Distrito Federal.

El Ejecutivo de Honduras convocó a sesiones extraordinarias al Congreso del Estado para que eligiera Senadores al Congreso de la Federación y para que designara la capital: el Congreso se reuniría en Comayagua.

El Consejo acreditó una misión confidencial a cargo de los señores doctores D. Vicente Mejía Colindres, D. José Matos y D. Francisco A. Lima ante el departamento de Estado de los Estados Unidos de América, con el objeto de facilitar el reconocimiento de la República tan pronto, como aparecieran organizados los nuevos poderes constitucionales.

El Congreso hondureño se reunió en Comayagua el 15de diciembre; eligió los Senadores propietarios y suplentes que correspondían al Estado, y el 17 del mismo declaró capital a

Comayagua. Cerró el 20 sus sesiones; y el Gobierno del Estado quedó instalado en la nueva capital.

El Distrito Federal, el Estado de El Salvador y el de Guatemala eligieron Delegados al Consejo definitivo y Diputados propietarios y suplentes. El Salvador eligió también sus Senadores. Guatemala no eligió los suyos.

En la noche del 5, al amanecer del 6 de diciembre había sobrevenido en Guatemala un movimiento revolucionario que dio por resultado el cambio del Gobierno que presidía D. Carlos Herrera, imposibilitando esta perturbación del orden legal el desarrollo jurídico del Pacto de San José y de la Constitución Política: había aparecido un nuevo Poder Ejecutivo, presidio por el General D. José María Orellana, y una Asamblea Legislativa se había subrogado a Otra.

No obstante, estos acontecimientos, Honduras y El Salvador habían cumplido su deber observando y haciendo observar los decretos del Consejo Federal Provisional, y este continuaba ejerciendo sus atribuciones.

El Consejo Federal, por decreto de 29 de diciembre, convocó a los Diputados de Guatemala, El Salvador y Honduras y del Distrito Federal para que, en los primeros quince días de enero, celebraran juntas preparatorias. En decreto del mismo día convocó para juntas preparatorias, que se celebrarían en los primeros quince días de enero, a los Senadores por El Salvador y Honduras.

Por decreto de 9 de enero de 1922 mandó que la Asamblea Legislativa de Guatemala que funcionaba cuando ocurrió el movimiento militar del 6 de diciembre, a la cual correspondía la elección de Senadores conforme al artículo 203 de la Constitución, procediera a verificar dicha elección en el menor término posible.

En 30 de diciembre había dirigido el Consejo a los agentes confidenciales en Washington el Cablegrama siguiente:

"La Asamblea irregular de Guatemala nombró Delegado propietario al Consejo Provisional al licenciado Marcial Prem, en sustitución del doctor D. José Llerena, sin renuncia de este ni causa justificada, contra preceptos de la Constitución Federal y el espíritu del Pacto de Unión. El propósito es eliminar al Delegado Martínez actualmente en funciones como suplente electo por la Asamblea

Legítima de Guatemala. La Asamblea irregular alega que el Pacto de San José no establece suplentes; pero los tres Estados signatarios, Guatemala, El Salvador y Honduras, los eligieron por considerarlo necesario y dentro de las estipulaciones legales. La Constitución Federal, en su artículo 206, confirma la existencia de suplentes del Consejo Provisional, sancionando así las elecciones anteriores.

"El Consejo Federal no reconoce facultades en la actual Asamblea de Guatemala ni aceptará la remoción de ningún Delegado de su seno, que considera legítimamente electos".

El Consejo por mayoría de votos (los de Honduras y El Salvador), derogó implícitamente el decreto de 9 de enero, disponiendo se manifestará al Gobierno de Guatemala que el Consejo aceptaba que los Senadores Federales, que había sido ya electos por dicho Estado, vinieran a desempeñar sus funciones en el Congreso Federal a fin de que el Congreso pleno pudiera resolver lo más conveniente a los grandes intereses de la Nación.

La Asamblea de Guatemala no tomó en consideración lo resuelto por el Consejo, y el 14 de enero dictó el decreto de separación del Estado de Guatemala, de la República de Centro América.

La juntas preparatorias del Senado y de la Cámara de Diputados, en sesión de 27 de enero, tomando en cuenta que, no obstante haberse hecho las gestiones necesarias y tomado las providencias del caso a fin de reunir el quorum para la instalación del Congreso pleno conforme a los artículos 70, 73 y 74 de la Constitución, no había sido posible por obstáculos insuperable, dictaron las resoluciones siguientes: suspender las presentes sesiones hasta que fuera posible reanudarlas: excitar a los pueblos y Gobiernos de Centro América para que continuaran en su patriótica labor, dentro de las estipulaciones del Pacto de San José: disponer que los Senadores y Diputados residentes en Tegucigalpa quedaran constituidos en comisión permanente, encargada de todo lo relativo a la instalación del Congreso.

El Estado de El Salvador instó al Consejo para que resolviera acerca de la situación creada por la separación de Guatemala; y consultado el de Honduras, expresó lo mismo.

Los agentes que se hallaban en Washington informaron al Consejo que el 8 de enero les había manifestado el Gobierno que no le era posible considera el reconocimiento de la República sino sobre la base de la voluntad de los pueblos y gobiernos y el normal funcionamiento de hecho y de derecho de la Federación.

Habiendo practicado el Consejo cuanto le correspondía, faltándole sólo dar posesión al Consejo Federal definitivo, con lo que terminarían sus funciones, lo que era por lo pronto impracticable por no haberse verificado es escrutinio ni haberse hecho la declaratoria de elección de Delegados por el Congreso pleno: viéndose en tal caso precisado el Provisional a suspender sus sesiones por carecer de facultades legales para cualquiera otra determinación decretó el 29 de enero suspender sus sesiones y declarar sin efecto el decreto de 1°. de octubre de 1921, que organizaba las autoridades y servicios del Distrito Federal.

El Congreso de Honduras, en vista del decreto del Consejo, dictó en Comayagua un decreto el 7 de febrero, por el cual Honduras reasume la plenitud de su soberanía, de conformidad con la Constitución de 1894, en cuanto esta hubiera sido afectada por el Pacto de San José y la Constitución Federal, quedando en consecuencia reintegrado a su territorio el departamento de Tegucigalpa, que había sido declarado Distrito Federal. Y la capital volvió a Tegucigalpa.

El Salvador dictó en el mismo mes un decreto, reasumiendo su soberanía.[43]

---

[43] Por las mismas razones apuntadas antes, hablaré en esta nota del último esfuerzo realizado en favor de la Unión de Centro América. Por invitación del Secretario de Estado de los Estados Unidos de Norte América, fecha 23 de octubre de 1922, se reunió en Washington una conferencia Centroamericana, que se inauguró el lunes 4 de diciembre y cerró sus sesiones el miércoles 7 de febrero de 1923. El programa de esa Conferencia era el de revisar los Pactos firmados en Washington el 20 de diciembre de 1907 y celebrar un nuevo Tratado o varios. En la primera sesión de la Conferencia, el doctor D. Alberto Uclés, como Jefe de la Delegación de Honduras, propuso la celebración de un Pacto de Unión Política entre los cinco países de Centro América, antes de procederse a la revisión de los Pactos de 1907 o de tratarse de cualquier otro asunto. En la sesión del 18 de diciembre, al poner esta iniciativa a discusión, el Secretario de Estado, señor Charles E. Hughes, Presidente de la Conferencia, manifestó que la actitud del Gobierno de los Estados Unidos era de Sincera Amistad, y estaba acompañada del deseo de coadyuvar en cualquier forma práctica. Puesta a votación la proposición de la Delegación de Honduras, solamente fue apoyada por la Delegación de El Salvador. Le negaron su apoyo las Delegaciones de Costa Rica, Guatemala y Nicaragua.
Siendo tal el resultado, el doctor Uclés, en nombre de la Delegación, dijo en su informe: "Para la mayoría de los Gobiernos o de las Delegaciones el momento para la Unión de Centro América no ha llegado; pero para la mayoría de los pueblos ha pasado. La Historia dirá quién

tiene la razón; la cuestión está en pie. Los Delegados de Honduras creen que, en esta última tentativa por la Unión, en que ellos se juegan pasado y porvenir, a la vez, si no han merecido un alto honor al trabajar por la Patria Grande, han cumplido con un alto deber."

La Delegación hondureña supo interpretar con este paso los anhelos de su Gobierno y compartir los sentimientos de su pueblo. Se hará justicia a Honduras por este noble esfuerzo en favor del bienestar y la felicidad de los pueblos centroamericanos. Y la posteridad verá en el doctor Uclés un abanderado del Unionismo, digno de los tiempos de José Cecilio del Valle, Francisco Morazán y José Francisco Barrundia.

Con este brillante recuerdo de la actitud de Honduras en Washington en 1922 cierro mi relato.